방송통신 정책과 전략

— 다학문적 접근

방송통신 정책과 전략

— 다학문적 접근

김상택 편

율곡출판사

들어가는 글

21세기 정보화시대를 맞이하여 지식과 정보는 과학기술의 급격한 발전에 힘입어 눈부신 속도로 생성 · 전파되고 있다. 세계의 변화는 그 어느 때보다도 빠르게 진행되고 있으며, 물리적 국경은 그 의미가 퇴색되기 시작한 지 오래다. 사회적 · 경제적 · 정치적 위기는 더 이상 해당 국가만의 문제가 아니고, 한 국가에서 일어난 사건의 소식과 파장은 전 세계로 순식간에 퍼져나간다. 인터넷과 텔레비전을 통해 지구 반대편의 일마저도 실시간으로 지켜볼 수 있다는 것, 그리고 그러한 일들이 우리의 정치 · 경제 · 사회적 상황에도 지대한 영향을 미칠 수 있음을 우리는 이미 수차례 실감한 바 있다. 이런 20여 년의 급격한 변화는 방송통신 분야의 혁신에서 비롯되었다고 할 수 있다.

방송통신 분야에서 20여 년 연구하면서 방송통신 분야에 직접적으로 연관된 전공이 적어도 다섯 가지경제학, 신문방송학, 법학, 경영학, 행정학가 존재한다는 사실을 알게 되었다. 연구 초기에는 다른 학문에 대한 관심이 적었던 것이 사실이나, 시간이 경과하며 여러 서로 다른 학문들이 같은 주제를 어떻게 다루고 있는지에 대한 관심이 커졌다. 이런 관심을 정보통신정책학회Korea Association for Telecommunications Policy 활동을 통하여 구체화하였다. 학회의 구성원들을 위에서 언급한 다섯 분야의 학자들로 확장하기 위하여 지난 10여 년간 노력하였고, 지금에 와서는 노력이 어느 정도 결실을 맺었다고 자평할 수 있게 되었다. 학회가 여러 분야의 학자들로 구성되었을 뿐만 아니라, 학회 활동을 통해 상호 간에 이해의 폭이 더 넓어졌다고 판단되기 때문이다.

이 책은 이런 노력의 일환으로 구상되었는데, 학회에서 중추적인 역할을 수행하는 일곱 명의 학자들이 뜻을 모았다. 다양한 전공의 일곱 명 학자들이 방송통신 분야에 대한 주요 사항을 한 장씩 작성하여 책을 만들기로 한 것이다. 각자가 방송통신 분야에서 중요하다고 생각하는 사항을 선정하였고, 두 차례의 발표회에서 심도 있게 의견을 교환하였다. 이 과정을 통하여 다학문적 융합을 반영할 수 있었다고 생각된다.

이 책의 내용은 다음과 같이 구성되어 있다. 제1장에서는 숙명여대 커뮤니케이션 미디어학부의 강형철 교수가 방송 테크놀로지 발전과 사회라는 주제를 제시한다. 이 글은 방송기술과 사회가 만나는 과정에 대해 개관하고 있다. 제2장에서는 서울대학교 법학전문대학원의 이원우 원장이 정보화사회에서의 규제를 검토하고 있다. 이 글은 정보, 법, 규제, 자유 등의 기초 개념에 대한 새로운 시각을 제시하고, 이에 근거하여 기술혁신과 규제 사이의 갈등 해소 문제, 실험조항, 이중규제, 자율규제 등의 주제를 검토한다.

제3장은 한양대학교 경영학부의 신민수 교수가 정보통신 생태계와

전략이라는 주제를 설명하고 있다. 정보통신산업의 발전 트렌드에 따라 정보통신 기업의 새로운 전략 대안으로 부상하고 있는 디지털 비즈니스 생태계에 기반한 경영전략 환경변화와 전략적 이슈를 살펴보고 있다. 제4장은 KAIST 기술경영학과의 권영선 교수가 인터넷의 개방성과 정책이라는 주제로 혁신적인 인터넷 인프라 정책의 필요성을 설명하고 있다.

제5장에서는 건국대학교 경제학과의 권남훈 교수가 ICT산업의 공정경쟁 이슈들을 전반적으로 살펴보았다. ICT산업은 전통적으로 각 산업별 특수규제가 중심이 되었으나 민영화와 경쟁 도입 과정에서 일반적 공정경쟁 규제 중심으로 이행해 왔기 때문에 이에 대한 이해가 중요하다.

제6장에서는 동국대학교 경제학과의 이경원 교수가 방송통신시장의 중요한 주제인 단말기보조금에 대하여 설명하고 있다. 특히, 단말기보조금이 친경쟁적 특성과 반경쟁적 특성을 동시에 지니고 있다는 점을 지적하고 이를 통찰력 있게 분석하고 있다.

마지막 제7장은 이화여대 경제학과 소속의 필자가 정부조직개편에 관한 경제학과 행정학의 이론들을 검토하고 있다. 일반인에게는 생소할 수도 있는 정부조직개편은 생각보다 중요한 문제라고 할 수 있다. 우리나라에서는 지난 20여 년간 정권교체 시점에 대대적인 정부조직개편이 단행되어 왔기 때문이다. 그 중요성에 비하여 정부조직개편을 종합적으로 설명하고 있는 문헌을 찾기는 힘들다. 제7장에서는 정부조직개편에 관하여 그동안 제시된 경제학과 행정학의 주요 이론들을 정리 · 설명하였다. 이 분야의 초보자도 이 분야의 이론에 대한 전반적인 정보를 얻을 수 있도록 구성하였다.

이 책은 방송통신 분야의 경제, 법, 미디어, 경영, 행정 등 다양한 학문 분야를 아우르는 다학문적 접근을 장점으로 갖고 있으며, 그 결과로 여러 주제에 대하여 보다 다양하고 새로운 시각을 제시하고 있다. 이 책을 통하여 방송통신 분야에 대하여 좀 더 폭넓은 이해를 얻을 수 있기 바란다.

끝으로 이 책의 편집 및 출판에 많은 도움을 준 이화여대 경제학과 대학원생 김우경 학생, 그리고 율곡출판사의 박기남 사장님과 박정헌 부장님에게 감사드린다.

2015년 12월 6일

사랑하는 아내의 생일에

편저자 김상택

차 례

2장 정보화사회의 진화와 규제법제의 대응

3장 정보통신 생태계와 전략

4장 인터넷 개방성과 정책 : 현재, 과거, 미래

5장 ICT산업과 공정경쟁

6장 단말기보조금 규제

7장 정부조직개편과 관련된 주요 연구의 소개 및 검토
— 경제학과 행정학의 이론 서베이

제1장

방송 테크놀로지 발전과 사회

강형철(숙명여자대학교 미디어학부 교수)

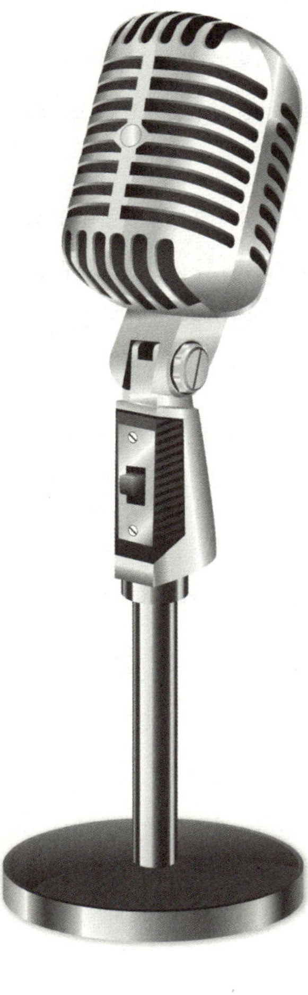

이 글은 방송기술과 사회가 만나는 과정에 대해 개관하고 있다. 방송은 어떠한 다른 사회적 구성물보다도 기술에 크게 의존한다. 이 때문에 방송에 대한 이해는 관련 기술 발전에 대한 파악이 전제되어야 한다. 그러나 방송은 기술만이 아닌 사회적 선택이라는 과정 속에서 만들어지고 변화해 간다. 방송은 내용의 중요성과 상업적 가치로 인해 사회적 관심사가 되기 때문이다.

방송과 사회의 만남에 대한 이해를 위해 이 글은 크게 기술결정론적 시각과 사회결정론적 시각을 구분하여 설명한다. 기술결정론은 기술변화가 곧 사회의 변화를 일으키는 주요 변수라는 입장을 갖는다. "어떠한 새로운 방송기술의 등장이 방송 문화와 산업을 어떠어떠한 방식으로 변화시킨다"라는 식의 설명이 전형적인 기술결정론적 시각이다. 반면에 사회결정론은 기술이 아닌 사회 내의 다른 요소들이 사회변화를 추동한다고 설명한다. 인간의 합리적 또는 비합리적 · 주체적 결정과 경제 상황 등이 기술 발전의 원인이며, 동시에 사회를 변화시키는 결정 요소들이라는 시각이 사회결정론이다. 특정 방송기술의 흥망성쇠는 합리적 · 비합리적, 또는 우연적 결정에 의해 결정된다.

양 시작을 종합하자면 방송기술의 발전은 주어진 기술적 · 정치적 · 경제적 조건 아래 사회적으로 선택되어 온 과정임과 동시에 이것이 다시 사회 발전에 영향을 주는 순환관계이다. 이러한 관점에서 이 글은 방송기술이 발전해 온 과정을 연대기적 기술이 아닌 양자가 상호작용해 온 것으로 설명한다.

1. 방송의 사회적 의미

한국 사람들은 어린 아이 시절부터 "텔레비전에 내가 나왔으면 정말 좋겠네, 정말 좋겠네~"라는 노래를 부른다. 이른바 "방송을 타는" 것은 남녀노소를 불문한 열망의 대상이다. 텔레비전에 자신이 나왔으면 "정~말" 좋겠다고 생각하는 것은 아마도 자신이 지금 보는 방송 스타들처럼 멋있게 살고 싶고, 이런 자신의 모습을 세상 모든 사람들이 보게 될 때 자존감이 극대화될 수 있다고 생각하기 때문일 것이다.

그런데 방송은 이러한 개인적인 차원의 의미를 넘어서 사회적 차원의 가치를 지닌다. "텔레비전에 내가 나왔으면" 하고 바라는 이유가 다른 많은 사람들이 내 모습을 보기 원하기 때문이라면, 이것은 곧 방송이 나와 다른 사람들, 즉 사회 전체를 연결하는 일임을 나타낸다. 한정된 시간과 공간을 차지하는 방송이라면, 누가 이곳에 나오느냐가 중요한 것이고, 이것은 일종의 한정된 자원의 배분 문제가 된다. 아울러 방송을 둘러싼 상업적 이해들은 한정된 광고나 시청료, 가입비, 단말기 구입비 등등을 둘러싼 경쟁을 벌인다. 이것은 내용의 문제와 관계없이 방송이라는 재화를 둘러싼 소비의 문제이고 이것 또한 사회적 문제가 되는 것이다. 이러한 내용의 문제와 소비의 문제가 곧 사회적 문제가 되는 것은 구체적으로 아래와 같은 방식을 통해서이다.

(1) 방송 내용과 사회

첫째로, 방송 내용이 사회적 문제가 되는 것은 방송을 통해 한 번에 많은 사람이, 빠른 시간 내에 같은 내용을 공유할 수 있기 때문이다. 방송 미디어는 자신들의 생각대로 다른 사람들의 생각을 바꾸고 자신들의 생각대로 세상을 꾸며 가보려 하는 사람들에게는 더없이 유용한 매체로 인식되어 왔다. 역사적으로 이를 이용한 사람들도 많았고, 이를 막아보려 한 사람들도 많았다. 학문적으로는 이 현상을 '미디어 정치학'의 개념으로 관심을 두어왔다. 방송은 집단으로서의 인간 삶과 연관이 있다는 가정 하에 '미디어 사회학'이 연구되기도 한다. 마샬 맥클루언Marshall McLuhan은 방송을 '인간 존재의 확장 수단'이라고 말했으며, 토니 슈왈츠Tony Schwaltz는 방송이 '제2의 신'이라고까지 말한 바 있다.

찰스 라이트Charles R. Wright라는 학자는 매스미디어의 사회적 기능을 '환경감시surveillance', '상관조정correlation', '사회유산 전수cultural transmission', '오락entertainment'이라는 네 가지로 요약한 바 있다. 그런데 방송은 이러한 네 가지 기능 수행에 가장 적합한 미디어이다. 여기서 환경감시 기능이란 방송이 인간 삶을 둘러싼 환경변화를 감시하고 중요한 정보를 제공한다는 것을 뜻한다. 여기에는 정부 및 사회 집단과 구성원의 잘못을 감시하는 일, 재난을 예보 · 경고하는 일, 경제 동향을 알려주는 일 등등이 포함된다. 상관조정이란 단순한 정보 제공의 차원을 넘어서 중요한 정보를 해석 · 평가하여 그 의미를 알려주는 것을 뜻한다. 예를 들어, 한국 축구팀이 월드컵 16강 진출에 실패했다면 그것이 지니는 의미를 공유하도록 하는 것이다. 이것이 축구협회의 구조적 문제인지, 선수들의 기강해이인지, 감독 개인의 문제인지 등등 다양한 해석이 가능하고 이것은 매체에 따라 다르게 이루어진다. 사회유산 전수는 교육 기능과 유사한 것으로서, 사회가 축적해 온 정보와 가치, 규범 등을 다음 세대로 전달하는 것을 말한다. 방송은 특정한 지식을 제공하여 시청자가 사회적 규범과 가치를 직접적으로 알게 하지만, 문화예술 프로그램뿐만 아니라 드라마, 뉴스 등을 통해 간접적으로 시청자가 사회화할 수도 있게 한다. 끝으로, 오락은 방송 미디어가 지닌 매우 특징적 기능으로서 기분전환과 카타르시스를 제공하는 것을 말한다.

그러나 방송은 위의 네 가지 기능의 차원에서 정반대로 역기능을 수행하기도 한다. 그것은 환경감시 기능이 잘못되어 과도한 심리적 긴장과 분열을 초래하는 것일 수도 있고, 상관조정 기능이 편견을 확산하고 기득권을 지닌 사회세력의 해석만을 고착화하는 것일 수도 있다. 또한 사회유산 전수 기능이 잘못된다면 새로이 창조되는 문화를 억압하고 획일화된 문화를 고착시키는 역할을 할 수도 있다. 오락 기능의 역기능은 방송에 있어 대표적인 문젯거리로 매우 자주 언급된다. 오락 기능이 지나치면 방송이 시청자의 의식을 마취시키고 도피주의를 확산시키며 순수예술을 타락시키며, 개인을 사회로부터 유리한다는 비판을 받곤 하는 것이다.

(2) 방송 소비와 사회

방송이 사회적 문제가 되는 두 번째 차원인 소비의 차원은 방송을 이용하는 데 시간과 돈이 많이 든다는 데서 비롯된다. 우리는 깨어 있는 동안에 자신의 직업 활동 다음으로 가장 많은 시간을 방송 시청 또는 청취에 소비한다. 〈표 1-1〉에서 보듯이 한국인들의 방송 이용 시간은 2013년 현재 7시간 가까이 된다. 한국인들은 주중 평균 6.7시간을 방송 이용에 할당하고 있으며, 주말에는 6.5시간을 이에 쓴다. 이 수치는

표 1-1 하루 평균 방송 이용 시간(분)

	TV	라디오	인터넷 TV	인터넷 라디오	DMB	합계(시간)
주중	176.6	76.0	56.1	61.0	33.4	403.1(6.7)
주말	236.7	37.3	56.9	36.8	24.8	392.5(6.5)

출처 : 방송통신위원회 2013년 방송매체 이용행태조사.

텔레비전, 라디오 수상기, PC, DMB를 통한 방송 프로그램 시청이나 청취 시간을 모두 합산한 것이다. 여기에는 스마트폰이나 태블릿 PC를 통한 것은 제외되어 있으니 이 시간까지 모두 합한다면 우리는 법정근로시간인 1일 8시간에 육박하는 시간을 방송에 소비하고 있는 셈이다. 아니, 법정근로시간에 주말은 빠지므로 실제 방송이용 시간주당 46.5시간은 법정근로시간주당 40시간보다 훨씬 많다. 한국 가정에 있는 TV 수상기 수는 가정 내 화장실 변기 수를 넘어섰으며, 한 가정의 라디오 수상기 숫자는 이미 둘 이상을 넘어선 지 오래다.

이론적으로, 또는 정치적인 근거를 갖고 방송의 해악을 주장하며 이를 끊자는 생각이 '마약퇴치 운동' 의 형태로 주창되기도 하지만 이미 방송은 인간의 삶 속에서 의식주 다음으로 욕구체계의 중심부에 자리잡고 있다. 사람들은 방송의 보도내용이 불공정하고, 원하는 프로그램이 없으며, 재미없고, 비싸다는 이유 등으로 방송에 불만을 표출하고 있지만 하루 6시간 이상씩을 방송에 소비하고 있다. 만약 방송 시청이 우리 삶에 있어 아무런 의미 없는 행위라고 한다고 하여도 그 자체, 즉 아무런 의미 없는 행위에 우리가 하루 6시간여를 소비하고 있다는 것이 바로 의미가 될 수도 있다.

우리가 방송에 많은 시간과 돈을 쏟고 있다는 이유 때문에 많은 사람들이 상업적 목적으로 이에 뛰어든다. 한국의 방송은 〈표 1-2〉에서 보듯이 세계 방송시장의 1.6%를 차지하고 있다. 이 수치에는 협찬, 프로그램 판매 수익, 홈쇼핑 방송 매출 수익과 텔레비전 수상기 등 장비산업이 반영되지 않은 것이기 때문에 실제 비중은 더 크다고 할 수 있을 것이다. 결국, 방송이 소비되는 공간은 극히 개인적이고, 단말기의 발

표 1-2 **주요국 방송영상 산업 규모**(2012) (단위 : 백만 달러)

	한국	미국	영국	독일	프랑스	일본	중국
TV 가입과 수신료 시장	3,516	74,362	12,790	14,242	7,947	12,055	9,450
유료시장 (Subscription TV)	3,047	74,362	7,075	4,747	3,807	4,203	9.450
공영(Public TV) 수신료	469	–	5,715	9,495	4,140	7,852	–
TV 광고 시장	2,613	63,796	5,867	5,301	4,635	16,252	5,943
총계	6,129	138,158	18,657	19.543	12,582	28,307	15,393
세계 시장 대비 비중	1.6%	37.2%	5.0%	5.3%	3.4%	7.6%	4.1%

출처 : 2013 방송영상 산업백서(한국콘텐츠진흥원).

전과 함께 더욱 개인화하고 있지만 방송은 사회적인 현상이라고 할 수 있는 것이다.

(3) 방송기술의 미래와 사회

이렇듯 사회성을 띄는 방송이 어떻게 발전하고 있고 어떻게 변화해 갈 것인지는 매우 중요한 사회적 관심사이다. 특히 디지털화로 방송과 통신이 융합되는 상황에서 방송이 전달되고 소비되는 방식은 하루가 다르게 변화하고 있다. 방송 내용에 관심을 두는 사람들은 물론이고 방송 소비에 관심을 두는 사람들은 특히 이러한 변화에 민감하다. 예전에 방송이라고 하면 지상파 전파를 이용해 방송신호를 멀리 보내는 일을 뜻했지만 이제는 어떠한 전송수단이든 방송 프로그램을 전달하는 것은 모두 방송이 되었다. 예전에 나온 방송은 이제 '지상파' 라는 말을 붙인 지상파방송이 되었고, 위성방송, 케이블방송, 인터넷 방송, 모바일 방송 등등의 새로운 이름을 지닌 방송이 속속 등장하고 있는 것이다. 1990년의 방송법에서 방송은 "정치 · 경제 · 사회 · 문화 · 시사 등에 관한 보도 · 논평 및 여론과 교양 · 음악 · 오락 · 연예 등을 공중에게 전파함을 목적으로 방송국이 행하는 무선통신의 송신"을 뜻했다. 그러나 현재의 방송법에 방송은 "방송프로그램을 기획 · 편성 또는 제작하여 이를 공중개별 계약에 의한 수신자를 포함하며, 이하 "시청자"라 한다에게 전기통신설비에 의하여 송신하는 것"이다. 방송이 전달하는 내용에 대한 정의도 변했으며"보도 · 논평 및 여론과 교양 · 음악 · 오락 · 연예"에서 그냥 "방송 프로그램"으로, 전달대상은 물론"공중"에서 "시청자"로, 전달방식도 변했다"무선통신"에서 "전기통신설비"로.

그런데 현재 방송법에는 지상파방송, 위성방송, 케이블TV 등은 방송으로 분류되고 있지만 OTTOver the Top, N-스크린 등 인터넷을 이용한 새로운 방송 유형들은 전혀 언급되고 있지 않다. 방송의 변화를 법이 따라가지 못하고 있는 상황이다. OTT란 기존 통신사나 방송 사업자가 아닌 제3자가 인터넷을 이용해 방송 콘텐츠를 제공하는 서비스를 말한다. 한국에는 대표적인 OTT로 티빙Tving과 푹POOQ이 있고, 미국에는 넷플릭스Netflix와 훌루Hulu가 있다. N-스크린은 방송영상 콘텐츠를 PC, TV 수상기, 스마트폰, 태블릿 PC 등 다양한 기기에서 공유하며 시청할 수 있게 해주는 서비스를 말한다. N-스크린 서비스에 가입하면 컴퓨터에서 보던 프로그램을 TV로, 스마트폰으로, 태블릿 PC 등등으로도 같이 볼 수 있으며, 심지어 시청 기기를 바꾸어도 전에 보던 곳에서부터 이어서 볼 수도 있다. 최근 대부분의 OTT는 N-스크린 서비스를 함께 제공한다.

OTT와 N-스크린은 우리들의 방송 소비 방식을 획기적으로 변화시키고 있으며 방송 내용이 구성되는 방식도 바꾸고 있다. 과거에 텔레비전 채널이 두세 개밖에 없었던 때는 사람들은 웬만하면 채널을 돌리지 않고 보던 프로그램과 채널을 계속 보았다. 그런데 케이블과 위성 등 다채널이 등장하면서, 그리고 리모컨이 생기면서 사람들은 시청 습관이 바뀌게 된다. 이는 재핑zapping을 통해 광고가 나갈 때, 또는 재미없는 장면에서 다른 프로그램을 보는 식으로 채널을 이리저리 돌리게 된 것이다. 이어서 디지털화가 되면서 다운로드한 또는 스트리밍 콘텐츠를 볼 때 사람들은 관심 없는 부분은 빨리 돌려서 건너뛰기를 하는 '지핑zipping' 을 하게 되었다. 이에 한 걸음 더 나아가 아예 빠른 속도로 화면을 흘려보내며 대충 내용을 파악하며 빨리 보는 '그레이징grazing' 에 이어 그레이징과 재핑, 지핑을 동시에 하는 '플리핑flipping' 도 생겨났다. OTT와 N-스크린의 발전으로 사람들은 정해진 편성표에 따른 방송을 시청하는 것이 아니라 자신이 편한 시간에 원하는 프로그램을 선택해서 본다. 심지어 시리즈 드라마나 시리즈 버라이어티 전편을 한 번에 몰아보기도 한다. 이것을 '폭시청binge viewing' 또는 '몰아보기' 라고 한다. 폭음하듯이 한 번에 몰아서 방송 프로그램을 폭시청하는 것이다.

방송기술의 변화는 시청행위의 변화를 가져오고 시청행위의 변화는 프로그램 제작방식, 광고방식, 내용 구성 등등을 바꿔가고 있다. 그리고 이러한 변화는 그동안 방송에게 기대했던 바들, 즉 '환경감시', '상관조정', '사회유산 전수', '오락' 기능들이 수행되기 어렵게 하거나 더 잘되게 하고 있다. 한편으로 산업적 측면에서 방송사업자들의 생존방식도 변화시킨다. 그렇다면 이러한 변화는 오직 방송기술 변화에 따른 것일까? 만약 그렇다면 앞으로의 기술 변화를 예측한다면 우리 방송의 미래를 예측할 수 있을 것인가? 혹시 방송기술 변화가 사회의 변화 때문에 이루어진 것은 아닐까? 기술이 사회를 변화시키는 것이 아니라 사회가 기술을 변화시키는 것일까? 아니면 기술과 사회 변화는 순환구조일까? 순서가 어떻게 되었든 방송기술의 변화를 아는 것은 미래의 방송을 알게 되는 것이라는 점에서 중요하다. 그렇다면 사회와 방송이 맺는 관계를 이해하여야 미래를 더 잘 예측할 수 있을 것이다. 이 장 처음에 이야기한 바와 같이 방송은 사회적인 것이기 때문이다.

2. 기술 발전과 사회의 관계를 보는 시각

기술이 일방적으로 방송의 내용과 그것이 구성되는 방식, 그리고 사회에서 서비스되는 모습을 저절로 결정하는 것이라면 우리는 어떤 방송 현상이 현재의 또는 앞으로 나올 기술에 적합한 것인지만을 판단하면 된다. 이러한 '적합성' 을 해치는 어떠한 행위도 잘못된 것이며, 특히 정부의 규제는 매우 조심스럽게 최소한으로 이루어져야 한다. 그러나 정반대로 사회가 방송에 쓰일 기술을 선택하는 것이라면 어떠한 기준으로, 누가 이것을 선택할 것인지가 중요한 문제가 된다. 이렇게 된다면 방송에 관계를 지닌 정부, 사업자, 시청자 등이 모여서 이것을 결정해야 하는 것인지 아니면 이들 중 특정 관계자가 해야 하는지를 정해야 한다. 물론 현실적으로 사회의 의사결정을 대표하는 정부가 결정력을 갖게 될 가능성이 높다. 앞의 시각, 즉 기술이 방송 내용과 방식을 결정한다는 입장을 '기술결정론' , 뒤의 시각, 즉 사회가 기술을 정하는 문제라는 입장을 '사회결정론' 이라고 한다. 물론 양 시각 모두 장점과 단점을 갖고 있으며, 요즘 현실에서는 다른 쪽은 아예 무시하고 한쪽의 입장만 주장하는 경우는 드물다. 그러나 방송에 대한 논의를 할 때 때로는 '일방적인' 상대의 논리를 반박하기 위해 자신도 일방적인 입장에 놓이게 될 때도 많다. 그러나 합리적 판단을 하기 위해서는 기술결정론과 사회결정론 양자가 함의하는 바를 '결정론' 적이지 않게 유연하게 받아들이는 것이 필요할 것이다. 기술과 사회는 각기 현상을 '결정' 하는 것이 아니라 상호작용하며 사회현상에 영향을 주는 각각의 요인들일 뿐이기 때문이다.

(1) 기술결정론

1) 기술결정론의 뜻

기술이 다른 사회적 요인에 영향을 받지 않고 스스로 발전하며 사회에 결정적인 영향을 미친다는 시각을 기술결정론이라고 한다. 이 시각은 기술변화는 곧 사회의 변화를 일으키는 주요 변수라는 입장을 갖는다. 그런데 실제로 기술결정론자들은 스스로를 기술결정론자라고 부르지 않으며 기술의 중요성만을 강조하는 사람들을 향해 다른 사람들이 비판적으로 부른 이름이 기술결정론 또는 기술결정론자이다. 이는 마치 마르크스주의자들 가운데 인간의 주체적 의지를 애써 무시하고 생산력과 생산관계 등 경제적 요인만을 중요하게 생각하는 사람들을 '속류 마르크스주의자Vulgar Marxist' 라고 부르는 것과 마찬가지이다. 칼 마르크스스Karl Marx는 물질이 현상을 결정한다는 시각을 표현했고 이에 따라 그는 '유물론자' 라고 널리 불리고 있다. 그러나 '속류 마르크스주의' 를 비판하는 일단의 시각은 마르크스가 강조한 생각, 아이디어, 또는 이데올로기의 결정력을 유물론에 대한 반증의 증거로 내세운다. 마르크스가 중요하게 생각한 생산체계의 핵심은 기술이고, 실제로 마르크스가 『철학의 빈곤』이라는 책에서 "맷돌은 인간사회에 봉건군주의 사회를, 증기기관은 산업자본가의 사회를 주었다" 라는 말을 했다고 해서 그는 기술결정론자라고 불리기도 한다. 그러나 독일의 호르크하이머M. Horkheimer와 아도르노T. Adorno 등 '프랑크푸르트Frankfurt 학파' 사람들은 문화가 현실을 재생산하는 구조를 마르크스의 논의에서 설명하며 그를 유물론자 및 기술결정론자의 자리에서 빼내온 바 있다.

과학사를 연구하는 서울대 생명과학부 홍성욱 교수는 기술결정론이라는 단어 자체에 그 분명한 뜻이 있다며 기술이 '결정' 한다는 것은 사회에 '영향' 을 미치는 것과 본질적으로 다른 차원의 이야기라고 설명한다.[1] 그는 기술사를 연구하는 학자들이 대체적으로 기술결정론이 아래의 두 개의 명제로 요약된다는 생각을 공유하고 있다고 설명한다.

(가) 기술의 발전은 사회의 영향을 받지 않고 기술 자체에 내재하는 내적인 논리에 따라서 이루어진다.

(나) 기술과 사회의 관계는 기술이 사회에 영향을 미치거나 바꾸는 관계이다. 기술은 원인이고 사회 변화는 그 결과이다.

1. 홍성욱(2013).

첫 번째 명제는 기술이 외부와 상관없이 내적인 논리에 따라 발전하는 것임을 나타낸다. 기술 발전은 사회의 영향을 받지 않기 때문에 특정 기술이 발전하는 과정은 어떠한 사회이든 상관이 없다는 것이다. 예를 들어, 사진기술이 발전하는 과정은 러시아에서든 프랑스에서든 차이가 없다. 반도체 집적회로의 성능이 18개월마다 2배로 증가한다는 '무어의 법칙Moore's law'은 기술이 사회의 영향과 달리 내재적으로 가진 발전의 논리가 있다는 것을 알려준다. 두 번째 명제는 기술은 자체 내에 영향성을 내포하고 있기 때문에 그것이 미치는 영향은 어떤 사회이든 상관이 없다는 것임을 나타낸다. 예를 들어, 인터넷의 발전이 미국에서 전자상거래를 만들어냈다면 한국에서도 마찬가지이다. 증기기관이 유럽에서 산업혁명을 불러 일으켰다면, 마찬가지로 미국 등 다른 나라에서도 그러하다는 것이다.

기술결정론에 의하면 기술이 사회에 미치는 영향은 광범위하다. 특히 경제에 미치는 영향은 절대적이다. 특히 기술결정론은 기술이라는 물질적 현상을 설명하기 때문에 이것이 경제에 영향을 미치고 다시 경제가 다른 사회분야, 즉 정치와 문화에 영향을 미치는 관계로 설명하게 된다. 이는 하부구조생산체계가 상부구조이념체계를 결정한다고 하는 마르크스주의가 유물론임과 동시에 기술이 생산체계를 결정한다는 기술결정론인 것과 마찬가지이다. 즉, 기술 발전이 경제를, 그리고 경제발전이 정치와 문화를 발전시킨다는 것이다. 예를 들어, 프랑스의 자크 엘륄Jacques Ellul이라는 사회학자[2]는 마르크스가 말한 생산체계의 핵심인 기술

2. Ellul, J. (1964).

이 그 수준을 넘어 현대 사회에서는 분배 체계까지도 영향을 미치고 있다고 주장한 바 있다. 그는 오늘날의 모든 경제 행위가 기술에 의하여 침투당해 있다고 설명한다. 그는 기업집중 현상의 원인도 마르크스의 설명 방식인 '자본의 집중' 보다는 기술을 쉽게 활용하기 위한 자본의 효율성 추구로서 설명한다.

2) 미디어 영역에서의 기술결정론

미디어 영역에서 기술결정론자를 찾는다면 대표적으로 앞서 언급한 마샬 맥클루언과 다니엘 러너Daniel Lerner를 들 수 있다. 맥클루언은 미디어 발전이 커뮤니케이션 혁명을 가져왔고, 미디어 매체의 특성이 우리의 사고방식까지 바꾸었다고 주장한다.[3] 그의 주장은 유명한 명제인 "미디어는 메시지다the medium is the message" 라는 말로 요약되는데, 미디어는 그 자체가 지닌 특성으로 인해 그에 들어가는 내용이 달라지고 그 내용을 구성하는 바에 따라 우리의 생각이 달라진다는 것이다. 그는 미디어가 '핫hot' 한 것과 '쿨cool' 한 것이 있다고 구분하였다. 그가 말한 '핫' 과 '쿨' 의 차이는 선명도definition와 참여도participation에 따른 것이다. 핫 미디어는 선명도와 참여도가 높고, 쿨 미디어는 반대로 선명도와 참여도가 낮다. 여기서 선명도란 정보의 밀도가 높아 정보의 양이 풍부한 것을 뜻한다. TV 수상기나 PC 모니터를 이야기할 때 해상도가 높다거나 낮다는 말을 하는데, 이때 해상도는 같은 'definition' 을 다르게 번

3. McLuhan, M.(1964).

역한 말이다. 뒤에 출력장치에 대한 설명에서도 나오겠지만 높은 해상도선명도의 모니터는 화면을 구성하는 셀cell이 촘촘해서 극히 지엽적인 부분도 구분해 표현해 낸다. 마찬가지로 핫 미디어는 정보의 밀도가 높고, 따라서 정보량도 높다. 참여도는 메시지의 완성에서 수용자가 얼마만큼 참여할 수 있는지를 나타내는 말이다. 즉, 신문은 문자로만 뉴스를 전달하다 보니 수용자는 문자를 바탕으로 기자가 전달하려던 구체적인 상황에 대해 머릿속으로 그려보는 등의 노력을 통해 메시지를 완성한다. 그러므로 신문은 참여도가 높은 미디어이다. 반대로 TV는 시각과 청각 모두를 통해 정보를 전달하기 때문에 시청자의 참여도가 낮은 미디어이다.

맥클루언에 따르면 신문과 영화, 라디오는 핫 미디어이고, TV는 쿨 미디어이다. 결국, 어떤 미디어가 어떤 시대의 주요한 것이냐에 따라 그 시대의 성격이 결정된다. 왜냐하면 특정 미디어는 특정한 성격으로 특정한 내용을 전달하게 되기 때문에, 특정한 미디어를 주로 사용하는 사회는 특정한 성격을 갖기 때문이다. 예를 들어, 인쇄술의 발명은 문자의 발명으로 인해 생겨난 인간의 시각중심적 특성을 강화하였다. 그러다가 텔레비전의 발명으로 인해 공감각적인 인간형이 나타나게 된다. 이는 문자 발명 전의 원시인이 지니고 있었던 공감각형 인간형이다. 1980년에 사망한 맥클루언이 자신의 생애에 경험하지 못한 인터넷과 스마트폰에 대해서는 어떻게 설명할지 궁금하다. 기본적으로 그는 커뮤니케이션 기술 혁신이 사회발전의 원동력이라고 보았기 때문에 아마도 인터넷과 스마트폰 등 현재의 융합미디어 상황에 찬사를 보냈을 확률이 높다.

다니엘 러너의 '발전 커뮤니케이션론development communication theory'도 전형적인 기술결정론적 시각을 보여준다.[4] 발전 커뮤니케이션론이란 전근대사회 대중이 미디어를 통해 근대화된 나라의 모습을 보게 된다면 그에 대한 열망을 갖게 되고 이는 곧 해당 사회의 근대화를 향한 변화를 추동하게 된다는 명제로 요약된다. 미국 학자인 러너는 제2차 세계대전 이후 중동 지역에 매스미디어를 통해 미국의 문화와 정치 시스템을 이식·발전시키는 연구를 실행하였다. 그는 "서양 스타일의 민주기구에 내포되어 있는 합리주의적이고 실증주의적 정신에 이슬람은 절대적으로 저항 불가능하다"고 하면서 미국 미디어가 제3세계에 '이식'되어 이들의 삶의 지평과 기대를 상승시켜 경제발전의 동인이 된다고 설명하였다. 한국에서도 1970년대 박정희 군사정권의 경제발전 드라이브에 궤를 같이 하여 많은 미디어학자들이 발전 커뮤니케이션론의 시각에서 적극적인 미디어 확산 정책을 주장한 바 있다. 개혁 전파이론Diffusion of Innovation Theory으로 유명한 에버릿 로저스Everett Rogers도 발전커뮤니케이션 연구의 한 계보를 형성하고 있다. 매스미디어를 통한 개혁 정보의 전파가 그의 관심사였던 것이다. 그는 1970년대 한국을 방문하여 매스미디어를 통한 산아제한을 위한 가족계획 프로그램이 실행되는 과정을 연구하기도 했다.[5]

미디어 발전에 대한 기술결정론적 시각은 현 상황에서 매우 많이 언급되고 있다. 이러한 논의는 학술적 담론에서뿐만 아니라 일반적인 신문이나 방송 등의 매체에서도 자주 언급된다. IPTV가 도입되면 우리의

4. Lerner, D.(1958).
5. Rogers, E. M.(1973).

삶이 어떻게 변화할 것인지, 스마트폰이 우리의 삶을 얼마나 바꾸고 있으며 바꾸어가고 있는지에 대한 논의를 심심치 않게 발견한다. 예를 들어, 아래 기사는 한 경제지에 나온 사물인터넷IoT에 대한 예측이다. 새로운 미디어 기술 도입이나 개발 직전에는 "새로운 미디어 기술로 세상이 크게 바뀐다"는 내용의 담론이 많은데, 이는 전형적인 기술결정론적 시각을 보여주는 것들이다.

> "영화 '마이너리티 리포트'를 기억하는가. 2002년에 만들어진 이 영화의 배경은 2054년 미국 워싱턴DC. 지금으로부터 40년 뒤다. 주인공은 허공에 손을 휘저으며 각종 자료를 찾아본다. 연구실에 들어갈 때는 홍채 인식을 통해 신원 증명을 한다. 자동차는 운전자가 없어도 스스로 달리지만 서로 충돌하지 않는다. 사물인터넷IoT · Internet of Things 기술을 통한 정확한 공간 인식 덕분이다. 2010년대 스마트폰 보급과 함께 모바일 빅뱅이 일어났다. 2020년대엔 모든 것이 서로 연결된 IoT 세상이 올 전망이다."[6]

기술 발전에 규제가 방해가 된다는 시각도 많다. 예를 들어, "미디어 기술 발전이 워낙 빠르다보니 법이 기술을 따라가지 못하는 지체 현상이 나타나고 있다"며 "문제는 기득권을 가진 기존 사업자들이 법 지체 현상을 이용해 새로운 서비스 등장을 막고 있는 점"이라고 비판하는 경우이다.[7] 학술논문에서도 "기술 발전이 직접적인 정책 개입 없이도

6. 전설리(2014. 8. 8.) "IoT 빅뱅이 온다… 인터랙티브 뉴스로 체험하세요", 〈한국경제〉 온라인 기사.

사실상의 정책 목표를 이룬다"[8]고 주장하며 융합미디어 현상에 대한 정부의 개입을 반대하는 시각을 종종 발견한다. 이것들 모두가 기술결정론적 시각을 보여주는 사례이다.

(2) 사회결정론

1) 사회결정론의 뜻

사회결정론은 말 그대로 사회 스스로가 사회현상을 결정한다는 뜻이다. 사회 스스로 사회를 결정한다는 말은 얼핏 들으면 모순처럼 들리기도 한다. 기술이 아닌 사회가 사회에 영향을 주어 사회가 변한다는 뜻인 듯 하기 때문이다. 그러나 사회가 결정한다는 뜻은 기술이 아닌 사회 내의 다른 요소들이 사회변화를 추동한다는 뜻이다. 그리고 기술 발전 또한 사회의 결정 아래에 있다고 보아야 한다. 그렇다고 해서 대부분의 사회결정론이 기술이 사회변화에 아무런 영향을 미치지 못한다고 보지도 않는다. 기술의 영향성을 아예 무시하며 기술은 이미 방향이 정해진 사회 변화를 촉진하는 역할을 할 뿐이라는 견해도 있다. 어쩌다 그러할 경우도 있겠지만 그러한 견해로는 전체 사회변화에 대한 현실을 설명하기 어렵다. 이런 점에서 사회결정론은 기술 이외의 다른 사회 내 요소들이 기술 자체는 물론 사회 변화도 결정한다는 포괄적인 입장으로 이해

7. 전하나(2012. 12. 7). "끝나지 않은 DCS 논쟁 … 법개정 찬반 팽팽", 〈ZDNet Korea〉 온라인 기사.
8. Eliassen, K. & From, J.(2009).

하여야 할 것이다. 이러한 입장은 기술의 영향력을 그나마 인정한다는 측면에서 '연성 기술결정론' 이라고 부르기도 하지만 기술결정론 자체가 "기술이 사회변화를 결정한다" 는 명제를 갖고 있기 때문에 연성 기술결정론이라는 말 자체가 모순이다. 결국, 사회결정론은 기술결정론에 대한 비판적 입장을 통괄하는 입장으로 보아야 할 것이다. 요약하자면, 사회결정론은 인간의 합리적 또는 비합리적 주체적 결정과 경제 상황, 기술 등이 기술 발전의 원인이며, 동시에 사회를 변화시키는 결정 요소들이라는 시각을 말한다.

획기적인 기술이나 발명이 반드시 그의 발전과 상용으로 연결되는 것은 아니라는 사례는 이 외에도 쉽게 찾아 볼 수 있다. 중국의 선박 건조술은 15세기 서양의 원거리 선박에 비해 앞서 있었으나 현대적 범선은 서양에서 더욱 발달하였고, 이는 '지리상의 발견' 으로 이어져 서구가 20세기의 중심이 되는 계기가 되었다. 사진기의 원형이라고 할 수 있는 카메라 오브스큐라camera obscura[9]도 10세기 경 아라비아 천문학자가 이를 사용하여 일식을 관찰하였다고 기록돼 있으나 우리가 상용하는 카메라는 19세기 초 서양에서 개발되었다.

2) 미디어 영역에서의 사회결정론

미디어에 관련해서는 특히 기술 발전의 요소는 중요한 측면이다.

9. 뒤에 자세히 설명하겠지만, 카메라 오브스큐라는 사면이 막혀 있는 상자의 한 군데 작은 구멍을 뚫으면 그 구멍을 통해 빛이 들어오면서 그 상자 밖의 모습이 내벽에 비치게 되는 원리를 이용해 화가들이 스케치를 할 때 사용하던 도구이다.

기술은 새로운 미디어의 발전을 촉진시키고, 새로운 미디어는 사회를 변화시킨다. 물론 이것만 이야기한다면 기술결정론이 될 것이다. 그러나 이러한 기술이 영향력을 발휘하는 것은 특정한 사회적 조건 아래서이다. 많은 논자들의 지적대로 기술 발전은 의도적 과정이다. 기술이 사회 변화를 가져오기 이전에 어떤 과학적 발견의 결과는 계속 추구되고 어떤 것은 버려진다. 영국의 예를 보자. 영국에서 초기 신문의 발달 과정을 돌아보면 당시 인쇄업자가 자신이 보유한 인쇄기를 놀리지 않으려는 목적에서 신문 인쇄에 참여했다가 신문출판이 주요 업종이 되어버린 것을 알 수 있다. 심지어 한국은 서양에 2백여 년 앞선 1234년에 이미 세계최초의 금속활자를 개발했으나 근대적 신문은 2～3백년 늦게 등장한 것을 보면 기술 발전이 곧 미디어의 발전이고, 사회의 변화를 의미하지 않는다는 것을 알 수 있다.

경제학자들은 이 과정을 "의도적" 이라고 설명하기보다는 "시장의 원리" 로서 설명하고자 한다.[10] 즉, 과거의 권위주의 시대에서 기술의 채택 여부는 중앙집권적 권력에 의해 이루어 졌으나 현대 사회에서는 시장이라는 탈 중심적 경제 기구가 효용성 있는 기술혁신에 큰 보상을 함으로써 기술 발전을 촉진시켰다는 것이다. 즉, 기술 변화의 엔진은 기업과 시장이며 기업의 목적은 이윤추구이다. 텔레비전 기술도 1884년 특허로 인정되었으나 영화산업에 대한 위협 때문에 발전이 늦어져 1940～1950년대에 이르러서야 실용화될 수 있었다. 이러한 발전이 이루어지는 장소인 기업 내부에서 돈은 무작위로 할당되는 것이 아니다.

10. Rosenberg, N. & Birdzell, L. E.(1986).

기업의 이익을 최대화할 수 있는 검토가 선행된다. 이것이 어떠한 과학적 발견이 발전할 것인지 여부를 실질적으로 제한한다.

같은 맥락에서, 영국의 문화연구자인 레이먼드 윌리엄스는 근대적 신문의 발전 원인을 아래의 세 가지로 설명한 바 있다.[11]

첫째, 산업화가 가져온 생산과 분배 방식의 혁명적 발전
둘째, 산업화와 민주투쟁이 가져온 혼란과 독점권franchise의 확대
셋째, 신문의 재정을 뒷받침할 수 있는 새로운 경제조직들의 등장

이같이 사회적 조건들을 강조하게 될 때, 기술 발전이 연속적인 과정임을 강조하기 위해서는 기술결정론자들이 즐겨 쓰는 '발명invention'이나 '이식injection' 이라는 용어보다 '발전development' 이라는 용어가 보다 적절하게 사용될 수 있다.[12] 기술은 한 개인이 어느 순간 '느닷없이 발명' 하는 것이 아니라 [그림 1-1]에서 보듯이 원형들이 있는 상태에서 사회적 필요가 개입돼 발명이 일어나고 전파가 이루어지는 '발전' 의 과

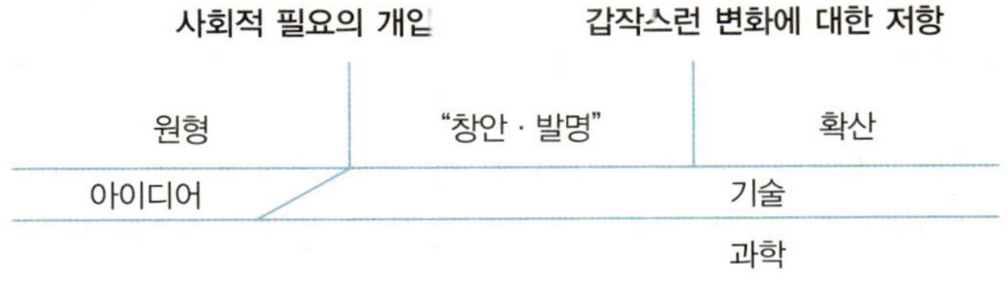

출처 : Winston(1995, p.69).

그림 1-1 기술 발전과 사회적 조건의 관계

---

11. Williams, R.(1961).
12. Winston, B.(1995).

정인 것이다. 거시적인 과학의 발전과 기술의 발전이라는 연속선 상에서 출현하게 된 새로운 '발명' 은 이 같은 갑작스런 변화에 저항하고 이를 방해하는 외적 요인들을 버텨낼 때 비로소 확산의 단계로 나아가게 된다.

마르크스주의 이론가들의 전통에 따라 같은 조건이라도 계급관계의 보다 거시적인 측면에서 이를 설명할 수도 있다. 즉, 기술 발전이 사회 내 지배권력구조에 봉사하기 위한 목적으로 이루어지기 마련이라는 것이다. 신문의 발전을 예로 들어 본다면, 이들은 기술 발전이 자본의 사회적 힘을 공고화하고, 활용하고, 확장시키기 위한 필요성을 인식한 데서 출발한다고 주장한다. 앞서 언급한 레이먼드 윌리엄스도 "신문은 주로 18세기에 상업적 중간계급이 창조한 것" 이라며 "신문은 이들이 사업을 하는 데 관련된 정보를 제공하면서 이 계급에 봉사했다." 고 해석한다. 영국에서 신문 생성의 첫 단계는 독서가 가능한 중산계층의 성장이다. 신문에 나는 뉴스내용도 주로 시장과 무역에 관한 소식을 포함한 외국 소식이었다. 국내 뉴스도 주 아이템이 주가, 어음 교환소 소식, 파산자 명단으로서 신흥 부르주아적 계급의 관심사를 반영하는 것들이었다. 독일 철학자 위르겐 하버마스Jurgen Habermas는 서구에서 등장한 초창기 신문의 이러한 역할을 '공공영역public sphere' 이라고 이름 붙이며 신문이 부르주아적 계급의 정치적 위치를 공공화하는 역할로서 발전했다고 파악한다.[13] 과거에는 세상에 대한 해석이 교회와 왕을 위시한 귀족에서 나왔으나 신문을 통해 부르주아 계급이 세계와 자신과 관련된

13. Habermas, J.(1991).

주변의 일들을 해석하게 된 것이다. 하버마스는 신문이라는 부르주아 공공영역의 등장에 가장 핵심적인 사회적 조건을 제공했던 것은 시장 형성으로 보았다. 즉, 자유주의 시장경제 체계 아래서 생산품 교환과 사회적 노동 영역에서의 모든 개인활동이 국가의 통제로부터 벗어나 가능한 한 사적 행위로서 보장받게 되는 과정을 통해, 사적 자율성 영역으로서의 근대 시민사회가 태동하게 된다는 것이다. 이러한 시민사회를 구성하는 개인들은 그동안 절대군주와 궁정이 상징적으로 대표하고 있던 공공성의 개념에 의문과 이의를 제기하고, 시민사회의 새로운 권위의 원천으로서의 공공성에 대한 자의식을 갖게 된다. 공공영역은 시장경제의 확대로 인해 분화된 국가와 시민사회의 간극을 메우는 역할을 하였다.[14]

3) 환원주의의 위험성

사실상 기술이 먼저냐 사회적 조건이 먼저냐 하고 이분법적으로 따지는 환원주의reductionism는 단순화의 위험이 크다. 역사적으로 기술이 사회적 조건과 필요에 의해 선택되고 그 선택이 사회를 크게 변화시켜 온 것이 사실이기 때문이다. 예를 들어, 앞서 언급했듯이 지리상의 발견을 이끈 서양의 돛배는 15세기 경 개발된 것이다. 여기에 사용된 자재와 부품들은 이미 1,500년 전부터 가능했던 것이라고 한다. 또한 이 배는 12세기의 중국 배정크보다 비효율적이었다. 그러나 중국 배는 19세기

14. Held, D.(1980).

에 이르기까지 별다른 발전이 없었던 반면에 서구의 배는 증기기관과 철판의 활용 등으로 괄목할 만한 발전을 이루었다.[15] 이 배가 지리상의 발견을 통한 식민지 지배와 그에 따른 잉여의 축적을 가져오게 하였다. 결국 필요에 의해 기술이 선택되고 그 선택이 사회를 변화시킨 것이다.

이 같은 예는 철도기술, 컴퓨터, 방송, 신문 등 네트워크 기술에서도 두드러진다. 기술 혁신의 순환구조에 대해서 미국 경제학자 브라이언 아더Brian Arthur는 '수확체증의 법칙' 으로 이를 설명한다.[16] 수확체증이란 일단 시장에서 성공한 기술이나 제품은 계속해서 발전하는 반면 한번 실패한 것은 계속해서 불리하다는 점이다. 수확체증은 특정 분야에서 성공한 제품은 더욱 그 사업이 번창하고 일단 타격을 입은 자는 갈수록 더욱 허약하게 만드는 이른바 '포지티브 피드백positive feedback' 이라는 메커니즘이다. 시장에서 경쟁을 하고 있는 제품이나 기업이 일단 시장 지배에 성공하면 수확체증의 메커니즘에 따라 그 우위성은 더욱 확대된다. 전통적 경제이론에서는 수확체증의 산업을 특이한 경제형태로 규정해왔다.[17] 그러나 현시점에서 수확체증 산업은 특이한 경제형태가 아니라 주도적인 산업형태가 되어가고 있다.

방송분야에서도 이 같은 현상은 두드러져 왔고 테크놀로지의 발달에 따라 더욱 강화되고 있다. 1970년대 시작된 일본의 소니SONY와 파나소닉Panasonic 간의 전쟁은 가정용 비디오에서는 파나소닉의 VHS방식이 소니의 베타BETA 방식을, 방송용 비디오에서는 거꾸로 베타 방식이

---

15. Rosenberg, N. & Birdzell, L. E.(1986).
16. Arthur, B.(1996), Arthur, B.(1989).
17. Boadway, R. W.(1979).

VHS를 누르고 각각 완승으로 결말났다. 가격이나 기술면에서 큰 차이가 없었지만 우연한 기회의 선점은 포지티브 피드백 현상을 보이며 시장에 대한 석권을 가능하게 한 것이다Park, 1998.

3. 방송기술의 발전

앞에서 미디어 기술 발전과 사회와의 관계에 대해 이야기해 보았다. 방송기술의 발전은 주어진 기술적, 정치적, 경제적 조건 아래 사회적으로 선택되어온 과정임과 동시에 이것이 다시 사회 발전에 영향을 주는 순환관계라고 볼 수 있겠다. 이제, 이러한 관점에서 아래에서는 방송기술이 발전해 온 과정을 살펴보고자 한다. 방송기술이 어떠한 과정을 거쳐서 현재에 이르게 되었는지를 개괄적으로 알아보고자 하는 것이지 누가 몇 년도에 무엇을 어떻게 발명했다는 식의 연대기적 기술을 하고자 하는 것은 전혀 아니다. 기술과 사회가 서로 만나 상호작용하며 변화해온 과정을 개괄해보고자 하는 것이다.

방송기술은 기본적으로 송신자편의상 방송국이라고 하자가 수신자편의상 시청자라고 하자에게 방송 프로그램을 만들어 보내는 과정에 필요한 기술이라고 할 수 있다. 이것은 방송국이 영상과 음성을 전기신호로 바꾸는 입력encoding 기술, 그 전기신호를 저장하는 저장memory 기술, 그 신호를 멀리 보내는 송신transmitting 기술, 그리고 마지막으로 시청자가 이 전기신호를 영상과 음성신호로 다시 바꾸어 수신할 수 있게 해주는 재생decoding 기술로 이루어진다.

(1) 입력기술 : 마이크와 카메라

방송 내용을 음성과 영상으로 입력하기 위해서는 각각 마이크로폰 마이크과 카메라를 필요로 한다.

1) 마이크로폰

마이크로폰은 소리음파를 전기신호로 만들어 주게 하는 장치이다. 마이크 안에는 음파, 즉 소리의 파장에 따라 진동하는 진동판이 있고, 이 진동판의 기계적 움직임에 따라 이를 전기 신호로 변환시키는 소자가 들어 있다. 마이크로폰의 원형은 어린 시절 누구나 한번쯤은 해보았을 '종이컵 마이크' 이다. 종이컵 밑바닥에 작은 구멍을 뚫고 실을 맨 다음 다른 편에서 같은 방식으로 종이컵 바닥에 구멍을 뚫은 것에 실을 연결하여 이야기를 나누면 음성이 들리는 것이다. 종이컵에 말을 하면 종이컵 바닥에 진동이 일어나고 이 진동이 실을 타고 간 뒤 상대편 종이컵의 바닥에 진동을 일으켜 내가 말한 소리가 상대편에게 들리게 된다. 이때 내 종이컵이 마이크인 셈이고, 종이컵 바닥이 진동판이다.

앞서 설명했듯이 특정 기술은 원형의 상태에서 사회적 필요와 개입에 의해 창안 또는 발명되어 확산된다. 이러한 이유로 방송 관련 기술에 대해 누가 최초인지를 이야기하는 것은 매우 어렵다. 원형의 상태에서 사회적 필요가 생겨난다면 그때 이것을 발명하는 단계에 뛰어든 사람들이 많기 때문이다. 마이크도 마찬가지여서 1880년대 후반에 영국의 데이비드 휴즈David Hughes, 미국의 에빌 벌리너Emile Berliner, 그리고 토마스에디슨Thomas Edison이 마이크를 '각각' 발명한 사람들로 주장된다. 데이비드 휴즈가 '마이크로폰' 이라는 이름도 붙였고, 대중 시연도 가장 먼저 했다고 해서 기술사학자들은 그를 최초의 마이크 발명자라고 한다지만 일반인들이 마이크 발명가로 알고 있는 사람은 이를 상용화한 에디슨이다.

마이크에는 진동판을 만드는 소재나 방식에 따라 탄소 마이크, 크리스털 마이크, 다이내믹 마이크, 콘덴서 마이크, 리본 마이크 등이 있다. 최초에 발명된 것은 탄소 마이크로서 전화기 송화기에 쓰였다. 방송에서는 주로 콘덴서 마이크를 사용한다.

2) 비디오 입력장치

가. 카메라

방송 영상을 입력하는 장치는 비디오카메라를 사용한다. 그런데 이 비디오카메라는 영화 촬영을 위한 무비 카메라에서 발전한 것이며, 무비 카메라는 다시 스틸 카메라를 발전시킨 것이다. 그리고 스틸 카메라의 원형原形은 카메라 오브스큐라camera obscura이다. 10세기 아라비아 과학자들이 고안해 낸 카메라 오브스큐라는 조그마한 상자 모양을 한 것으로서, 어둡다는 뜻의 'obscura' 와 방이라는 뜻의 'camera' 가 합쳐서 '어두운 방' 이라는 뜻을 가진 라틴어이다. 이 원리는 이미 5세기 중국 철학자가 발견하였다는 기록이 있기도 하다. 작은 창이 난 어두운 방에 그 창을 통해 바깥 풍경이 빛을 타고 들어가 창 반대쪽 벽면에 그 풍경의 상을 맺히게 하는 원리에서 나온 말이다. 이를 이용해 상자의 한

면에 구멍을 뚫으면 그 구멍으로 외부의 모습이 빛을 타고 들어가 구멍 반대편에 있는 내부 벽에 상이 맺히게 한 것이 카메라 오브스큐라이다. 이 상자 안에 반사경을 넣어 상자 윗면에 상이 맺히게 함으로써 16세기 화가들이 그 위에 얇은 종이를 넣고 스케치하여 밑그림을 그리는 데 사용하였다고 한다.

카메라 오브스큐라의 상이 맺히는 벽면에 빛에 감응하는 화학물질을 바른 물질을 넣어 상을 보존하는 것이 지금의 스틸 카메라이다. 카메라를 누가 최초로 발명했는지도 마이크처럼 단언적으로 이야기하기 어렵다. 이 때문에 각 발명가들을 배출한 나라들은 보통 자국인이 해당 기술을 발명했다고 주장하기 마련이다. 18세기 독일의 요한 잔Johan Zahn, 19세기 프랑스의 루이 다게르Louis Daguerre와 조세프 니엡스Joseph Niëpce, 영국의 윌리엄 텔보트William Talbot 등이 '발명가' 들로 거론된다. 그러나 중요한 것은 누가 '발명' 했는지가 아니라 중국도, 아라비아도 아닌 유럽에서 산업혁명 후 실증주의 사조가 발전하면서 현실을 기록하려는 사회적 필요가 원형인 카메라 오브스큐라를 바탕으로 카메라를 '발전' 시켰다는 사실이다.

카메라는 카메라 오브스큐라보다 초점을 더 명확히 잡기 위해 상자 구멍에 렌즈도 넣었다. 얇은 플라스틱 종이에 빛에 잘 감응하는 젤라틴 유제를 바른 것이 바로 카메라 필름이다. 촬영 후 이것을 암실로 가져가 정지액에 담구면 필름이 더 이상 빛에 반응하지 않고 원래 맺힌 상을 그대로 지니게 된다이것을 현상이라고 한다. 다시 이것에 빛을 비추어 종이에 젤라틴 유제를 바른 것이 인화지이며 같은 과정을 통해 사진이 만들어진다이것을 인화라고 한다.

디지털화와 함께 이제 카메라는 필름이 필요 없게 되었다. 디지털 카메라에는 빛의 신호를 전기신호로 바꾸어 주는 CCDCharge Coupled Device ; 전하결합소자가 있어 이 신호가 내장된 메모리에 저장되는 것이다.

나. 무비 카메라

영화 촬영에 쓰는 무비 카메라는 필름 카메라, 즉 빛을 화학신호로 바꾸어주는 장치이다. 스틸 카메라의 원리와 같이 빛을 모아서 필름에 저장하는 것이지만 1초에 24장의 샷을 연속적으로 찍는다는 점에서 차이가 있다. 연속된 동작을 1초에 24장만 찍어 필름으로 만든 뒤 이것을 영사해 보아도 사람의 눈은 동작이 단절 없이 자연스럽게 움직이는 것으로 착각하게 되는 원리를 이용한 것이다. 디지털 카메라나 뒤에 설명할 비디오카메라가 빛의 신호를 전기신호로 변환하여 영상을 재생하는 것이라면, 필름 카메라는 빛을 이용한 화학 반응을 일으켜 영상을 만들어 낸다.

방송에서도 비디오카메라가 발전하기 전에는 현장 기록용으로 무비 카메라를 사용하였다. 무비 카메라는 스틸 카메라용 필름을 1초에 24장씩 쓰면서 기록하고 이것을 다시 인화한 뒤 TV 방송용으로 옮겨야 했다. 무비 카메라로 찍은 필름을 방송용으로 변환하는 것을 '텔레시네telecine' 라고 한다. 이렇게 무비 카메라로는 시간과 돈이 많이 들기 때문에 초기의 TV 방송은 주로 생방송에 의존할 수밖에 없었다. 그런데 무비 카메라도 이제 점차 디지털화하여 거꾸로 방송에서 쓰는 비디오카메라와 같은 방식의 CCD를 사용하는 것으로 바뀌고 있다.

다. 비디오카메라

비디오카메라는 빛을 전기 신호로 바꾸어주는 장치다. 비디오카메라 안에는 카메라의 필름과도 같은 역할을 하는, 즉 카메라가 촬[撮]영한 장면을 상[象]으로 만들어 주는 역할을 하는 촬상장치가 들어가 있다. 1980년대까지만 해도 대표적인 촬상장치는 진공관이었다. 이후 앞서 카메라에서 언급한 CCD가 널리 사용되고 있다. 비디오카메라에 들어간 CCD는 하나일 수도 있고, 세 개일 수도 있다. CCD가 세 개인 것이 하나인 것보다 색상 표현 능력이 뛰어나다. 그것은 한 개의 CCD가 빛의 3원색인 빨강[R], 녹색[G], 파랑[B]을 한 번에 처리하는 것보다 3개의 CCD가 렌즈를 통해 들어온 상의 빛의 성분을 각각 분해하여 빨강, 파랑, 녹색을 전담하는 방식으로 신호를 만들어내기 때문이다.

우리가 보통 작은 비디오카메라를 캠코더라고 부르는데 캠코더라는 말은 사실 카메라와 레코더가 합친 말로서 방송용 전문 카메라도 일체형이면 캠코더에 속한다. 스튜디오에서 쓰는 고정형 카메라는 보통 레코더가 달려있지 않고 선을 통해 조종실로 화면을 바로 보낸다. 또한 캠코더가 개발되기 전에는 카메라에 레코더가 달려있지 않아 외부 촬영을 하기 위해서는 카메라맨이 카메라를 들고, 카메라에 연결한 레코더를 보조원이 들고 다녔다. TV 방송 초기에는 카메라가 너무 무거워 외부로 이동할 수 없었기 때문에 야외 촬영은 뉴스를 위한 것으로 제한되었고, 그것도 무비 카메라를 이용하여 필름으로 촬영한 뒤 텔레시네 방식을 사용해야 하였다. 기술 발전과 함께 카메라는 점차 경량화하였고, 디지털화하여 저장장치도 테이프에서 디스크로 바뀌어 가고 있다.

이러한 카메라 기술의 변화는 방송 프로그램 제작 방식까지도 바꾸어 미리 각본이 짜인 것보다는 자연스런 현장 모습을 담아내는 것으로 변하게 하였다. 예전에는 카메라가 비싸고 이를 다룰 수 있는 사람이 한정되었기 때문에 현장을 담으려면 미리 세밀하게 한 장면 한 장면을 계획해야 했다. 그러나 이제 카메라가 경량화하고 소형화하면서 한 프로그램에 수많은 카메라 배치가 가능해졌다. 이로 인해 출연자 한 명당 한 개 이상의 카메라가 배치되어 이들의 자연스런 행동을 잡아낼 수 있게 된 것이다. 과거에는 방송 제작 단계에서 사전 기획이 중요했다면 이제는 촬영 후 좋은 것들만 편집하는 사후제작post-production이 중요하게 되었다. 요즘 야외 버라이어티 프로그램이 늘어나고, 관찰 프로그램이 '대세'를 이루는 이유가 바로 여기에 있다. 영화에서도 마찬가지로 포스트프로덕션의 비중이 커졌다.

(2) 저장기술

1) 필름

무비 카메라의 저장장치는 필름이다.[18] 그러나 요즈음은 무비 카메라도 디지털화하여 저장장치로 마그네틱테이프와 메모리칩을 쓰는 것으로 추세가 바뀌었다. 물론, 아직까지 필름으로 촬영하는 무비 카메라가 사라진 것은 아니다. 필름은 얇은 폴리에스테르 종이에, 빛을 받으면 성질이 변하는 화학약품, 즉 감광유제感光乳劑를 발라놓은 것이다. 카메

18. 이하 저장기술 부분 중 기술적 측면에 대한 것은 강형철(2007), 「방송영상기술과 제작」, 홍기선 외 지음, 『방송영상미디어의 이해』, pp.94～96의 내용을 활용하였다.

라 셔터를 눌러 카메라 조리개를 열었다 닫으면 그때 들어온 피사체의 모습이 필름에 닿게 된다. 이때 피사체 각 부분이 지닌 빛의 강약에 따라 순간적으로 화약약품이 반응하여 상을 맺게 되는 것이다. 이를 잠정적으로 상이 맺힌다고 하여 '잠상潛像' 이라고 한다. 그러나 조리개를 닫는 순간 더 이상의 화학작용은 일어나지 않는다. 이 필름을 암실로 가져가서 필름에 발라놓은 화학약품이 빛을 받아도 더 이상 반응하지 않게 하는 현상액에 담가놓는다. 시간이 지나면서 필름에는 피사체의 모습과 거꾸로 된 빛의 세기와 모습을 가진 상이 맺히게 된다.

필름 카메라로 사진을 찍은 후 필름을 감아 사진관에 가져가면 인화된 사진과 필름을 돌려주는데 이때 주는 필름이 현상이 된 필름이다. 인화는 현상된 필름을 인화기에 건 후 빛을 비추면서 빛에 반응하는 인화지에 상이 맺히게 하는 것을 말한다. 이 인화지에 맺힌 상은 필름의 상과는 거꾸로 된 것으로서, 다시 현실의 모습을 보여준다. 이렇게 인화한 후 더 이상 빛에 반응하지 못하게 하는 액체에 잠시 담가둔 뒤 말리면 우리가 보는 사진이 완성된다. 무비 카메라는 카메라 뒤, 상이 맺히는 부분에 필름을 놓는 것은 스틸 카메라와 같으나 이 필름이 1초에 24번 바뀌면서 돌아간다. 이렇게 촬영을 통해 상을 맺히게 한 필름들필름 롤을 현상한 뒤 이를 영사기에 걸어 돌리면 움직이는 화면의 영화를 볼 수 있는 것이다.

2) 비디오테이프

비디오테이프는 빛으로 이루어진 영상신호를 전자신호로 저장하는 장치이다. 비디오테이프는 플라스틱 테이프 표면에 산화철 등의 자성

체를 발라 자기장의 원리에 의해 영상신호를 기억하는 것이다. 비디오 테이프 단면은 영상신호를 입력하는 비디오 트랙과, 음성신호를 입력하는 오디오 트랙, 그리고 테이프의 위치 신호 등을 입력하는 컨트롤 트랙으로 이루어져 있다. 비디오 트랙에는 영상화면이 녹화되며, 오디오 트랙에는 음성 신호가 녹음된다. 컨트롤 트랙은 각종 정보를 입력하는 영역이다.

방송용 테이프는 1970년대 이전까지만 해도 폭이 2인치[약 5센티미터]나 되고 부피와 무게가 매우 컸기 때문에 녹화기는 휴대가 불가능할 정도로 컸다. 그러나 1972년 일본 소니[SONY]사가 휴대용 카메라의 시조인 유매틱[U-Matic] 테이프와 녹화기, 그리고 카메라를 개발했다. 테이프 폭이 3/4인치[약 2센티미터]로 줄어든 유대틱 테이프는 텔레비전 프로그램 제작에서 ENG[Electronic News Gathering]의 혁명을 일으켰다. 즉, 이제부터 카메라를 어깨에 메고 유매틱 녹화기를 함께 들고 다니면서 녹화할 수 있게 된 것이다. 소니사는 다시 10년 후 앞서 언급한 바와 같이 카메라와 녹화기를 합친 캠코더를 개발, 베타맥스[Betamax] 방식의 1/2인치 테이프와 카메라/녹화기 일체형 방식을 선도했다. 우리가 가정에서 주로 쓰는 VHS 테이프는 소니사의 경쟁사인 마쓰시타[PANASONIC]가 개발한 것으로서 베타맥스에 대응하는 제품이다. VHS나 베타객스 모두 1/2인치의 경량형이나, VHS는 가정용 테이프 시장을, 베타캠은 전문방송 시장에서 우위를 점하여 각각 독점적 지위를 누려왔다.

VHS와 베타맥스의 경쟁은 앞 절에서 이야기했던 기술의 사회적 선택 문제를 이야기할 때 자주 거론되는 사례이다. 초기에 화질은 베타맥스가 약간의 우위를 갖고 있었고 녹화시간은 VHS가 길다는 장점을 갖고 있었다. 당시 미국 가정에서는 야구 중계를 생방송으로 보지 못할 경우 예약 녹화를 해두려는 필요성이 대두되고 있을 때였다. 4시간 이상씩 걸리는 야구게임 녹화를 위해서는 이것이 가능한 EP Extended Play 모드가 탑재된 VHS가 바람직했고, 이에 따라 VHS 녹화기를 선택하는 가정이 점차 늘어나게 되었다. 이로 인해 비디오 대여점에서는 VHS 방식의 영화 테이프를 찾는 사람이 늘어나게 되고, 대여점 주인은 상대적으로 베타맥스보다는 VHS 방식 테이프로 된 영화 조달을 늘리게 된다. 베타맥스 녹화기를 가진 사람들은 비디오 대여점에 갔을 때 선택지가 좁은 것을 알게 되고 다음에 녹화기를 살 때는 VHS를 사겠다고 마음먹게 된다. 이런 과정이 반복되면서 가정에서, 그리고 비디오 대여점에서 베타맥스는 점차 사라지고 VHS가 석권하게 된 것이다.

시장에서의 요구를 즉각 반영하여 베타맥스는 녹화시간을 늘이는 대신 화질을 조금 떨어뜨리는 것을 선택하였지만 이미 균형이 깨진 추는 급속히 기울게 되어 회복할 수 없었다. 그러나 반대로 방송사에서는 화질이 조금 더 좋다는 이유로 베타맥스를 선정하는 경우가 늘어났다. 이렇게 되면 방송사 간 프로그램 교류를 위해서 서로 형식이 맞는 것이 중요하기 때문에 아무래도 더 많은 방송사가 선택하는 베타맥스를 선택하는 것이 안전하므로 베타맥스는 많은 방송사가 채택하는 모델이 되어 방송계의 표준이 되어 갔다. VHS와 베타맥스의 사례는 네트워크 산업에서 한 번 정해진 것이 지속적으로 확대되는 포지티브 피드백 positive feedback 현상을 잘 드러내 준다.

그러나 앞서 설명한 테이프들은 아날로그 형식으로서 테이프를 복사할 때마다 1/n2의 꼴로 화질이 급격히 저하되는 것들이었다. 즉, 한 번 복사하면 화질이 1/2로, 다시 이를 복사하면 1/4로, 이를 한 번 더 복사하면 1/8로 떨어지는 한계가 있었다. 그러나 현재 사용하는 거의 모든 비디오테이프는 디지털 방식으로서 아무리 복사해도 원본의 화질이 그대로 유지된다. 방송사에서는 소니사의 '디지베타'를, 일반인들은 소니사의 DVCAM이나 파나소닉사의 DVC-PRO를 주로 사용한다. 디지베타는 아날로그 때와 마찬가지로 1/2인치의 크기이나, DVCAM과 DVC-PRO는 6mm의 매우 좁은 폭의 크기여서 일반인들이 간편하게 사용하기에 적당하다.

3) 컴퓨터 저장장치

방송영상제작에서 테이프는 점차 사라지고 있다. 디지털 압축기술의 발전으로 컴퓨터 디스크가 비디오테이프를 대체하고 있기 때문이다. 현재 방송국에서는 비디오테이프의 신호를 일단 하드디스크에 저장캡처한 뒤 컴퓨터 내에서 편집을 하는 비선형 편집non-linear editing이 일반화하고 있다. 과거에는 테이프를 전후로 돌려가면서 원하는 장면을 찾아 편집했으나선형 편집 : linear editing 이제는 테이프를 돌리지 않고 컴퓨터 마우스를 움직여 원하는 장면 장면을 하드디스크에서 바로 불러내면서 편집하게 된 것이다비선형 편집 : non-linear editing. 영화에서도 필름으로 찍은 것을 스캔하여 하드디스크에 넣은 다음 후반작업을 하여 다시 필름으로 만들거나, 아니면 아예 디지털 방식으로 영사한다. 이러한 비선형 편집은 테이프 앞뒤를 오가며 재생하는 방식으로 편집을 하는 데 사용하는 시간을 대폭 줄일 수 있을 뿐 아니라 과거에는 별도의 기계작업이 필요했던 그래픽 작업 등을 한 번에 할 수 있는 큰 이점이 있다.

한발 더 나아가 촬영단계에서부터 카메라에 착탈이 가능한 메모리 카드 또는 메모리 스틱을 사용하여 바로 컴퓨터에 전송하여 편집하는 방식도 확대되고 있다. 촬영한 테이프를 재생하며 하드디스크에 담는 데는 촬영 시간만큼의 시간이 그대로 들지만 메모리 스틱이나 메모리 카드를 활용하면 이 시간을 그대로 아낄 수 있다. 영화에서도 마찬가지로 직접 촬영하고 저장하였다가 컴퓨터로 전송하는 방식이 확대되고 있다.

메모리 카드는 전원이 꺼져도 내용이 지워지지 않는 플래시메모리 flash memory 반도체를 사용한다. 이로 인해 메모리 카드는 개인용 디지털 카메라나 비디오뿐만 아니라 전문 스틸 카메라나 방송사 비디오카메라, 영화 카메라에 공히 널리 사용된다. 점차 방송 저장 매체로서 대세(?)가 되어가고 있는 메모리 카드는 다시 마쓰시타와 소니의 '제2차 전쟁' 대상이 되어가는 양상이다. 마쓰시타는 도시바 및 샌디스크와 함께 'SD 카드'를, 소니는 '메모리 스틱'을 각각 개발하여 자신들의 것이 더 많은 카메라와 게임기 등 영상제품의 기본 사양이 되고자 경쟁하고 있는 것이다. 비디오 대여점에 어떤 형식의 비디오가 많이 있느냐에 따라 사람들의 구매 비디오 레코더가 정해지고, 이것이 다시 테이프 시장의 주도권을 결정하였던 것의 전례를 반복하는 중이다. SD 카드나 메모리 스틱 중에서 대세로서 다른 기기와 호환이 가장 잘되는 것이 무엇인지 소비자가 판단한다면 그것은 실제로 대세가 될 가능성이 높은 것이다.

이 밖에 'CF 카드Compact Flash Card'는 제품 사이즈는 큰 편이지만 용량도 그만큼 크기 때문에 촬영용으로 많이 쓰인다. MMCMuli-Media Card

와 xd 픽처 카드extreme digital picture는 각각 지멘스 · 샌디스크와 올림푸스 · 후지필름에서 공동 개발하였는데, 자사 제품들에만 적용된 채 용처를 확장 못해 시장에서 밀려나는 추세이다. IBM이 개발한 '마이크로 드라이브Micro Drive'는 플래시메모리가 아닌 초소형 하드디스크를 내장해 대용량의 가능성으로 주목받았지만 위의 소형 플래시메모리 계열들이 용량을 늘리면서 결국 사장되었다.

(3) 재생기술

1) 스피커

방송에서 사용하는 음성 재생장치는 스피커이다. 스피커는 초기에는 라우드스피커loudspeaker라고만 불렀는데, 요즘은 스피커와 라우드스피커 모두 사용하며 한국어 번역은 확성기이다. 스피커는 전기신호를 진동판의 진동으로 바꾸어 공기에 파동을 만들어, 전기신호로 전달된 원래의 소리를 사람들이 직접 듣게 하는 장치이다. 스피커 안에는 마이크와는 반대로 전기신호를 기계적 진동으로 바꾸어 음파를 만들어 내는 진동판이 들어 있다.

2) 영상 모니터

영상 모니터는 카메라와 반대로 영상신호를 빛으로 바꿔주는 역할을 한다. 카메라가 빛의 신호를 전기신호로 만들어 전달한 것을 다시 빛의 신호로 복원해 우리 눈으로 직접 보게 해주는 역할을 하는 것이다. 이것은 전체 영상을 구성하는 개별 화소픽셀에 색이 나타나는 방식을 통해 작동한다. 모니터는 색을 재현해 내는 방식의 발전에 따라 CRT, LCD, PDP, LCD, OLED로 ; 외형적으로는, 브라운관에서 평판형, 플렉서블형, 그리고 장착형으로 발전하고 있다.

가. 색 재현 방식의 변화

TV 방송 초기부터 아날로그 텔레비전 시청으로 활용해 온 것은 CRTCathode-Ray Tube, 이른바 브라운관 모니터이다. 화면 안쪽 유리면에 형광물질을 발라 이것이 전기 충격을 받으면 빛이 나는 원리를 이용한 방식이다. 모니터 뒤에 있는 전자총에서 발생시킨 전자가 유리면의 화소에 충돌하면서 색이 재현된다. 이 전자총이 화면 뒤에 자리 잡고 있기 때문에 브라운관 모니터는 앞뒤가 길어진 형태가 된다. CRT는 색감이나 시야각 등이 좋아 영상 재현능력이 뛰어나다고 평가되지만 화면 크기가 최대 32인치로 제한되어 활용에 한계가 있다.

브라운관 텔레비전 기술 또한 '최초 발명' 논쟁에서 자유롭지 못하다. 독일의 니코프Paul Nipkow의 원반형 스캔 방식을 영국의 베어드John Baird가 발전시켜 상용화하였지만 곧바로 미국의 판스워드Philo Farnsworth가 발전시킨 주사선방식에 의해 대체된다. 일본, 러시아, 헝가리 등에서도 자체적으로 텔레비전 시스템 개발에 성공하였지만 모두 미국 시스템에 밀려 자취를 감추었다. 자국 수요를 기반으로 한 미국 시스템은 기본적으로 국제경쟁력을 갖게 되고 이에 따라 국제표준이 되어가는 일반적 추세를 따른 것이다.

CRT를 대체하여 현 시점의 주 모니터가 된 것이 LCDLiquid Crystal Device이다. LCD는 말 그대로 유리판 사이에 액정liquid crystal을 넣은 것 Device이다. 액정이 전기신호를 받으면 색깔을 내며 영상을 표현하게 되는 것이다. 이와 달리 PDPPlasma Display Panel는 진공상태의 유리관 안에 가스를 넣고 그 가스가 전기 신호를 받으면 색깔을 내게 되는 기체방전플라즈마 현상을 이용한 방식이다. PDP는 잔상이 없고 생산비가 덜 들어 LCD를 대체하는 듯 했지만 전기효율성이 떨어지고 LCD의 기술 발전으로 현실에서 밀려나고 있는 상태이다.

LCD 뒤에 나온 것으로 알고 있는 LED는 디스플레이의 이름이 아니라 발광체의 이름으로서 LED 모니터라고 부르는 것은 사실 LCD와 종류가 같은 것이다. 다만, 패널 뒤편에서 백라이트가 정면으로 빛을 보낼 때 전기효율이 좋은 LEDLight Emitting Diode를 썼기 때문에 LED라고 부를 뿐이다. 차세대 모니터 방식으로 기대되는 것이 OLEDOrganic Light Emitting Diodes로서, 이것은 형광성 유기화합물에 전류가 흐르게 되면 스스로 빛을 발산하게 되는 원리를 이용한 것이다. 패널 뒤에는 백라이트가 필요한 LCD와 달리 OLED는 스스로 빛을 발산하여 백라이트가 필요 없다. 이로 인해 전력효율이 높고, 두께를 줄이는 등의 신축성이 있다.

나. 외형의 변화

CRT 모니터는 전자총을 쏘아 색을 표현하는 방식이라 상당한 두께가 필요했다. 그리고 전자총에서 모니터 구석까지 총을 쏘는 각도가 일정해야 했기 때문에 앞면이 볼록한 형태였다. 그러나 화면의 곡면은 빛의 반사를 유발하는 불편함을 주었다. 이 문제를 해결한 것이 평면TV

기술이었다. 그러나 1990년대에 개발된 평면브라운관은 바로 나타난 LCD TV에 의해 대체되기 시작하였다. LCD는 화면의 크기를 키울 수 있는 것은 물론 두께까지 얇아서 사용자 편이성을 키웠다.

이제 강자로 등장한 OLED TV는 백라이트가 필요 없어 얇아졌을 뿐 아니라 형광성 유기화합물을 기반으로 OLED 액정 스스로 빛을 낼 수 있는 기술이 개발됐다. 이로 인해 제품 두께는 더욱 얇아지고 특수 유리나 플라스틱을 이용해 구부리거나 휘는 제품 구현이 가능해졌다.

아울러 착용형wearable 디스플레이도 신속히 발전하고 있다. 착용형 디스플레이는 머리에 장착하는 HMDHead Mounted Display와 안경처럼 쓰는 EGDEye-Glasses type Display 두 가지로 발전하고 있다. 소니 등 여러 업체들은 HMD 제품을 내놓고 있는데 이것을 쓴 사용자는 2D, 또는 3D의 화면을 대형으로 느끼면서 시청할 수 있다. '구글 글라스Google Glass'의 경우 EGD 투시형으로서, 사용자가 현실의 모습을 보면서도 증강 현실을 구현한다.

다. 해상도의 변화

디스플레이는 해상도면에서도 크게 발전하고 있다. 해상도는 화면이 실제를 표현해 내는 선명도를 뜻하는데 화소가 많을수록 화면은 보다 선명하다. 해상도는 화면의 가로 화소와 세로 화소의 수로 측정한다. 아날로그 브라운관 모니터는 가로세로 화소의 수가 640×480으로서 307,200개의 화소를 갖는 해상도였으나 LCD는 SDstandard definition : 표준선명 단계에서 720×480, 또는 853×480의 해상도를 구현해 내었고 HDhigh definition : 고선명로 발전해 1920×1080을 달성했다.

이제 HD보다 네 배 이상 화질이 선명한 UHD ultra high definition : 초고선명 텔레비전이 출시되고 이 수준의 방송 프로그램도 만들어지고 있다. HD는 디스플레이의 크기가 60인치를 넘어가면 높은 해상도를 표현해내기 어려웠으나 UHD는 디스플레이를 더 키워도 해상도가 충분히 유지된다. 현재에 생산되는 UHD TV 모니터의 표준은 3840×2160 해상도이다. 이 정도 수준의 UHD를 4K라고 부르기도 하는데, 여기서 K란 가로 화소 수의 1000단위 크기를 나타내는 것으로서 UHD TV의 표준이 가로가 3.8K인 셈이므로 반올림해서 4K라고 하는 것이다. HDTV의 경우 가로가 1,920이므로 반올림하여 2K라고 할 수 있겠다. UHD TV 중 8K를 지향하는 것이 있는데 이것은 7680×4320의 화소이다. 4K가 영화 필름 해상도 수준인데 8K는 이를 훨씬 능가하는 정도이니 농담이지만 현실보다 더 해상도가 높은 화질이 나올 날이 있을지도 모르겠다.

(4) 송신기술 : 유선에서 무선으로, 그리고 다시 유선으로

방송 송신 기술은 유선에서 시작하여 무선으로 발전하였다가 다시 유선으로 복귀한 뒤, 이제 다시 유무선이 복합된 방식이 대세를 만들어가고 있다. 즉, 초기에는 케이블로 음성이나 영상 신호를 보냈다가 전파를 이용한 지상파 방송이 개발되면서 실제 '방송放送 · broadcasting : 널리 보냄' 이란 말이 보편화된다. 방송을 무선전신의 확장으로 본 것은 한국에서도 마찬가지여서 초기의 기록들을 보면 방송에 대해 '무전방송' 이나 '무선전화방송' 이라는 말을 사용하기도 하였다. 이어서 무선으로 프로그램을 전달하는 케이블TV가 나오고, 인터넷이 나오면서 방송은 유선이 대세가 되는가 싶더니 무선인터넷이 확장되면서 이제는 유무선 복합의 전송방식을 쓰는 것이 대세가 되고 있다.

1) 무선방송

가. 라디오 방송

무선방송은 1920년대 라디오 방송으로 시작되었다. 어느 나라에서 누가 먼저 라디오 방송을 시작했는지도 쉽게 답할 수 없는 '발명'의 문제이다. 무선통신 기술의 발전과 수신자가 신호를 받을 때 신호를 증폭하게 하는 3극 진공관의 발명은 라디오의 등장을 예고하는 것이었다. 최초 라디오 방송은 1920년 미국 피츠버그의 KDKA라고 일반적으로 알려지고 있으나 그 전 해에 찰스 헤롤드Charles Herrold라는 사람이 캘리포니아에서 방송을 먼저 시작했다는 기록도 있다. 같은 해인 1919년 네덜란드의 PCGG 방송국이 출범하였다. 영국에서도 1920년 2MT 방송국이 처음 시작했으며 1926년에는 BBC가 출범한다. 한국은 일제치하에 조선총독부의 주도로 경성방송국JODK이 1927년 개국하였다.

처음에 라디오는 '방송'을 위한 것이 아니라 원거리 '통신'을 위한 것이었다. 케이블을 깔지 않고도 신호를 멀리 보낼 수 있다는 희망으로 이를 개발했지만 개발자들은 이것이 지닌 '방사성'으로 곤혹스러워했다고 한다. 정해진 지점끼리만 통신을 해야 하는데 전파의 방사성으로 인해 엉뚱한 사람들이 신호를 받는 것이 문제였던 것이다. 결국, 이들은 통신으로서가 아니라 '방송'으로서의 매체 가능성을 깨닫고 이를 활용하게 되었다. 방송 초기에는 '편성' 이라는 개념이 없었기 때문에 방송사가 방송을 하고 싶은 시간에 음악을 틀든 뉴스를 전달하든 하였지만 시간이 지나면서 청취자라는 집단을 의식하게 된 방송사는 방송 편성을 통해 스케줄 방송을 하게 된다.

서구의 대부분 라디오 방송은 공영방송으로 유지되었다. 초기에 잠깐 동안 민영방송이 있기도 하였으나 1920년대 경기침체 시기에 자본과 광고수요가 부족한 민간은 방송국을 유지해나갈 여력이 없었다. 이에 따라 라디오 방송은 점차 공영화되어 간 것이다. 예를 들어, BBC의 경우도 원래는 이름이 '영국방송사British Broadcasting Company' 로서 라디오 수신기 단말기 사업자들의 컨소시엄이었으나 자본 부족으로 국가 소유의 '영국방송공사British Broadcasting Corporation' 로 바뀌었다. 일반적으로 전파의 희소성, 즉 기술적 특성으로 인하여 유럽국 등이 방송을 국유화하였다고 하는데, 국유화는 사실 당시의 정치 · 경제적 산물이다. 아울러 방송이란 매체는 그 영향력으로 인해 강력한 국가의 내용 통제를 받는 것이 일반적인데 이것 또한 기술적 특성에 기인하기보다는 발전 당시의 시대사조 때문이라는 주장도 있다. 자유주의시대에 발전한 신문은 당연히 언론자유라는 당대의 가치로 인해 정부 규제는 부당한 것으로 취급되어 오늘날까지 발전되어 왔다. 그러나 방송이 시작한 1920년대는 국가개입주의시대로서 책임성과 능력이 부족한 민간보다는 국가가 더 합리적 판단과 능력을 갖추고 있다고 생각하던 때였다. 이로 인해 방송을 국가가 직접 소유하거나 강하게 관여하는 전통이 만들어졌고 이러한 전통은 지금까지 이어지고 있다는 것이다.

미국의 경우 서구와 다르게 네트워크 형태의 민영방송이 발달했다.

이것은 주로 지리적 원인으로 해석된다. 미국은 국토 면적이 넓어서 일단 그것을 다 아우르는 단일방송은 불가능한 것이었다. 이에 따라 지역 단위로 방송면허를 쪼개어 나누어 줄 수 있었고, 민간 사업자가 작은 지역을 커버리지로 하는 것이 중계시설 설치 등의 부담이 없었다. 그러나 역시 프로그램 조달이 문제가 되었고, 미국 사업자들은 NBC와 CBS 등 네트워크 시스템을 통해 규모의 경제를 이용한 전국망을 가능케 하였던 것이다.

나. 무선 텔레비전 방송

텔레비전 방송은 라디오와 같이 지상파 전파를 사용한다는 점에서 전송 수단 면에서의 차이는 없다. 그러나 라디오와 달리 공감각의 정보를 제공한다는 점에서 텔레비전은 20세기를 넘어 21세기에도 대표적 미디어의 자리를 차지하고 있다. 무선 텔레비전 방송은 지상파 이외에도 위성을 띄워 마이크로웨이브로 전송하는 위성방송도 있고, 미국의 사막 지역 등에서 지상 높은 곳에 기지국을 두고 개별 가입자에게 마이크로웨이브를 쏘는 방식의 MMDS Multichannel Multipoint Distribution Service[19]도 있다.

텔레비전 방송은 라디오의 선형적 프로그램 방식을 그대로 따르고 사업자들도 대부분 같은 주체들이 이어서 하게 되었다. 지금 같으면 새로운 미디어가 등장했을 때 새 미디어를 기존 미디어 소유 주체에게 다시 허가하는 것은 쉽지 않은 일이다. 이것도 새로운 방식을 통해 사업자

19. 지상파는 아니면서 무선을 쓰며 케이블TV와 같은 서비스를 하는 방송이라고 해서 자체적으로 모순되는 말이지만 '무선유선방송(Wireless Cable TV)'라고 하기도 한다.

를 선정할 수도 있었을 것이다. 더구나 텔레비전이 상용화되기 시작한 1940년대 후반 제2차 세계대전 이후에는 라디오 때와 달리 이를 운영할 민간 자본이 성숙한 상태였다. 그런데 이것을 누가 운영할 것인지를 놓고 여러 주체들이 경합을 하였고 개별 민간사업자들 입장에서는, 예를 들어 특정 신문사 입장에서는, 자신이 텔레비전 사업권을 가져가는 것은 최선이지만 자신의 다른 경쟁자예를 들어 다른 신문사가 이것을 가져가는 것은 최악의 상황인 것이다. 이때 민간사업자들은 그간 라디오를 운영해왔던 공영방송사가 텔레비전도 계속 운영하는 '대타협'을 이루게 된 것이다. 공영방송사는 광고를 하지 않기 때문에 텔레비전이 자신들의 시장을 위협할 염려도 없다. 기술과 그에 관련한 제도의 발전은 기술결정론이 말하듯 기술 자체에서 비롯되는 것이 아니라 사회결정론이 주장하듯 주어진 조건 아래서 행해지는 사회적 선택인 것이다.

다. 모바일 무선방송

방송 영역에서 모바일 방송은 DMBDigital Multimedia Broadcasting를 통해 구현되었다. 휴대전화 등 모바일 단말기에서 구현되는 DMB는 이동형 라디오 방송인 DABDigital Audio Broadcasting 개념을 확장하여 이동 중에 비디오도 수신할 수 있도록 한국에서 개발한 방식이다. 기존의 아날로그 라디오와 텔레비전은 이동 중에 수신할 경우 음질과 화질이 떨어지고 넓은 주파수 대역이 필요하다는 한계가 있었다. 그러나 DMB는 빠르게 움직이는 차량에도 좋은 품질의 음성과 화면을 전송할 수 있다. 한국은 2005년 세계 최초로 DMB 방송을 시작하였다.

한편으로, 방송 영역이 아니라 통신 영역에서 발전시켜온 모바일

통신 기술은 이제 확장되어 방송으로 영역을 넓혀가고 있다. 이것은 통신 주파수를 활용하여 다수의 사람에게 방송영상 신호를 보내는 방식이다. 이것은 LTE 망을 이용하여 휴대전화 가입자에게 동시에 전송, 즉 "멀티캐스트multicast" 함으로써 많은 사람이 같은 내용을 효율적으로 수신하게 하는 방식이다. 예를 들어, 미국 통신사 AT&T는 2015년부터 'LTE Multicast' 라는 이름으로 모바일 방송을 실시하겠다고 발표한 바 있다. 국내에서 LG U+는 제한적이기는 하지만 'LTE 생방송' 이라고 하여 휴대전화로 화면을 촬영, LTE 망을 통해 실시간으로 유플러스 셋톱박스를 지닌 가정에 전송하는 방식의 서비스를 시작하였다. 그러나 이것은 촬영을 모바일로 하여 고정형 셋톱으로 보낸다는 점에서 '모바일 방송' 이라고 말하기에는 무리가 있다. 휴대전화 및 태블릿 PC 등 모바일 기기가 확장되고 이용자들의 모바일 이용 동기가 늘어나면서 이러한 단말기를 이용한 모바일 방송은 더욱 확대할 것이다.

2) 유선방송

가. 전화방송

1880년대 말에서 1930년대 초까지 전화가입자를 위한 음악 서비스가 이루어졌었다. 이는 프랑스의 ThéâtrophoneTheatre Phone : 극장폰이라는 이름의 서비스로서 전화선을 이용해 오페라 공연이나 무대 공연을 들려주었다. 전화방송은 이에 그치지 않고 신문을 읽어주고, 오락 프로그램을 제공하는 등의 수준으로까지 발전하였다. 그러나 지상파 라디오 방송의 발달로 이것은 역사의 뒤안길로 사라졌다.

나. 케이블TV

유선을 통한 정보의 교환은 양 지점 간 통신의 비밀이 어느 정도 보호되어 통신에는 적절하지만 그로 인해 방송적인 매체는 아니라고 생각되었다. 그러나 케이블 기술의 발전에 따라 하나의 선으로 전달할 수 있는 정보가 많아지고 포설 범위도 넓어지면서 유선은 초기의 시도를 건너 뛰어 방송 매체로 다시 회복된다.

유선방송의 시작은 미국이 대표적이다. 국토가 넓고 그만큼 인구 밀집도가 낮은 미국은 지상파의 전파 도달 효율성이 떨어지는 나라이다. 지상파 신호가 약해지는 것을 막기 위해 중계기를 설치해도 그것의 커버리지는 얼마 되지 않는 경우가 많다. 이 때문에 신호가 잘 잡히는 높은 지역에 공동안테나를 설치하고 유선으로 개별 가구를 연결해 TV를 보는 중계유선방송, 즉 CATVCommunity Antenna Television 또는 Community Access Television가 시작한 것이다. 이때 사용하던 케이블은 동선 케이블로서 10개 이내의 채널 용량만이 가능하였기 대문에 지상파방송의 동시 재전송만 가능하였다.

그러나 동축 케이블이 개발되면서 종합유선방송, 즉 케이블TVCable Television가 가능하게 되었다. 동축 케이블은 고용량에다 신호 보존율도 높기 때문에 텔레비전 신호 전송을 수십 개 하는 것도 가능하다. 이에 따라 미국에서는 각 중계유선방송사에 지상파가 아닌 전용 채널을 서비스하는 사업이 시작되었고, 그렇게 하여 영화채널 HBO나 음악채널 MTV 등의 케이블 전용 채널 사용 사업자들이 생겨났다. 이제는 광케이블도 일반화되어 수백 개의 TV 채널이 가능하다.

CATV, 즉 중계유선방송은 공동안테나를 세우고 선을 연결하는 방식이기 때문에 인구가 산포된 미국에서 필요한 것이었다. 그러나 케이블TV, 즉 종합유선방송은 지상파와 마찬가지로 인구밀집지역이 효율성이 높다. 몇 명 살지 않는 지역에 값비싼 동축 케이블 시스템을 까는 것은 비효율적이기 때문이다. 이런 점에서 미국은 케이블TV보다는 위성방송이 어울리는 곳이다. 그러나 미국에서는 위성방송이 나오기 훨씬 전부터 중계유선방송CATV이 활발하였고, 이것이 발전하여 케이블TV로 안착하였기 때문에 미국의 주요 다채널방송은 케이블TV가 된 것이다. 기술적으로 위성방송DBS이 뒤에 나왔기 때문에 이렇게 된 것이지, 만약 위성방송 기술이 조금 더 먼저 개발되었으면 상황은 달라졌을 것이다. 아니, 사실 케이블TV가 폭넓게 서비스되고 있는 상황이었기 때문에 위성방송 기술개발을 위한 동인이 그만큼 약했다고도 볼 수 있을 것이다. 이것은 인구밀집도가 높은 일본이 오히려 위성방송 서비스를 1980년대 초에 일찍 시작한 것과 대비된다. 케이블TV 방송이 발전하지 않았던 일본은 지상파방송의 채널 한계를 넘어서는 시스템을 필요로 하였고 강한 전자 기술력을 바탕으로 NHK가 위성방송을 미국이나 유럽보다 10년 정도 먼저 시작한 것이다. 물론, 이에 따라 일본은 케이블TV 사업이 그만큼 발달하지 못했다. 인구밀집도가 상대적으로 높은 편인 영국도 케이블TV보다는 위성방송이 먼저 발달하여 케이블TV 가입률이 높지 않다. 물리적 · 경제적 조건과 상관없이 먼저 이루어진 사회 시스템은 다른 것에 의해 쉽게 대체되지 않는다는 것이 '신제도주의new institutionalism' 라는 학문적 시각이 설명하는 바이다.

한국의 경우, 1995년에 미국의 케이블TV 방송 시스템을 벤치마킹하여 수입하였는데 이것은 기술적 조건이 성숙했기도 했지만 당시 김영

삼 대통령의 대선공약을 이행하기 위한 정부의 주도적 역할 때문이었다. 다행히도 한국은 인구밀집도가 높고, 이미 난시청 해소를 위한 중계유선방송이 많이 깔려있었기 때문에 케이블TV는 주도적 다채널서비스가 될 수 있었다. 물론, 초기에 정부가 기존의 중계유선방송사업자를 제치고 종합유선방송이라는 완전히 새로운 시스템을 이식하려고 하는 바람에 가입률 확대에 애를 먹었다. 그러나 이러한 문제점을 인식한 정부는 수백만 가입자를 확보하고 있는 중계유선방송사업자들의 종합유선방송 전환을 허가하였고 이것이 현재 케이블TV 발전의 큰 전기가 되었다. 그러나 중계유선방송 사업자의 케이블TV 전환은 긍정적인 측면만 있는 것은 아니다. 이들은 주로 품질보다는 저가 가입료를 기반으로 하였기 때문에 현재 디지털 전환을 해야 하는 시기에 가입자들을 고가의 디지털 패키지로 끌고 가는 것이 여의치 않은 상태이다. 2014년 현재 케이블TV 가입자의 60% 가까이에 해당하는 850만 명이 아날로그 방송 가입에 머물러 있다. VOD 등을 통한 비실시간 시청이 점점 늘어나는 세계적 현실 역시 케이블TV 발전이 정체되는 요인이 되고 있다. 이 또한 사회적 선택의 결과이다.

다. 인터넷 TV

사실 인터넷 TV는 법적인 용어는 아니다. 그러나 IPTV와 OTT 등 인터넷 망을 사용하여 텔레비전 방송을 보내는 시스템 모두를 아울러 인터넷 TV internet-connected TV라고 할 수 있겠다. IPTV Internet Protocol Television은 특정한 인터넷 초고속망을 사용하여 음성과 영상을 보내는 방송서비스이다. OTT Over the Top은 개방형 인터넷 망을 사용하여 마찬가지로 음성과 영상을 서비스한다. 인터넷 망을 이용하고, 셋톱박스가 필요하다는 점에서 유사 서비스인 것은 맞다. 그러나 IPTV는 특정한 망을 사용하여 일정 품질 이상의 화질이 보장된다는 점에서 OTT와 구별된다. 한국에서는 IPTV법인터넷 멀티미디어 방송사업법을 통해 허가받은 사업자만이 IPTV를 운영할 수 있다. 현재 한국에서 IPTV 운영을 허가받은 사업자는 KT, SKT, LGU+이다. 반면에 OTT는 정보통신사업법의 규제 대상인데 이것은 신고만 하면 된다. 한국에서는 'Daum TV+' 라고 하여 셋톱박스를 구입하여 인터넷에 연결하면 무료로 실시간 방송과 VOD를 시청할 수 있다. 미국에서는 'Apple TV' 와 'Google TV' 가 서비스되고 있다. 그런데 최근에는 셋톱박스를 설치하지 않고도 인터넷 프로그램을 이용하여 PC나 모바일 상으로 다채널 · VOD 서비스를 하는 것들도 OTT라고 부른다. 예를 들어, CJ헬로비전의 Tving, 지상파 콘텐츠 연합 플랫폼인 PooQ 등이 바로 이러한 서비스들이다.

흥미로운 것은, 같은 다채널 서비스이고 사실상 거의 같은 채널과 VOD 또는 스트리밍 서비스를 제공하는 플랫폼들이지만 각기 다른 방식으로 규제된다. 케이블TV는 가입자 확장에 한도를 두어 전체 케이블TV가입자의 3분의 1로 제한되지만, IPTV는 전체 유료방송가입자의 3분의 1로 제한된다. 위성방송이나 OTT는 가입자 규제를 적용받지 않고 있다. 또한 같은 프로그램이 방송되더라도 케이블TV이나 IPTV에 나갈 때는 광고를 붙일 수 있는 양이 제한되지만 OTT에는 이런 광고량 제한 조항도 적용되지 않는다. 2014년 현재 케이블TV와 위성방송은 방송법, IPTV는 인터넷 멀티미디어 방송사업법, OTT는 정보통신사업법의 규제를 받기 때문이다. 사실상 같은 서비스들이 이렇게 다른 방식의 규제를 받게 된 것은 여러 가지 원인과 배경이 있다. 여기서 다시 한 번 확인할 수 있는 것은 매체의 기술적 성격이 자연적으로 그에 대한 규제방식을 도출해내지 않았다, 즉 사회적으로 결정되었다는 사실이다.

4. 결론

지금까지 기술과 사회가 만나 방송 미디어가 변화해가는 과정을 개략적으로 살펴보았다. 이를 통해 기술이 방송의 형태를 만들어 이것이 다시 사회를 변화시키기도 하고, 특정 기술이 사회에 의해 발전 또는 채택되어 특정한 방송 미디어를 만들기도 한다는 사실을 알았다. 끝으로, 글로벌 회계 · 컨설팅 법인 EY[Ernest & Young]가 제시하는 6가지 방송 영역의 미래 변화 예측을 제시하며 글을 맺으려 한다.

첫째, 방송의 스토리텔링 방식은 '옴니-플랫폼[omniplatform]' 환경에 맞게 진화할 것이다. 과거에 텔레비전이 처음 나왔을 때 라디오의 스토리텔링 방식을 차용하다가 점점 TV 자체에 맞는 것이 개발된 것처럼, 현재 새로운 플랫폼들의 콘텐츠도 텔레비전을 차용하고 있지만 점차 각각의 것에 맞는 방식으로 발전할 것이다. 아울러 동시에 켜 있는 여러 개의 스크린을 활용한 전혀 다른 방식의 스토리텔링이 등장하게 될 것이다.

둘째, 편재된 스크린들은 콘텐츠의 이동성을 강화하게 될 것이다. 단말 스크린이 점점 더 얇아지고 더 싸지면서 방 안에 스크린은 거실에 단 하나만 있는 것이 아니라 벽면마다, 냉장고, 세탁기, 화장실, 침실 등등에 다중으로 붙게 될 것이다. 이때 개별 장소마다 필요한 콘텐츠가 자동으로 상영되고 사람의 이동에 따라 다른 스크린들이 그것을 이어서 보여주는 형태로 발전하게 될 것이다.

셋째, 휴대용 단말기의 발전으로 방송 시청의 개인화가 가속되었지만 한편으로는 경험을 공유하는 형태의 방송 시청과 그에 맞는 콘텐츠 개발이 촉진될 것이다. 사람들은 아직도 운동 경기를 여러 사람과 함께 보기를 원하며, 현재 시청하는 텔레비전 콘텐츠를 다른 장소에서라도 다른 사람과 함께 공유하고 싶어 한다. 텔레비전 시청과 트위터를 연결하는 방식이나, 광고를 이에 연동하는 방식 등이 더 개발될 것이다.

넷째, 시청자가 더 쉽게 원하는 콘텐츠를 선택하게 해주는 방식이 개발될 것이다. 플랫폼과 채널들이 무수히 늘어나고 있지만 정작 시청자는 자신이 원하는 것을 선택하는 데 불편함을 느낀다. 리모컨을 오르락내리락하며 수백 개 채널을 검색하거나, EPG Electronic Program Guide를 통해 텍스트 정보만으로 채널을 선택하거나 특정 프로그램을 선택하는 것은 만족스럽지 않고 불편할 뿐이다. 이제 단말기가 시청자의 습관을 학습하여 특정 시점에 그에게 맞는 프로그램이나 채널을 바로 보여주는 방식 등이 발전될 것이다.

다섯째, 몰아보기 binge viewing의 증가는 새로운 방식의 시청량 측정과 광고를 가능케 할 것이다. 비선형 non-linear 시청이 확대되면서 시청자는 시간 선택권이 늘어나고 특정 드라마나 버라이어티 시리즈를 몰아보는 행위가 증가하고 있다. 이러한 몰아보기 시청을 정확하게 측정하는 방식과 이에 맞춘 광고의 혁신이 필요하게 될 것이다.

여섯째, 새로운 플랫폼들은 전통적인 기획 및 제작 방식에서 벗어나 이것들에 맞는 혁신을 추동하게 될 것이다. OTT 등 비선형 시청 플랫폼에 맞춘 프로그램은 과거와 같이 이전 회차의 것을 요약하거나 할 필요 없이 시청자의 능동적 행위에 의존하게 되었다. 이에 따라 프로그램의 기획과 제작 또한 이러한 비선형 시청에 맞는 방식으로 혁신되어야 할 것이다.

[참고문헌]

강형철 (2007), 『방송영상기술과 제작』.

홍기선 외 (2007), 『방송영상미디어의 이해』, pp.94~96.

홍성욱 (2013), 「기술결정론과 그 비판자들 : 기술과 사회변화의 관계를 통해 본 20세기 기술사 서술 방법론의 변화」, 『서양사연구』 49 : pp.7~39.

Arthur, B. (1989), "Competing technologies, increasing returns, and lock-in by historical event," *Economic Journal*, 99 : 116-131.

__________(1996), "Increasing returns and the two worlds of business", *Harvard Business Review*, July-Aug, 1996.

Boadway, R. W. (1979), *Public sector economics*, Cambridge, MA: Winthrop Publishing.

Eliassen, K. & From, J. (2009), "Deregulation privatisation and public service delivery : Universal service in telecommunications in Europe," *Policy and Society*, Amsterdam : Elsevier.

Ellul, J. (1964), *The technological society* (J. Wilkinson, Trans.). New

York : Vantage Books. (Original work published 1954).

Habermas, J. (1991), *The structural transformation of the public sphere : An inquiry into a category of bourgeois society* (B. Thomas, Trans.), Cambridge, MA : MIT Press. (Original work published 1961).

Held, D. (1980), *Introduction to critical theory : Horkheimer to Habermas*, Berkeley, CA : University of California Press.

Lerner, D. (1958), *The passing of traditional society : Modernizing the Middle East*, New York : Free Press.

McLuhan, M. (1964), *Understanding media*, London : Methuen.

Rogers, E. M. (1973), *Communication Strategies for Family Planning*, New York : Free Press.

Rosenberg, N. and Birdzell, L. E. (1986), *How the West grew rich : The economic transformation of the industrial world*. New York: Basic Books.

Williams, R. (1961), *The long revolution*, Penguin Books.

Winston, B. (1995), "How are media born and developed?" in J. Dowing, A. Mohammadi, & A. Sreberny-Mohammadi(Eds.), *Questioning the media : A critical introduction* : 54-74. SAGE.

제2장

정보화사회의 진화와 규제법제의 대응

이원우(서울대학교 법학전문대학원 교수)

※ 필자는 이 주제와 관련하여 이미 여러 글(2015 ; 2013a ; 2013b ; 2010a ; 2010b ; 2008a ; 2006 ; 1990)을 발표한 바 있다. 이 글의 여러 부분에서 그동안 발표했던 위 논문들의 내용을 발췌 · 요약 · 보완하고 '정보화시대에서 법과 규제'라는 관점에서 재구성하였음을 밝혀둔다.

현대사회는 세계화와 정보통신기술을 중심으로 한 과학기술의 급속한 진전으로 인하여 새로운 시대적 도전 앞에 놓여 있다. 세계화와 정보화가 인류를 구시대의 악으로부터 해방시키는 데 중추적 역할을 하고 있으나, 새로운 폐해를 야기하여 이를 단기간에 확산시킬 위험도 증대되고 있다. 이러한 도전에 수반되는 위기를 극복하고 최소화하는 한편, 시대적 도전이 제공하고 있는 기회를 극대화할 수 있도록 법과 규제를 정비해 나가야 할 것이다.

정보화사회에서 규제법제를 올바로 형성해 나가기 위해서는 현대사회에서 정보는 공공재의 성격을 갖고 있다는 점, 규제란 한편으로 자유를 제한하지만 이를 통해 다른 자유를 증진시키는 양면성을 갖는다는 점, 현대적 법치국가에서는 일도양단 또는 명령 · 통제 방식의 획일적이고 강력한 구속력을 가진 경성규범에만 의존할 수 없고, 유도와 조종에 중점을 둔 연성규범 및 자율규제의 역할이 중요하다는 점 등에 대한 새로운 성찰을 필요로 한다.

이 장에서는 이러한 문제의식에 기초하여 정보, 법, 규제, 자유 등의 기초 개념에 대한 새로운 시각을 제시하고, 이에 근거하여 기술혁신과 규제 사이의 갈등 해소 문제, 실험조항, 이중규제, 자율규제 등의 주제를 검토한다.

1. 21세기의 시대적 도전

21세기는 세계화, 지식정보화, 과학기술의 급속한 발전, 변화속도의 가속화, 위기의 일상화, 다원화국제관계 및 국내 정치사회세력의 다원화 등으로 그 시대적 특징이 묘사되고 있다. 이러한 시대적 상황은 정치, 경제, 사회, 문화, 과학기술, 환경생태계 등 모든 영역에서 다양한 모습으로 나타나고 있으며, 상호 밀접한 관련성을 갖고 있다.

정보통신기술을 중심으로 진행되고 있는 과학기술의 혁신은 정보화를 고도화시키고, 정보화는 다시 과학기술의 발전을 주도한다. 정보화는 세계화를 촉진하며, 세계화를 통해 정보화는 더욱 확산되고 강화되고 있다. 이러한 정보화, 세계화, 과학기술의 발전 등은 빛과 그늘을 갖고 있다.

세계화는 국경의 벽을 낮추고 시장을 통합하여 확대하고, 정보화는 작은 기업이나 개인도 큰 시장에서 활동할 수 있는 기술적 인프라를 제공해 주지만, 전 지구적 차원에서 경제력의 집중을 가져와 양극화를 가속화하기도 한다. 과학기술의 발전으로 보건의료환경이 개선되고 정보화와 세계화를 통해 의료기술의 혜택이 전 지구적으로 확산되기도 하지만, 과학기술의 발전은 인류를 환경생태계의 위기를 비롯한 새로운 리스크에 노출시키기도 한다. 이러한 리스크는 전 지구적인 재앙을 야기할 수 있다는 우려가 제기되고 있다. 그러나 과학기술의 발전은 환경오염을 방지하고 제거하기 위한 기술을 발전시키는 데 있어서도 결정적인 역할을 하고 있으며, 새로운 부가가치를 창출하는 근원이기도 하다. 따라서 과학기술의 혁신을 유도하기 위한 제도적 뒷받침이 요구되고 있다. 정보화로 인해 다양한 문화 콘텐츠가 널리 알려지기도 하고, 문화산업의 독점적 구조를 허물 수 있게 되었다. 유튜브를 통해 한류가 세계적인 현상으로 자리매김할 수 있었던 것도 이 때문이다. 그러나 세계적으로 획일적인 지배문화가 형성되어 다원화가 위협되기도 한다. 정보화로 인해 지적재산이 널리 유통될 수도 있지만, 쉽게 복제되어 유통되기도 한다. 또한 정치권력의 독점적 구조를 와해시키고 다양한 대중의 정치참여를 촉진하여 다원화사회를 촉진하기도 하지만, 정치권력에 의한 통제사회로 전락할 수 있다는 우려도 제기되고 있다.

이상과 같이 21세기 시대적 도전들의 내용과 그 상호관계를 살펴보면, 21세기 시대적 도전의 일반적 현상은 정보통신기술을 핵심으로 하는 과학기술의 발전과 세계화로 집약될 수 있고, 이러한 변화가 정치, 경제, 사회, 문화, 환경생태계 등 각 영역별로 다양한 양상으로 나타나고 있음을 알 수 있다. 정보통신기술을 중심으로 하는 과학기술의 발전이 전 세계적 차원에서 사회변화의 주도적인 요인으로 작용하고 있는 현상을 정보화라고 본다면, 결국 21세기의 시대적 특징은 정보화로 집약된다고 할 수 있다.

2. 법적 관점에서 본 정보화사회

(1) 정보화사회의 일반적 양상

정보화는 발전된 과학기술뿐 아니라 일체의 지식정보의 집적과 이러한 정보를 효과적으로 처리할 수 있는 정보처리기술의 혁신적 발전을 통해 누구나 적재적소에서 필요한 정보를 활용할 수 있게 되는 현상을 의미한다. 이러한 지식정보사회에서는 과학기술 발전의 효과가 극대화되어 그동안 과학의 발전을 통해 축적되었던 잠재력을 현실화할 수 있게 되었다. 과학기술의 발전, 특히 디지털기술과 전기통신기술의 발전은 정보의 수집과 확산을 무한대의 영역으로 확장시켰다. 이는 사회구성원에게 광범위한 통신 내지 의사소통의 기회를 부여하였고 사회경제 발전에 엄청난 촉진제가 되었다. 새로운 매체를 통한 권력에 대한 감시와 비판의 강화, 식량 증산을 통한 기아 극복과 경제성장, 자연재해의 예방, 보건의료기술을 통한 질병으로부터의 해방, 범죄예방, 보편적이고 양질의 문화적 가치의 전 세계적 전파, 파괴된 환경의 복구 등도 이러한 진보의 대표적인 예이다.

그러나 다른 한편 과학기술의 발전은 정보의 집중, 왜곡 및 통제 가능성의 증대라는 부정적인 결과도 함께 가져왔다. 시민에 대한 감시와 통제를 통한 권력남용의 우려, 정보격차의 발생으로 빈곤과 경제적 불평등의 지역 간 · 계층 간 심화, 첨단범죄로 인한 리스크 증대, 획일적 대량문화의 확산으로 인한 소수 고유문화의 위기와 문화다양성 훼손위험, 과학기술에 의한 환경파괴와 재난 리스크 증대, 생명과학기술 발달과 함께 제기되고 있는 새로운 윤리적 문제 등 정치 · 경제 · 사회 · 문화 · 과학기술 · 환경생태계의 모든 영역에서 폐해가 심화되는 양상도 동시에 나타나고 있다. 특히 이로 인해 발생하는 피해는 그 범위에 있어서나 강도에 있어서 전과 비교할 수 없을 정도로 증폭되었으며, 일단 피해가 발생하면 완전한 구제가 사실상 불가능하게 되었다.

또한 현대 정보화사회에서는 새로운 미디어에 의한 일반국민의 정치적 의사표시 가능성이 급격하게 확대되면서 민주주의에 대한 이해에도 변화를 가져오고 있다. 모든 국민은 스마트폰을 통해 수시로 정치적 사안을 접하고 SNS를 통해 자신의 의사를 표시하게 되었으며, 이러한 의사표시들이 순식간에 공간적 제약 없이 확산되는 양상이 일반화되고 있다. 이에 따라 정치적 의사결정의 독점적 구조는 더 이상 유지될 수 없게 되었으며, 대중의 정치적 영향력이 증대되고 있다. 이에 따라 현대 정보화사회에서 정치는 일상화, 대중화, 다원화, 분산화 등의 경향을 나타낸다. 나아가 중요한 사안에 대해서는 실시간 투표를 통한 직접민주주의도 기술적으로 가능해지고 있다. 정치는 민주주의를 작동시키는 메커니즘이다. 따라서 정치는 국가권력의 정당성을 결정한다. 역사적으로 권력은 1인에 집중되었다가 소수로, 다시 다수로, 나아가 오늘날에는—적어도 이념적으로는—모든 국민에게 분산되게 되었다. 다만 이러한 직접민주주의적 요소가 적절한 대안인지에 대해서는 논란이 되고 있다. 현대 민주주의 이론에 따르면, 직접민주주의는 직접 자신의 이해관계에 따라 투표하게 되므로 공공성이 강한 사안이나 소수자 보호를 위한 사안에서는 적합하지 않다고 평가된다. 다른 한편으로 현대 정보화사회에서 대중은 정치혐오증과 탈정치화 현상을 나타내고 있으며, 기술의 발전으로 국민에 대한 감시와 통제 가능성도 증대하고 있다.

따라서 다양하게 분출되고 있는 직접민주주의적 요소들을 어떻게 수렴하여 제도할 것인지, 현대사회에서 공권력, 특히 집행권력의 정당성을 확보하기 위해 어떠한 법적 개선이 이루어져야 할 것인지 등에 대해 좀 더 많은 논의가 이루어져야 할 것이다.

정보화사회가 수반하는 이러한 변화는 특히 최근 스마트 미디어 환경에서 두드러지게 나타나고 있다. 이러한 급격한 변화는 기존 정보사회를 지탱시켜 온 규범체계 및 가치체계와 충돌하면서 사회구성원들이 폭넓게 동의하는 새로운 사회 규범의 형성을 요구하고 있다. 따라서 기존 규범체계의 한계를 객관적으로 분석하여 스마트 미디어 환경에 부합하는 새로운 정보화사회의 규범적 토대를 정립하여야 할 것이다.

(2) 정보의 법적 의의와 규제 필요성

1) 정보 보호와 정보개방성

정보는 생산의 원료Rohstoff der Produktion이며, 권력의 원료Rohstoff von Macht이자 변화의 연료Treibstoff der Veränderung이다.[1] 따라서 정보는 그것이 무엇으로 발전하게 될지가 사전에 확정되어 있지 않다는 특징을 갖고 있다. 정보는 국가와 사회 상호 간의 무수한 관련성 속에서 끊임없이 변화하는 다양한 방식으로 활용되기 때문이다. 이러한 정보는 법적 문제와 직접적인 관계를 갖고 있다. 필요한 정보에 접근할 수 없는 개인은 권리행사의 조건을 상실하며,[2] 행정 또한 필요한 정보를 획득하지 못하는 경우에는 법적 임무수행의 기초를 상실하게 된다.[3] 요컨대 현대사회에 있어서는 개인이든 국가든 자신의 목적 활동을 수행하기 위해서 "정보"를 필요로 하며, 따라서 타인의 정보에 대한 접근정보의 개방성이 보장되어야 한다.

이러한 관점에서 볼 때, 헌법상 프라이버시권 내지 인격권으로부터 개인정보의 신성한 영역이 선재되어 있다는 것을 출발점으로 해서 국가 또는 사회가 필요로 하는 정보수집의 허용범위 문제를 논하는 전통적인

---

1. Spinner(1994).
2. 예컨대 어떤 사업권에 대한 신청이 거부된 자는 사업권을 획득한 경쟁사업자의 사업계획서에 대한 평가결과에 대한 정보 없이 그 거부처분의 부당성을 주장하여 자신의 권리를 행사할 수 없다.
3. 예컨대 조세관청이 금융기관으로부터 자본소득에 대한 과세에 관하여 정보를 획득할 수 없다면, 조세행정의 적정한 집행은 불가능하게 된다.

태도는 정보의 한 측면만을 강조한 것이다. 이와 달리 정보는 국가사회가 공유해야 할 공유자원공공재이라는 사실을 출발점으로 해서, 어떤 정보의 경우에는 공유에 제한이 따르며, 개인정보의 유통과정에서 정보주체인 개인은 어떠한 통제권을 갖는가의 문제를 논하는 방식이 현대 정보화사회에서의 정보의 성격에 더욱 부합할 것이다. 즉, 정보에 대한 권리를 프라이버시라는 개인의 기본권 보장 측면에서만 접근할 것이 아니라, 민주주의와 국민주권주의라는 객관적 법질서의 관점에서 파악할 필요가 있다는 것이다. 따라서 개인의 정보 보호가 중요한 가치임에는 틀림없지만 개인정보가 특정 개인의 전유물로만 볼 수는 없으며, 공동체 발전을 위해 개방되고 사용될 수 있어야 한다는 점도 인식되어야 할 것이다.

2) 사회간접자본으로서 정보

정보가 이와 같이 공공재로서의 성격을 갖는다면 우리는 사회간접자본으로서 정보에 대한 국가의 책임Informationelle Infrastrukturverantwortung des Staates을 인정할 수 있을 것이다.

사실 국가의 급부의무는 고정된 것이 아니고 사회경제적 발전에 따라 변화한다. 이 점에서 국가의 임무는 사회적 수요에 대응하여 발생한다고 해도 과언이 아닐 것이다. 전통적으로 사회간접자본에 대한 책임은 국가가 담당하여 왔다. 도로, 철도, 항만, 통신, 에너지 공급, 학교, 도서관 등 다양한 시설들이 여기에 속한다. 이들은 공공재public goods 내지 가치재merit goods에 속하는 것들이다. 물론 과학기술이나 경제의 발전에 따라 이들 재화의 직접적 공급주체가 민간에게 맡겨지는 경우도 있고, 민간에 의하여 공급되다가 다시 공공부문으로 그 생산주체가 변경되기도 한다. 그러나 어느 경우에나 국가는 그러한 재화의 공급이 적정수준으로 유지되도록 다양한 보장수단을 마련한다. 정보화사회에 있어서 정보는 가장 중요한 사회간접자본에 속한다. 정보는 재화이다. 그런데 정보는 시장에서 생산되어 직접 소비자에게 제공되는 소비재로서의 성격도 갖지만, 생산재로서의 성격도 가지며, 나아가 가치재로서 사회간접자본에 해당하기도 한다. 이미 앞에서 설명한 바와 같이 정보는 개인이나 국가의 활동을 위한 전제조건이 되기 때문이다. 정보의 존재는 국가와 개인의 활동 가능성을 담보하며, 또한 정보의 존재 형식과 사용방식에 따라 이러한 활동의 효율성 및 효과성에 커다란 차이를 가져오게 된다. 여기서 다시 정보의 공공성을 인정하지 않을 수 없을 것이다. 이때 정보는 개인정보도 포함한다.

현행 헌법은 정보체계의 적정한 확립을 국가임무로 명시하고 있지는 않으며, 이는 대부분 국가에서도 마찬가지이다. 특정한 사회간접자본을 헌법에서 명시하여 국가의 임무로 규정하는 일은 흔치 않다. 사회간접자본의 목록을 특정한 역사적 단계에서 한정하여서는 아니 되기 때문이다. 그러나 현행 헌법은 전문에서 "정치 · 경제 · 사회 · 문화의 모든 영역에 있어서 각인의 기회를 균등히 하고, 능력을 최고도로 발휘하게 하며" 라고 규정하고 있으며, 제34조 제1항은 인간다운 생활을 할 권리를 규정하고 있다. 그 밖에 사회적 기본권 조항들을 종합적으로 해석하여 현행 헌법은 사회국가원리를 국가의 구성원리로 채택하고 있다는 것이 통설 · 판례의 입장이다. 이러한 헌법규범은 사회간접자본을 확충하고 이를 공동체구성원 모두에게 균등하게 제공해야 할 국가의 급부의무를 전제로 한다. 물론 그 급부를 직접 국가가 할 것인지 아니면 1차적으로 민간부문에 맡길 것인지는 국가의 재량에 맡겨져 있다. 그러나 어떤 경우든 최종적인 보장책임은 국가에 있으며, 민간부문에서 적정한 공급이 이루어지지 않는 경우에는 국가가 직접 제공의무를 떠맡을 책임을 부담한다. 따라서 어떤 민간의 정보보유자가 타인의 정보통제권을 침해하는 경우에는 국가가 개입하여 이를 보호할 의무를 진다. 더욱이 헌법재판소 판례에 따르면 인간의 존엄과 가치 및 행복추구권을 규정한 제10조는 일반적 인격형성권을 보장하고 있다고 해석된다. 오늘날 정보에 대한 접근과 통제권이 없이 인격의 자유로운 형성은 불가능하다는 점을 고려하면, 국가는 정보에 관한 공법질서를 형성할 의무를 진다고 보아야 할 것이다.

요컨대 현행 헌법상 민주주의와 국민주권주의로부터 개인의 정보통제권이 도출되는바, 이는 자신의 정보의 유통과정에 접근하고 이를 통제할 수 있는 권리이다. 또한 헌법의 체계적 · 종합적 해석으로부터 사회간접자본으로서 정보에 대한 국가의 보장책임이 도출되는바, 국가는 공동체 이익의 효과적인 수행을 위해서, 그리고 개인 및 사회경제 발전의 토대 제공을 위해서 정보체계 전반에 대한 정의로운 법질서를 형성할 책임을 지고 있다.

3) 민간권력시장권력의 증대

과학기술의 발전으로 인해 종래 공공재로 인식되던 정보가 이제는 시장을 통해 생산 · 유통될 수 있는 상품으로 전화되면서, 정보행정의 상당 부분에 민간이 참여하는 현상이 광범위하게 진행되고 있다. 더욱이 정보시장의 세계화는 정보산업에 있어서 거대한 기업들의 등장을 초래하였다. 세계시장을 상대로 한 거대기업에 의해 정보의 세계화와 집중화가 야기되었고, 이는—적어도 잠재적으로는—국가권력보다도 강력한 정보권력의 출현을 의미하는 것이다예컨대 구글을 생각해 보라!.

그럼에도 불구하고 미국법 및 미국법에 영향을 받은 국가의 법제에 있어서 정보보호법은 주로 국가의 정보관리에 대한 불신에 기초를 두고 있다. 미국에서는 정보자원의 민영화가 일찍 이루어졌고 민간부문에서의 정보는 개인 상호 간의 합의에 의한 교환의 문제로 파악하려는 경향이 강하다. 그러나 국가권력이건 사인이건 정보를 수집 · 사용하는 데 있어서 우월한 위치에 있거나 광범위한 정보를 보유하고 있는 자는 '정보를 통한 지배' 를 행사할 가능성을 부여받게 된다. 민주적 헌정국가에 있어서 국가는 민주적 정당성에 기초해서 공동체의 이익실현을 목적으로 활동하며, 따라서 국가권력에 대하여는 민주적 통제를 확보할 법적 장치가 마련되어 있다. 이에 반하여 정보를 지배하는 사인에 대하여는, 종래의 법제에 의하는 한, 적절한 통제장치가 마련되어 있지 않다. 사적 부문에서의 정보의 유통은 원칙적으로 사적 자치에 의하는 것이고 정보주체의 동의를 얻어 취득한 정보관리자의 정보에 대한 권리는 법적으로 보호되어야 한다고 보기 때문이다. 따라서 정보를 보유한 사적 권력에 대한 통제력 확보가 현대사회의 새로운 문제로 제기되고 있다.

4) 경제주의의 심화

세계화는 자본의 자유이동을 그 핵심으로 한다. 이는 세계적 차원에서 자원의 효율적 배분으로 세계경제 전체의 파이를 증대시켰으나, 필연적으로 국제경쟁력을 각국의 제1차적 목표로 끌어올리게 되었다. 전통적인 경제부문뿐 아니라 경제 · 사회 · 문화 등 모든 영역에서 국제경쟁력의 확보가 생존조건으로 인식되었고, 이는 자연히 사회 · 경제 · 문화의 모든 영역에서 경제논리의 관철을 일반화시키는 결과를 가져왔다. 사회 · 문화적 영역에서 경제적 논리가 작용하는 측면이 있다는 것과 이를 경제논리에 의해 대체한다는 것은 다른 것이다. 사회공동체가 추구하는 가치는 다양하다. 환경 · 문화적 다양성, 부의 배분, 여가의 자유, 심미안과 진리의 추구, 도덕성 등 다양한 가치들이 존재하며, 이는 사회공동체의 합의문이라 할 수 있는 헌법과 여러 법률들 속에 담겨있다. 경제적 효율성도 그중 하나의 가치일 뿐이다. 더구나 효율성은 다른 가치에 대하여 수단적 성격을 갖는 하위의 가치일 수도 있다.[4] 그러나 경제를 중심으로 한 오늘날의 세계화는 "생존을 위해" 다른 가치들의 중요성을 훼손시키고 있다. 이러한 경제주의의 문제는 정보영역에서도 그대로 나타나고 있다.[5]

---

4. 이러한 관점에서 드워킨(Dworkin)은 경제적 富 자체의 가치성을 부인하였다. 부를 통하여 다른 어떤 것을 획득하게 된다는 점에서 부의 중요성이 인정되고 또한 중요한 관심사가 되기는 하지만, 부 그 자체가 본래적 가치를 갖지는 않기 때문이다. Dworkin(1984). 이에 반해 효율성의 가치성을 적극적으로 옹호하는 입장을 피력하는 견해로는 Posner(1975) 참조.

5. 예컨대 1995년 2월 G7 각료회의에서 "정보사회의 상"에 대한 초안이 작성되고 유럽연합과의 합의 아래 확정되었는데, 여기에서 세계화된 정보사회의 미래상의 실현을 위한 8원

경제적 · 기술적 요소는 이처럼 우리의 실생활을 강하게 규정하고 있다. 오늘날의 정보화사회에 있어서 인간은 자신의 "시장가치경제적 가치"에 의해 평가되고 인식된다.[6] 인간적이고 사회적인 목표들은 경제적 효율성에 의해 부차적인 것으로 치부되는 경향이 확산되고 있다. 정보사회의 진전이 원자화된 현대사회의 개인 간에 의사소통의 기회와 밀도를 확대시키고 종국적으로 인간의 자유를 확장시킬 것이라는 주장이 현실화되려면 이를 위한 전제조건의 형성을 위해 노력하여야 한다. 경제주의의 관철로 인한 정보의 집중, 정보력의 차이로 인한 새로운 계층 형성 등 부정적 결과가 이미 가시화되고 있으며, 이에 대한 법적 대응이 이루어져야 할 것이다. '국가정보화기본법' 제4장에서 국가정보화의 역기능 방지를 위한 국가의 책무를 규정하고 있는 것은 이런 노력의 시작으로 볼 수 있을 것이다.

(3) 소결

21세기는 세계화와 정보통신기술을 중심으로 한 과학기술의 급속한 진전으로 인하여 새로운 시대적 도전 앞에 놓여 있다. 이러한 시대적 도전은 종래 인류에게 주어진 최대의 난제들을 해결할 수 있는 기회를 제공하면서 동시에 새로운 위기상황을 야기하고 있다는 양면성을 갖고 있다. 세계화와 정보화가 인류를 구시대의 악으로부터 해방시키

칙이 제시되었다. 이들은 대부분 경쟁지향적이고 민간주도적인 원칙으로 구성되어 있다. 이 원칙은 실제로 유럽, 미국 및 일본의 정보기술산업계에 의해 준비된 것이었다.

6. Schoch(1988).

는 데 중추적 역할을 하고 있으나, 새로운 폐해를 야기하여 이를 단기간에 확산시킬 위험도 증대되고 있다. 21세기의 시대적 도전을 걸림돌이 아니라 디딤돌로 활용하여 인류문명의 발전을 이루기 위해서는 이러한 도전에 수반되는 위기를 극복하고 최소화하는 한편, 시대적 도전이 제공하고 있는 기회를 극대화할 수 있도록 법과 규제를 정비해 나가야 할 것이다.

3. 정보화사회에서 법과 규제

(1) 규제와 경쟁 · 자유의 의의

1) 규제와 경쟁

흔히 '시장 vs. 정부', '효율 vs. 공익', '경쟁 vs. 규제'를 대립 · 충돌 관계에 있는 것으로 전제하고 논의를 전개하는 경우가 많다. 시장은 경쟁을 통해 효율을 추구하고, 정부는 규제를 통해 공익을 추구한다는 것이다. 여기서 정부의 기능을 중시하는 입장에서는 시장실패로 인해 경쟁을 통한 효율 추구에 문제가 발생한다는 점을 강조하고, 시장의 기능을 중시하는 입장에서는 정부실패로 인해 규제를 통한 공익 달성에 문제가 있다는 점을 강조한다. 전자의 입장에서는 시장실패를 교정하기 위한 규제의 필요성에 주목하는 데 반해, 후자의 입장에서는 정부규제의 실패로 인한 불합리를 교정하기 위해 규제완화의 필요성에 주목한다.

학설에 따라서는 ① 정부의 명령에 의해 경쟁을 대체하는 것을 규제의 본질로 파악하여 규제와 경쟁을 대립되는 개념으로 이해하는 입장이 있으며, 이것이 대체로 종래 전통주의적 견해라고 할 수 있다.[7] 이에 따르면 규제와 경쟁은 선택의 문제이며, 어느 경우에 규제를 선택할 것인가가 연구의 핵심을 이루게 된다. 이 견해에 따르면 규제는 시장경제에서 이질적인 요소로 파악하게 된다. 이른바 "시장주의자"들은 이러한 전제 하에 정부규제를 철폐하고 시장기능에 의해 자원배분 내지 의사결정이 이루어지는 시스템을 선호한다. ② 이와는 반대로 시장기능을 불신하고, 시장은 기업, 자본가, 부유층의 이익을 위한 것으로 파악하여 시장기능을 억제하고 시장에 대한 통제와 규제의 필요성을 강조하는 입장도 있다. 소위 "규제주의자"들이 이러한 부류에 해당한다. ③ 이들 두 입장과는 달리 규제와 경쟁을 선택의 문제로 보지 않고 조화의 문제로 보는 입장도 있다. 규제를 통한 경쟁 형성 내지 경쟁촉진, 즉 경쟁을 위한 규제라는 제3의 가능성이 존재하기 때문이다. 여기에는 질서자유주의와 같은 자유주의 성향이 강한 입장으로부터 공화주의 내지 공동체주의에 이르기까지 다양한 이념적 스펙트럼이 존재한다.

발터 오이켄Walter Eucken은 시장경쟁의 자유로운 운동이 시장경쟁의 조건 자체를 파괴하는 경향을 갖는다고 보고, 따라서 국가는 이러한 경향을 차단하는 정책으로 시장경쟁질서를 유지하여야 한다고 하였다.[8] 시장경쟁의 조건 자체를 파괴하는 경향이란 독점화와 계급대립의 경향

---

7. Kahn(1970).

8. 이러한 오이켄의 경제이론에 대해서는 Eucken(1990) 참조. 그 밖에 독일의 질서자유주의자들에 의해 주창된 '사회적 시장경제질서'에 대하여 상세한 내용은 이원우(2013) 참조.

을 의미하는 것이었다. 따라서 시장경쟁을 유지하기 위해서는 시장권력의 억제 및 수정을 위한 정책과 사회복지정책이 필요하게 된다. 이러한 국가의 조절적 개입으로 경쟁질서가 유지될 경우에 비로소 시장에서의 자유로운 운동은 최적 균형을 보장할 수 있다. 시장은 우리 사회 그 자체가 아니라 그 구성요소이므로, 시장이 효율적으로 작동할 수 있기 위해서는 시장을 담고 있는 사회가 정의롭고 안정적으로 유지되어야 한다. 시장은 경쟁을 통하여 혁신과 효율을 이루어낸다. 경쟁은 능력있는 기업의 승리를 보장하고 무능한 기업을 시장에서 퇴출시킴으로써 끊임없는 혁신과 효율을 보장하지만, 그 결과 종국적으로는 가장 능력있는 하나의 기업만이 생존할 수밖에 없게 되며, 이는 필연적으로 사적 독점의 폐해를 야기하게 된다. 이것이 근대 서구역사에서 나타난 자유방임주의적 시장경제의 폐해라는 점은 주지의 사실이다. 이러한 관점에서 시장의 지배와 경제력 남용에 대한 국가의 규제와 조정은 시장경제질서를 유지하기 위한 기본 전제로서의 성질을 갖는다고 보아야 할 것이다.

우리 헌법도 이러한 입장에 입각하고 있는 것으로 해석된다. 우리 헌법 제119조 제2항에 따르면 "시장의 지배와 경제력의 남용 방지, 경제주체 간의 조화를 통한 경제의 민주화를 위하여 규제와 조정을 할 수 있다." 이 규정은 위에 언급한 오이켄의 관념과 부합하는 것이다. 즉, 시장의 지배와 경제력의 남용 방지라는 규제목표는 시장경쟁의 조건을 파괴하는 독점화를 방지하기 위한 것이고, 경제주체 간의 조화를 통한 경제민주화란 시장경쟁의 조건을 파괴하는 계급대립의 문제에 대응하기 위한 것으로 이해할 수 있다. 이 조항 자체가 규제와 경쟁을 대립적인 것으로 이해하지 않고, 오히려 경쟁의 존립을 위해 규제가 필요한 것으로 이해하고 있는 것이다. 가장 대표적인 예가 독점규제및공정거래에관한법률이하 '독점규제법' 이라 한다이다. 이 법률에 의한 규제는 경쟁질서의 전제조건을 마련하는 데 그 목적을 두고 있다. 경쟁과 규제의 상호협력적 관계는 이러한 일반경쟁법에서만 나타나는 것이 아니다. 전문규제 중에는 이른바 유효경쟁정책을 목적으로 하는 특별경쟁법적 규정이 다수 존재하는바통신법상 지배적 사업자에 대한 규제가 그 대표적인 예이다, 이러한 규정들도 경쟁의 조건을 창출하기 위한 규제로서의 성격을 지니고 있는 것이다. 요컨대 비록 규제 가운데에는 경쟁과 무관한 규제도 존재하지만, 경쟁의 전제조건으로서 규제재산권제도, 계약법제, 경쟁시장에서 경쟁저해행위로부터 경쟁 보호를 위한 규제, 독점시장에서 적극적으로 경쟁을 만들어가기 위한 규제 등 경쟁과 밀접한 관계에 있는 규제가 다수 존재한다.

요컨대 이론적인 측면에서나 실정헌법 해석의 관점에서 경쟁과 규제의 관계는 선택적 · 대립적 양립불가능의 관계가 아니며, 상호보완적 성격을 가진 협력적 관계로 파악하여야 할 것이다.

2) 규제와 자유

일반적으로 규제는 자유를 제한하며, 규제완화는 자유의 회복을 가져오는 것으로 생각한다. 그러나 이는 공법관계를 '규제자로서 국가' vs. '피규제자로서 국민' 의 '양극적 대립관계' 로 파악하는 데서 오는 오류이다. 전통적인 공법이론에서는 규제자로서 행정권 내지 국가권력 vs. 피규제자로서 국민이라는 양극적 대립관계로 공법상 법률관계를 파악하고 이 양자 간의 관계의 해결을 위한 법적 문제들만 조명하고자 하였다. 그 과정에서 국가는 권력을 보유한 강자이고 국민은 국가에 의해 자유를 침해받는 약자라는 관념이 무의식적으로 전제된다. 그리하여 공법학의 최대 목표는 인권보장, 즉 국가권력으로부터 국민의 자유와 권리를 보호하는 것이라고 상정한다. 이런 관념을 전제한다면, 규제는 자유의 억압이며, 규제완화는 자유의 회복이라고 할 수 있을지도 모른다.

그러나 이러한 전통적인 관념은 다음의 두 가지 관점에서 수정되어야 한다.

가. 다극적 관계에서 규제와 자유 : 제3자를 위한 규제와 자유

우선, 피규제자인 국민을 이렇게 단순하게 추상적으로 파악해서는 안 될 것이다. 국민에는 시장지배적 대기업, 중소기업, 영세자영업자, 소비자, 근로자 등 다양한 군상이 모두 포함되어 있다. 이들 중에는 국가권력 못지않은 강력한 권력의 보유자도 존재한다. 따라서 오늘날 공법상 문제상황 내지 공법상 생활관계를 법적으로 포착함에 있어서는 이를 다극적 관계로 파악하여야 할 것이다. 즉, 현대 규제국가에서의 공법관계는 적어도 '규제자-피규제자-규제수익자' 라는 3각 구도로 파악하여야 그 실체를 올바로 파악할 수 있다. 예컨대 '정부-기업-소비자일반국민' , '정부-시장지배력 있는 대기업-대기업과 경쟁하는 중소기업' , '정부-기업-근로자' 등의 관계로 파악하여야 할 것이다. 공법상 생활관계를 이렇게 파악하게 되면 규제와 자유의 관계를 새롭게 이해하게 된다. 소비자 보호를 위한 기업규제는 피규제자인 기업에 대해서는 자유의 제한이지만, 소비자에 대해서는 오히려 자유의 보장을 의미한다. 시장지배적 사업자에 대한 규제는 그와 경쟁하는 비지배적 사업자들의 자유를 보장하기 위한 것이다. 근로자를 위한 규제는 기업의 자유를 제한하지만, 근로자의 자유를 확대하는 것이다. 규제는 직접 상대방의 관점에서는 자유의 제한이지만, 다른 한편에서는 자유의 확대로서의 의미를 갖는다.

이러한 관점에서 보면, 규제란 단순히 자유의 억압이 아니라 대립 · 충돌하는 자유들 사이에 누구의 자유를 보장해 줄 것인가의 선택이거나 또는 충돌하는 자유들 사이의 조정으로서의 성질을 갖는다. 기업에 대한 규제를 완화하는 것은 소비자의 자유를 제한할 수 있고, 시장지배적 대기업에 대한 규제의 완화는 그와 경쟁관계에 있는 다른 기업들의 자유를 제한할 수 있다. 국민들 상호 간에 있어서도 일방이 사실상의 권력을 행사할 수 있는 강력한 지위를 갖고 있다면, 이러한 권력에 대한 규제를 통해 다른 국민의 자유를 보호하는 것은 마치 국가-국민의 양극적 관계에서 국민의 자유를 보장하기 위한 노력과 등가적인 자유회복의 의미를 지닌다고 할 것이다.

나. 공동체 이익을 위한 규제와 자유

이와 같이 규제상대방과 규제수익자가 분리되어 서로 대립관계에 있는 경우도 있지만, 공동의 규제상대방이 곧 규제수익자로서의 성격을 갖는 경우도 있다.

이와 관련하여 중요한 시사점을 주는 이론으로 이른바 '공유의 비극the Tragedy of the Commons' 을 들 수 있다. 하딘Garrett Hardin은 다음과 같은 경우를 상정한다.[9] 누구의 소유에도 속하지 않는 목초지가 있다. 인근 마을사람들은 이 목초지에서 소를 키우는 목축업을 영위하고 있다. 마을 사람들은 몇 마리의 소를 키우는 것이 합리적일까? 자유가 부여된 상태에서 구성원 각자는 자신의 이익을 극대화시킬 수 있는 방법을 합리적으로 모색하게 된다. 가축 1마리를 추가로 보유하는 것은 플러스 효과추가가축 매각에 의하여 얻는 금액의 증가와 마이너스 효과추가된 1마리 가축이 소비하는 목초량를 갖는데, 목초 소비에는 비용이 들지 않기 때문에 소의 머리수를 증대시키는 것이 당사자에게는 언제나 이익이 된다. 이에 따라 각 구성원은 보유 가축의 수를 계속 증가시킬 것이며, 이는 결국 목초지를 황폐화하여 파국을 야기하게 될 것이다. 결국 구성원 각자는 자신의 이익극대화를 추구하지만, 이는 구성원 모두에게 파국을 가져다주는 결과가 된다. 이러한 경우 법제도를 통한 개입과 규제는, 외형적으로는 개인의 자유를 침해하는 것으로 보일 수 있지만, 실제로는 개인들이 원하는, 그러나 시장기재를 통해서는 달성할 수 없는 결과를 달성하는 데 도움을 주는 것이다.[10] 각 개인의 합리적 행위의 합이 사회 전체적으로 합리적이지 않은 상황이 발생한다. 하딘은 이러한 문제를 극복하기 위한 방법으로 "상호합의된 강제"가 필요하다고 한다. 목초지를 공유지로 방치한 상태에서 어떤 형태든 새로운 제한을 도입하는 것은 어떤 식으로든 어느 개인의 자유에 대한 제한을 가져올 것이다. 그러나 상호합의에 의한 강제를 통해 구성원들은 자유를 제한당하는 것이 아니라 진정한 자유를 획득하게 된다. 하딘에 따르면, 헤겔Hegel의 말처럼 자유란 필요성

---

9. Hardin(1968).

10. 이원우(1990), Sunstein(1990).

의 인식이다.

요컨대 규제와 자유의 관계는 관점에 따라 상대적인 것이다. 규제는 자유의 제한이고 규제완화는 자유의 회복이라는 관념은 시정되어야 한다. 문제는 대립 · 충돌하는 자유 가운데 어느 자유를 제한하고 어느 자유를 보장하는 것이 우리 사회의 합리적 발전을 촉진할 것인가에 달려 있다. 물론 이러한 결정은 민주적 · 정치적 · 정책적 결정에 의해 이루어질 것이다.

(2) 정보화에 대한 법적 대응의 의의

1) 정보화사회에서 법과 규제의 기능

가. 법과 규제의 조종기능

현대 정보화시대의 도전에 대응하는 법의 역할은 어떠하여야 할 것인가? 전통적인 관념에 따르면, 법의 역할은 자동차의 브레이크에 비견되었다. 규제와 통제, 한계설정 등이 전통적인 법의 기능으로 생각되었다. 경제학자가 어서 가자고 할 때, 가도 되는지 좀 더 생각해 보고 가자고 하는 게 법률가의 임무라는 것이다. 예컨대 공공부문에서 법의 역할이란 국가권력을 통제하는 데 그 중점을 두었던 것이다. 법률가들은 한계를 설정하고 왜 그러한 행위를 해서는 안 되는지 근거를 제시하는 데 노력을 기울여왔다. 이러한 법의 역할이 오늘날에도 여전히 중요한 부분을 이루고 있다는 점을 부인할 수 없을 것이다. 그러나 이는 법치주의와 민주주의가 확립되지 아니하고 있던 상황에서 법에 대하여 요구되었던 기능이 강조된 데 그 원인이 있는 것으로 보인다. 법치주의와 민주주의가 확립되어 일반적으로 받아들여지고, 이해관계의 복합성이 중층적으로 구조화되고 있는 현대 정보화사회에서 법에 대한 기대는 여기에 한정되지 않고 있다. 법은 이러한 브레이크의 역할에 그치지 않고 나아가 엔진 내지는 핸들로서의 역할을 수행하고 있다. 오히려 앞서 언급한 현대 정보화사회의 과제를 해결하기 위해 법은 엔진이나 핸들로서의 역할을 감당하여야 한다. 구성원의 행위를 억제하고 규제하여 통제하는 것이 아니라 구성원의 자유와 창의가 꽃피울 수 있도록 유도하고 지원하고 촉진하는 데 법의 새로운 임무가 부여되고 있는 것이다. 아마도 요즘 화두가 되고 있는 창조경제가 현실적으로 성과를 거두기 위해서는 이러한 법의 기능 내지 역할이 요구된다고 하겠다. 이런 관점에서 법은 창조경제의 제도적 인프라로서 기능한다고 할 것이다.

즉, 우리 사회를 발전시키기 위해 법은 금지하고 통제하고 규제하는 소극적 기능에 머무르지 않고 적극적으로 방향을 제시하고 유도하는 기능을 수행하여야 하는 것이다. 법치주의 사회에서 정치, 경제, 사회, 문화, 과학기술, 환경생태계 등 모든 영역에서 공동체적 과제는 법으로 제도화되어 법의 집행을 매개로 하여 달성될 수 있기 때문이다.

나. 연성법soft law의 중요성

전통적인 법적 논의에서 법규범이란 구속력 있고 법원에 의해 강제집행이 가능한 경성법hard law을 의미하는 것이었다. 그러나 현대사회에서 분쟁양상이 다양화되고 규범의 역할이 통제와 명령 중심에서 유도와 조종으로 확대되면서, 이에 부합하는 규범의 중요성이 강조되고 있다.

예컨대 이해관계가 복잡하고 전문적이고 불확실성이 큰 영역에서는 당해 위험을 지배하는 자에 의한 자율규제가 필수적이며, 자율규제는 그 본질상 상당 부분 연성법에 의존할 수밖에 없다. 자율규제의 실효성에 대해 의문을 제기하는 견해가 많지만, 위험규제의 목적을 최대한으로 달성하기 위해서는 자율규제가 필수적이다. 어떠한 위험이 어디에 어떻게 존재하는지에 대한 정보를 갖고 있는 자는 피규제자이며, 그 위험을 회피하거나 제거할 수 있는 능력도 피규제자가 보유하고 있기 때문에, 이들 피규제자 자신에 의한 자율적 규제만이 궁극적으로 규제의 목적을 충분히 달성시켜 줄 수 있다. 타율규제는 여전히 규제의 전형적인 수단으로서 필요하지만, 타율규제만으로는 현대사회의 위험을 최적상태로 통제하고 관리할 수 없다. 위험을 최소화하여 최적의 안전상태를 달성하고자 하는 입법 목적을 최대한 달성하려면 전통적인 타율규제와 함께 피규제자의 자율규제가 성공적으로 이루어져야 한다. 이러한 영역에서는 연성법의 기능과 역할이 문제해결에 중요하다.

그 밖에 전통적인 분쟁해결에만 의존하기 어려운 상황에서도 연성법의 중요성이 강조되고 있다. 특히 세계화에 따라 국제규범의 중요성이 강화되고 있는데, 많은 국제규범들이 연성법의 성격을 갖고 있다.

2) 정보에 대한 의존 심화

앞에서 정보를 원료에 비유한 바 있다. 이것이 상징하는 것은 오늘날 정보가 종래 우리의 상상 이상으로 강력하게 개인의 활동조건이고, 경제적 생산요소이며, 국가 작용의 기초가 되고 있다는 것이다. 독일연방헌법재판소에 따르면 정보는 인간의 기본적 수요로서 개인의 사회적 지위를 규정하고 민주주의의 핵심 조건을 이룬다.[11] 따라서 오늘날과 같은 정보화사회에 있어서 정보는 민주적 · 사회적 법치국가의 중대한 법적 관심사이다. 정보는 행정의 중요한 수단이며, 사회구성원의 중요한 의사소통수단이다. 즉, 정보는 그것이 전통적인 공적 부문에 있든 사적 부문에 있든 공법적 규율의 대상이 된다는 것이다.

3) 권력요소로서 정보

개인이든 국가든 정보에 의존하고 있지만, 일단 그 정보를 취득한 자는 권력 행사의 가능성을 갖게 된다. 정보가 권력의 요소라는 사실은 새로운 것이 아니다. 다만 과학기술의 발전과 경제주의의 일반화가 지배하는 현대 정보화사회에 있어서 그 강도가 훨씬 강화된 형태로 나타난다는 점에 주목할 필요가 있다. 특정인이 어떤 정보에 대한 접근권 내지 처분권을 법적으로 부여받는 경우에는 비대칭적 정보의 문제가 발생한다. 공공부문에서 보유 · 관리하는 정보는 원칙적으로 모든 국민에게 평등하게 개방되어 있다. 즉, 정보에 대한 일반적 접근권이 누구에게나 평등하게 보장된다. 앞에서 암시한 바 있지만, 이러한 정보를 민간부문에서 보유 · 관리하게 되면, 기본권으로 보장되어 있던 정보에 대한 이러한 접근권이 사적 주체의 (배타적) 통제에 들어가게 된다. 따라서 정보의 보유 · 관리를 통해 비민주적 사적 권력이 등장하는 것을 막기 위

11. BVerfGE 27, 71, 81 ; 90, 27, 31 f.

해서는 민간부문에 있어서 정보주체에게 단순히 정보에 접근할 수 있는 권리를 넘어서 적극적인 개인정보통제권을 적절하게 보장하여야 할 것이다. 권력에 대한 민주적 통제야말로 민주주의 내지 국민주권주의 원칙의 핵심이기 때문이다. 더욱이 오늘날 정보가 개인 및 공동체 구성원 사이의 의사소통수단이라는 점을 고려한다면, 민주주의의 실질화를 위해 개인의 정보통제권을 최대한 보장하여야 할 것이다.

정보주체의 정보접근권 및 통제권은 특히 공공부문에서 철저히 보장되어야 한다. 국가가 정보독점을 기반으로 해서 국민에게 억압적인 방식으로 권력을 행사하여서는 안 되기 때문이다. 특정 정보를 국가권력이 보유하고 있는 경우 국가의 정보독점에 의한 폐해를 방지하기 위해서는 그 정보에 대한 국민의 접근권이 확보되어야 하다. 또한 국가권력 내부에서도 정보의 보유 · 관리 · 통제 등에 있어서 수평적 · 수직적 권력분립이 이루어져야 한다. 이러한 민주적 통제는 효율적인 정보이용을 위한 전제이다.

4) 사적 정보권력에 대한 국가의 통제 문제

앞에서 설명한 바와 같이 오늘날 정보화사회가 기술과 경제에 의해 사실상 강력한 규율을 받고 있기 때문에, 민간의 정보권력에 대한 국가의 통제력이 사실상 상당히 약화되고 있다. 많은 경우에 국가가 민간이 보유한 정보에 의존하고 있고, 이들 사적 정보관리자들은 이를 통해 거꾸로 국가권력을 통제할 능력을 보유하고 있기 때문이다. 따라서 이러한 "사실의 규범력normative Kraft des Faktischen"을 극복하고 공익주체로서 국가의 규범적 통제력을 확보할 대책이 필요하다. 물론 이를 위해 광범위한 "명령과 통제"의 방식에 의존하여야 한다는 것은 아니다. 민간부문과 국가의 상호협력적이고 보완적인 체계의 확립이 요청된다. 예컨대 1차적으로는 자율규제방식에 의해 민간부문에서 스스로 통제하도록 유도하고, 국가는 이러한 자율규제가 실패하는 경우에 보충적으로 개입하도록 할 수 있을 것이다.

사적 정보권력이 국제적 영향력을 가진 외국기업인 경우에는 문제해결이 더욱 어려워진다. 결국 국제적 차원에서 다양한 협조체계가 필요할 것이다. 국제법적 규율이나 통일적인 국내규범의 형성을 위한 국제적 노력의 중요성이 여기에 있다. 유럽연합이 "개인 데이터의 처리 및 자유 이동에 관한 개인정보지침이하 "유럽연합 지침" 이라 한다" 12을 통해 개인정보보호법제의 진보적 형성을 국제적으로 확산시키고 있는 것은 이를 위한 좋은 본보기이다.

(3) 정보화사회에서 법적 과제

1) 뉴미디어에서 정보의 양과 질

정보사회의 진화는 모든 국민에게 거의 무한대에 가까운 정보에 대한 접근을 제공한다. 누구나 언제든지 필요한 지식과 정보를 취득할 수 있기 때문에, 종래에는 경험을 가진 기성세대나 전문가에게 의존했던

12. European Union(1995).

일들을 이제는 자신이 혼자 인터넷을 통해 해결할 수 있게 되었다. 모르는 풀이나 꽃이나 새를 발견한 어린아이들도 부모에게서 답을 구하려 하지 않는다. 요리를 하다가 고향 어머니께 전화로 여쭐 일도 없어졌고, 농사에 관한 정보를 더 이상 집안 어른이나 농업전문가에게 물을 필요도 없게 되었다. 레몬시장이라는 용어를 듣고 궁금증이 생길 때, 도서관에서 관련 도서를 찾아 헤매거나 교수님을 찾아가 물을 일도 없다. 모든 것이 스마트폰 속에 있기 때문이다. 축적된 정보를 통해 권위를 누리고 존경을 받던 기존 세대의 어른은 이제 권위의 기반을 잃어버리고 새로운 세대와 갈등의 폭만 증폭되고 있다. 소통의 도구로 만들어진 스마트폰은 다른 한편에서는 사람과 사람 사이의 소통을 불필요하게 만들기도 한다.

공개되고 전파되는 정보의 양이 증폭되고 확산속도가 빨라질수록 그러한 정보의 질에 대한 필터링이 불가능하게 되고, 이에 따라 새로운 정치적 · 사회적 문제가 발생하게 되었다. 전통적인 미디어는 전문성을 가진 기자들이 직업적 책임성에 근거하여 정보원에 대한 취재, 정보원의 신뢰성과 정보의 가치 등에 대한 평가 등 여러 단계에 걸친 내부처리 시스템을 통해 선별된 정보를 대중에게 제공하였다. 그러나 인터넷이라는 정보의 시장에서 정보콘텐츠에 대한 질적 통제시스템은 제대로 마련되어 있지 않으며, 콘텐츠의 질은 자유로운 시장 메커니즘에 의해 검증되는 방식에 맡겨져 있다. 그러나 이러한 정보의 자유시장은 이른바 레몬시장과 유사한 특징을 나타낸다. 질이 나쁜 정보가 홍수를 이루고 있으나 이들 정보의 질에 대한 정보는 매우 부족하기 때문에 인터넷에서 취득한 정보가 올바르다는 보장이 없고, 따라서 이에 근거하여 내린

결정이 올바르다는 보장도 없게 되었다. 오히려 불량한 정보가 많기 때문에 잘못된 결정이 내려질 가능성이 증대되기도 한다. 정보의 홍수 속에서 또 다른 차원의 정보 부족의 문제에 직면하게 된 것이다. 따라서 정보에 대한 올바른 균형이 이루어질 수 있도록 적절한 규제와 보완이 요구되기도 한다.

이와 관련하여 표현의 자유의 보장과 그 한계에 대해 논란이 되고 있다. 표현의 자유는 인격 형성 및 발현을 위해 가장 기본적인 자유권인 동시에 국민주권주의 이념을 실현하는 데 불가결한 요소로서 대의제 민주정치의 대전제인 민주적 여론 형성을 위한 토대이다. 그러나 인터넷 등 뉴미디어의 신속하고 강력한 전파력으로 인해 사생활침해, 명예훼손 등의 법익침해가 새로운 사회적 문제로 제기되면서 표현의 자유에 일정한 한계가 설정되어야 한다는 요청도 제기되고 있다. 따라서 뉴미디어의 매체적 특성에 부합하는 규제체계를 형성하기 위해서는 인터넷 표현의 자유 확대와 사회적 책임성 강화라는 상이한 두 요구가 적절히 균형을 이루어야 할 것이다.

2) 개인정보의 보호와 이용

개인정보에 대한 전통적인 법·제도적 대응은 국가 및 기업 또는 개인에 의한 개인정보의 침해와 이에 대한 보호방법에 중점을 두어 왔다. 스마트 미디어 시대로 특징되는 오늘날 개인정보의 적극적인 활용이 두드러지면서 점점 더 정확하고 광범위한 내용의 개인정보가 빈번히 수집·저장·유통 및 공개되고 있으며, 이러한 현상은 새로운 기계장치와 새로운 방식에 의하여 확산되고 있다. 정보 그 자체는 물론이거니와 정보의 보호 및 활용이 새로운 상업적 서비스의 필수요소로 자리 잡고 있기 때문이다. 예를 들어, 인터넷 상에서 재화와 서비스 및 정보를 제공하는 온라인 사업자와 인터넷 서비스 및 접근access 제공사업자는 일반적으로 소비자에 관한 많은 양의 개인정보를 수집, 처리 및 저장한다. 서비스를 무료로 제공하는 실제 이유도 바로 개인정보를 수집하기 위한 경우가 많다. 소비자의 이름, 실제 주소, 나이, 국적, 가족사항, 결혼 여부, 고용 및 소득 상황, 쇼핑 습관, 인터넷 검색 습관 등 개인정보는 엄청난 상업적 가치를 갖는다.

오늘날 개인정보 보호 문제에 대하여 서로 다른 두 가지 반대 입장은 모두 이와 같은 상황을 그 출발점으로 하고 있다. 개인정보에 대한 침해 가능성이 일상화되고 그로 인한 피해의 범위도 확대되었으니 개인정보 보호조치가 더욱 강화되어야 한다는 주장이 있는가 하면, 전통사회에서 수립된 개인정보 보호를 위한 기준은 현대 스마트 미디어 사회에서 관철될 수 없을 뿐 아니라 이것이 정보사회의 발전을 저해하는 요소가 된다는 주장도 있다. 두 주장 모두 상당한 설득력을 갖고 대립되고 있다.

우선, 인터넷이 국민의 사회적 · 경제적 · 정치적 생활에 있어서 강력한 도구로 작용하고 있는 현대 사회에서 개인정보 보호는 그 어느 때보다 더욱 중요하다는 견해가 있는데, 이는 개인정보 보호에 관한 전통적인 법학계의 시각을 대변한다고 할 수 있다. 이 견해에 따르면, 소비자들은 대부분 자신에 관한 정브 전체가 갖는 진정한 가치를 알지 못하거나 웹사이트가 어떠한 방식으로 정보를 수집 및 처리하고 생성하는지를 알지 못하기 때문에, 또는 자신이 원하는 서비스를 제공받기 위해 다른 방법이 없기 때문에, 적절한 대응을 할 수 없다고 한다. 어떤 소비자들은 자신의 개인정보를 전적으로 보호하려고 하거나 또는 아무런 의식 없이 이를 쉽게 제공하기도 한다. 개인정보의 상업적 이용에 대한 저항도 적지 않다. 또한 소셜 미디어의 영향력에 주목하여 적절한 통제가 이루어지지 않는다면 소셜 미디어는 기본적인 자유를 억압하는 힘을 갖는다는 우려의 목소리도 적지 않다. 이러한 상황에서는 사회 그 자체가 소셜 미디어라는 도구를 통해 개인을 조직적으로 구속한다고 할 수 있다. 따라서 "혼자 있을 권리the right to be let alone"의 적절한 보호의 중요성이 부각되기도 한다.

그러나 다른 한편, 작금의 새로운 디지털 시대에 있어서 엄격한 개인정보 보호는 기술의 발전과 거래의 활성화에 대한 시대착오적 장애물이라는 견해도 강력하게 제기되고 있다. 현대 사회는 정보화가 고도로 진행되어 정보의 투명성과 자유로운 활용이 사회 활동의 주요한 특징이 되어버린 시대이다. 전통적 법체계에서 마련된 개인정보 보호의 법원칙들은 이러한 사회적 특징을 고려하지 않은 것이어서 이제 적실성을 상실하게 되었다는 것이다. 더욱이 개인정보 보호의 문제는 대중의 상당한 지지와 정당성을 인정받은 다른 정책적 목적과 충돌하게 됨으로써 재검토되어야 한다는 요구에 직면하고 있다. 예컨대 새로운 경쟁 환경에 대한 사업의 적응, 정부 시스템의 개선예를 들면 분산된 금융감독정보의 전자화 및 통합, 국민건강보험 제도의 개선, 조직범죄 및 테러리즘에 대한 대처 등은 비록 국민의 권리를 제한하는 결과를 야기하기는 하나 개인정보에 대한 보다 광범위하고, 집중적이며, 수월한 접근을 요구한다는 것이다.

정보화사회는 개인정보의 활용을 전제로 하므로 개인정보의 적정한 활용이 허용되어야 하지만, 개인정보의 활용이 원활하게 이루어지기 위해서는 개인정보 보호가 확실하게 보장되어야 한다. 개인정보가 철저하게 보장될 때 정보주체들이 자신의 개인정보 이용에 기꺼이 동의할 것이기 때문이다. 개인정보 보호는 개인정보의 이용에 한계로 작용하지만, 개인정보 보호가 이루어지지 않는 한 개인정보의 이용이 활성화될 수 없다는 점에서, 양자는 서로 충돌 및 갈등 관계에 있으면서도 상생관계에 있다. 따라서 개인정보의 보호와 이용 사이의 적절한 균형점을 규범화하는 것은 정보화사회의 가장 중요한 기초가 될 것이다.

SNS, 클라우드 컴퓨팅, 빅데이터 등 개인정보 활용에 기반을 둔 새로운 ICT 혁신 서비스들이 미래정보화사회의 인프라를 형성하게 될 것으로 예측되고 이미 상당 부분 현실화되고 있다. 이에 따라 프라이버시 침해 유형이나 방식이 더욱 다양화·복잡화되면서 개인정보 활용 및 보호의 범위대상를 재정립할 필요가 있다.

프라이버시 친화적인 데이터 생태계 구축을 위한 거버넌스 형성을 위해서는 민감한 데이터가 어떻게 수집되고, 이용되는지를 관장하는 명확한 원칙의 정립이 핵심적 과제이다.

스마트 미디어 환경에서는 개인정보 보호대상의 보편적 설정이 어려워, 이용자 개인-사업자-정부 등 이해당사자 간의 사회적 합의 기반즉, 프라이버시 거버넌스의 형성이 매우 중요하다. 따라서 프라이버시 거버넌스를 어떻게 법제화할 것인지가 중요한 연구과제로 대두되고 있다.

3) 정보격차 해소

ICT 고도화, 고령화, 다문화 사회로의 전환에 따라 세대 간, 다문화 사회구성원 간 정보격차와 이로 인한 갈등이 사회경제적 문제로 대두되면서 정보화사회의 중요한 규범적 과제로 제기되고 있다. 특히 스마트 미디어의 확산으로 이용자 간 정보격차와 사회적 불평등이 해소되기보다는 오히려 심화될 수 있다는 우려가 제기되고 있다. 따라서 지속 가능한 사회통합을 위해 이들 갈등을 해소할 법제도적 장치를 마련하고 디지털 정보복지 사회를 지향하는 새로운 디지털 사회통합정책을 수립·추진할 필요가 있다. '국가정보화기본법' 제31조는 "모든 국민이 정보통신서비스에 원활하게 접근하고 정보를 유익하게 활용할 기본적 권리를 실질적으로 누릴 수 있도록 필요한 시책을 마련" 하도록 규정하고 있다.

4) 공공정보의 공개

가. 공공정보의 공개와 제공

정보의 집중으로 인한 정보권력의 등장을 저지하고 정보자원에 대한 국민의 접근권을 보편적으로 보장하기 위해 공공정보의 개방과 공유가 중요한 법적 쟁점으로 논의되고 있다. 공공정보의 개방은 경제적 가치의 창출뿐만 아니라 행정의 투명성을 제고하고, 시민 참여에 기반을 둔 민주주의 거버넌스 실현에도 기여하는 것으로 평가되므로 적극적인 추진이 요청된다. 이러한 정보 공개[공유] 기반의 오픈 정부 플랫폼 구축을 위해서는 정보 제공 및 공유의 범위를 확대하면서 그 한계 등에 대한 면밀한 법적 검토가 선행되어야 할 것이다.

나. 공공정보 공개와 개인정보 보호

개인정보보호법제는 정보공개법제와 동전의 양면을 이룬다. 따라서 개인정보 보호의 전체적인 모습을 파악하기 위해서는 정보공개법제와의 관계를 검토하여야 한다. 여기서는 상론을 피한다. 다만 개인정보 보호법상의 개인정보도 정보공개법상의 공개청구가 있는 경우에는, 비공개사유에 해당하지 않는 한 공개의 대상이 된다는 점을 지적하고자 한다. 현행 공공기관의정보공개에관한법률 제9조 제1항 제6호에 따르면, 해당 정보에 포함되어 있는 성명 · 주민등록번호 등 개인에 관한 사항으로서 공개될 경우 사생활의 비밀 또는 자유를 침해할 우려가 있다고 인정되는 정보는 이른바 비공개대상 정보로서 공개하지 않을 수 있다. 다만, 법령에서 정하는 바에 따라 열람할 수 있는 정보, 공공기관이 공표를 목적으로 작성하거나 취득한 정보로서 사생활의 비밀 또는 자유를 부당하게 침해하지 아니하는 정보, 공공기관이 작성하거나 취득한 정보로서 공개하는 것이 공익이나 개인의 권리 구제를 위하여 필요하다고 인정되는 정보, 직무를 수행한 공무원의 성명 · 직위, 공개하는 것이 공익을 위하여 필요한 경우로서 법령에 따라 국가 또는 지방자치단체가 업무의 일부를 위탁 또는 위촉한 개인의 성명 · 직업 등은 사생활의 비밀 등을 이유로 공개를 거부할 수 없다.

4. 정보화사회에서 규제개혁

(1) 기술혁신과 규제갈등 : 과학기술 발전에 따른 산업구조의 변화와 산업규제 정책의 합리성

나중에 부통령을 거쳐 미국 제8대 대통령재임기간 1837~1841이 된 마틴 밴 뷰런Martin Van Buren은 뉴욕 주지사로 부임한 1829년 1월 앤드류 잭슨Andrew Jackson 미국 대통령에게 당시 "새로운" 운송수단으로 등장한 철로의 증설을 중지하라고 촉구하는 편지를 썼다. 이유는 다음의 세 가지였다. 첫째, 철도가 운하를 대체한다면 운하운송과 관련된 광범위한 업종의 노동자들이 실업자로 전락할 것이다. 둘째, 철로는 국가안보를 위협한다. 국가비상사태 발생 시 운하는 현대전 수행에 필수적인 공급물을 운반할 수 있는 유일한 수단이다. 셋째, 철도 관련 기술은 그 자체가 위험하다. 철도운송물은 1시간에 15마일이라는 엄청난 속도로 운반되는데, 이는 승객의 생명과 신체를 위험에 빠뜨리는 것은 물론이고, 철도가 통과하는 주변 농작물과 가축에 해를 끼치고, 주민들을 공포에 떨게 할 것이다. "신은 분명 사람들이 이렇게 위험한 속도로 여행하도록 하지 않으셨습니다." 철도 건설을 저지하려 했던 밴 뷰런은 공익과 국가안보, 그리고 인간과 신에 대한 경외까지 자신의 근거로 내세웠지만, 그의 주된 관심은 명백히 운하 산업의 보호를 위한 것이었다. 이런 예는 역사적으로 얼마든지 존재한다. 하지만 그러한 시도는 비합리적이며, 우리 사회의 진보를 저지할 뿐이라는 것이 역사의 교훈이다.

1860년대 자동차의 발전과 함께 등장한 영국의 이른바 적기조례The

Locomotives on Highways Act도 대표적인 예로 손꼽힌다. 영국에서 세계 최초의 28인승 증기자동차가 먼저 발명되었으나, 이에 위기의식을 느낀 마부들이 안전을 이유로 규제를 제안하여 적기조례가 제정 · 시행되었는데, 이에 따르면 자동차의 속도 및 중량을 제한하고, 운행을 위해서는 적기를 든 3명을 고용하도록 하였다. 이 적기조례가 시행되는 동안 독일에서는 아우토반을 건설하는 등 자동차산업 발달을 위한 기반을 조성하여 이후 영국의 자동차산업이 독일에 뒤쳐지게 되는 데 큰 영향을 미치게 되었다고 평가되고 있다.

우리나라는 2000년대 초 IPTV 관련 특허를 세계에서 가장 많이 보유하던 나라였으나 방송계와 이들의 의견을 대변한 당시 방송위원회의 반발로 관련 법령 정비가 이루어지지 않아 서비스를 개시하지 못하다가 2008년 새 정부 출범과 함께 방송위원회와 정보통신부가 방송통신위원회로 통합된 후에야, 그것도 제한적으로 서비스를 제공하게 되었다. 처음 라디오가 등장했을 때, 신문사에서는 라디오에서 뉴스를 방송하지 못하게 하려고 하였다. 텔레비전이 등장했을 때도 여러 산업계가 위협을 느끼고 텔레비전의 발전을 저지하려 하였다. 인쇄매체는 물론이고, 라디오도 비슷한 위협을 받았으며, 극장은 모두 문을 닫게 되리라고 생각했다. IPTV를 도입하는 과정에서 이것이 케이블TV를 대체할 것이라는 산업계의 두려움이 컸고 이에 따른 저항이 강력했었다. 최근에는 원격의료서비스 등 IT 기술을 이용한 Health Care가 논란의 대상이 되고 있다. 우리나라는 세계 최고 수준의 ICT 기술을 보유하고 있으나, 이를 활용한 서비스 제공은 각종 규제로 인해 이루어지지 못하고 있는 상황이다.

미래를 단정할 수는 없다. 철도의 발전으로 운하산업이 예전과 같은 지위를 누리지는 않겠지만, 여전히 살아남아 있다. 라디오의 등장이 신문을 대체하지는 않았다. 텔레비전의 지배가 확산되고 있지만, 인쇄매체나 라디오는 여전히 존속하고 있고, 영화산업은 오히려 더 발전하고 있다. 이와는 달리 컴퓨터의 발전으로 타자기 산업은 자취를 감추어 버렸다. 그러나 타자기 산업을 보호하기 위해 컴퓨터에서 워드프로세서 기능을 사용할 수 없게 하였다면, 오늘날 컴퓨터기술의 발전으로 인해 우리가 누리는 풍요를 누릴 수는 없었을 것이다. IPTV에 지상파 재전송이 이루어지지 않게 하려는 시도가 있었다. 이는 타자기 산업을 보호하기 위해 컴퓨터에서 워드프로세서 기능을 제거하고 판매하도록 하는 것과 유사한 시도이다.

기술혁신과 규제 간의 갈등은 역사적으로 많은 사례가 있으나, 근대 산업혁명 이후 급격히 증가하였고, 최근 과학기술의 급속한 발전에 따라 그 빈도와 정도가 커지고 있다.

과학기술의 발전으로 산업구조는 변한다. 새로운 상품과 산업이 등장하고 어떤 상품과 산업은 시장에서 사라진다. 이러한 변화를 통해 인류는 진보해 왔다. 법은 과학기술의 발전으로 인한 위험을 규제하는 제어장치로서의 역할을 충실히 수행하여야 한다. 그러나 과학기술의 발전과 새로운 시장구조에 법이 적절히 대응하지 못하면, 인류의 진보를 저지하는 우를 범할 수 있다.

이러한 문제를 해결하기 위해서는 과학기술의 발전을 탄력적으로 수용할 수 있도록 법제도의 유연성이 확보되어야 한다. 임시허가제와 같은 이른바 실험조항은 그 대표적인 수단이라고 할 것이다.

(2) 실험조항과 가인가, 사전허가 등의 활용

규제개혁은 신규 시장의 창출을 촉진하도록 규제의 유인체계를 변경하는 것이어야 한다. 새로운 시장의 창출은 새로운 행위를 전제로 한다. 그런데 현행 법령상 예정하고 있지 않은 새로운 유형의 행위에 대해서는 당연히 법령에 규정이 없을 것이므로, 이러한 새로운 행위에 대한 대응방안으로서 두 가지 상반된 입장을 상정할 수 있다. 하나는 법령이 정비되기까지 당해 행위를 금지하는 방식이고, 다른 하나는 법령이 정비되기 전에 당해 행위를 잠정적으로 허용하고 법령 정비 후 정식으로 행위허가 여부를 결정하는 방안이다.

새로운 상품의 등장을 촉진시키고 시장의 수요에 대응하는 법 시스템을 구축할 필요가 있다는 점에서는 새로운 기술 발전이 급속하게 이루어지는 영역에서는 후자의 방식이 원칙적으로 권장되어야 한다.

새로운 행위를 관계법령의 정비 이전에 허용하는 수단으로 가인가제도와 실험규정의 방식이 존재한다. 가인가제도란 새로운 행위에 대한 인허가 기준이 제정될 때까지 기존의 유사행위에 대한 인허가 기준을 활용하여 잠정적으로 인허가를 발급하되, 새로운 인허가 기준이 제정되면 이에 따라 본인가 내지 본허가처분을 내리도록 하는 방식이다. 실험조항은 새로운 행위의 등장으로 인가 기준이 없는 경우 일정한 기간을 설정하여 당해 행위를 허용하고, 행정청은 그 기간 동안 시장의 반응 등을 관찰하여 인허가요건을 제정하고, 그 기간이 지나면 이 인허가 기준에 의거하여 새로이 인허가를 받도록 하는 방식을 말한다. 입법실무는 가인가제도를 점차 축소해 나가는 경향이 있었으나,[13] 최근 ICT

분야의 특성을 고려하여 '정보통신 진흥 및 융합 활성화 등에 관한 특별법 소위 ICT 특별법' 제36조에서 임시허가제도라는 이름으로 도입되었다.[14]

(3) 이중 중복 규제

최근 우리나라 ICT 관련 규제실무에서 이중규제 내지 중복규제의 문제가 크게 쟁점으로 대두되고 있다. 주로 일반규제기관인 공정거래위원회와 금융위원회, 방송통신위원회, 산업통상자원부 등 전문규제기관 사이에 유사한 권한이 중복되는 경우가 많은바, 이 경우 복수의 규제기관이 동일 사안에 대하여 중복적으로 규제하거나 서로 다른 기준으로 규제하여 문제가 제기되고 있는 실정이다. 이를 긍정적인 시각으로 바라본다면 치명적인 실수로 인한 규제의 공백을 방지해 줄 수 있다는 加外性 redundancy 의 원칙에 따라 하나의 규제당국이 간과하기 쉬운 이슈를 다른 규제기관이 보완해 준다고 볼 수도 있을 것이다. 하나의 규제에 여러 기관이 관련되는 경우 이들은 각자의 관점을 제시하고 서로 경쟁함으로써 전체적으로 올바른 질서가 형성되도록 협력하여야 할 것이다. 그러나 현실적으로 이러한 규제공백에 대한 보충적 보완장치로서 기능하기보다는 규제기관 사이의 관할권 다툼으로 나타나는 경향이 있고, 그 사이에서 피규제자는 과잉규제와 혼란을 겪는 것이 일반적이다.

---

13. 예컨대 구전기통신사업법 제29조 제4항은 "情報通信部長官은 基幹通信事業者가 새로운 電氣通信役務를 試驗的으로 제공할 필요가 있는 경우에는 第1項의 規定에 불구하고 利用約款을 假認可할 수 있다"고 규정하여 시험적인 새 상품에 대한 가인가제도를 두고 있었으나, 2007년 5월 11일 법률 제8425호에 의해 폐지되었다.
14. 이에 대하여 상세한 내용은 김태오(2014) 참조.

이 문제에 대해서는 아래와 같은 세 가지 결론을 내릴 수 있다.

첫째, 중복규제의 문제는 원칙적으로 관련 법령의 합리적 해석을 통해 해결될 수 있다. 법학방법론의 일반원칙에 따라 법령을 해석·적용하면 해결되는 것이 일반적이다.[15]

둘째, 행정기관 상호 간의 경쟁과 조정은 행정조직 내부에서 이루어져야 하며, 대외적으로 국민에 대한 관계에서 행정은 단일한 입장을 내세워야 한다. 규제관할권을 두고 발생하는 행정기관 상호 간의 대립을 단순히 관할권을 둘러싼 부처이기주의의 문제로만 보아서는 아니 될 것이다. 어느 행정기관에게 권한이 부여되는가의 문제는 규제의 성격을 어떻게 파악할 것인가의 문제와 관련이 있다. 각 행정기관의 설치목적과 임무에 차이가 있기 때문이다. 일반경쟁규제기관과 전문규제기관은 그 임무의 성격, 권한행사의 기준 등에서 명백히 서로 구분된다.[16] 규제관할의 배분에 변화가 있으면, 규제의 성격과 내용에도 변화가 초래된다. 각 행정기관은 자신의 고유한 기능에 맞추어 사안을 파악하고 이에 대처하여야 할 것이다. 하나의 사안에 대하여 여러 행정기관이 관련되는 경우 이들은 각자의 관점을 제시하고 서로 경쟁함으로써 전체적으로 올바른 질서가 형성되도록 협력하여야 할 것이다. 그러나 행정기관들이 국민에 대하여 서로 다른 입장을 표시하고 나아가 이를 관철하려는 것은

15. 특별법 우선의 원칙, 신법 우선의 원칙 등 일반적인 방법론에 따라 대부분의 문제를 해결할 수 있다. 이에 대해서는 이원우(2008b) 참조.

16. 일반경쟁규제와 전문규제의 의의, 본질, 기능 등에 대하여 상세한 내용은 이원우(2006) 참조.

행정의 단일성 원리Einheit der Verwaltung에 반한다.[17] 행정의 단일성이 일반적으로 관철될 수 있는 법 원리로서 인정될 수 있는지에 대하여 아직 국내에는 논의가 없으나, 적어도 규제행정기관이 서로 모순되는 규제권한 발동으로 피규제자의 권리를 침해하여서는 아니 된다는 제한된 부분에 대하여는 합의할 수 있을 것이다. 이것이 국민의 예견 가능성과 기대 가능성을 내용으로 하는 법치국가원리에 비추어서도 타당하다.[18]

셋째, 일반경쟁규제기관과 전문규제기관 사이에 중복규제가 문제되는 경우에는 전문규제기관이 우선적 관할권을 갖는 것으로 해석되어야 한다. 이에 대해서는 다음과 같은 근거들이 제시될 수 있다.

① 이러한 입장이 일반경쟁규제와 전문규제의 상호관계, 법해석방법의 일반원칙으로서 일반법과 특별법의 관계, 독점규제법 제58조의 적용제외조항의 성격 등에 비추어 타당하다.[19]

② 전문규제기관에 의해 특별경쟁법적 규정이 적용되는 영역에 일반경쟁규제권한을 중복적으로 행사한다는 것은 법리적으로나 행정경제 내지 비용의 측면에서 보아도 모두 부당한 것이다. 미국의 경우 우리와 같은 명시적인 적용제외 조

17. 이에 대하여 상세한 내용은 Bryde(1988), Haverkade(1988) 참조.

18. 이에 대하여 상세한 논의는 이원우(2005c) 참조.

19. 이에 대한 상세한 논의는 이원우(2005b), 이원우(2005c) 참조. 이러한 입장에 대한 국내외 학계와 실무계의 논의에 대하여 상세한 내용은 이원우(2008b) 참조.

항이 없음에도 불구하고, Trinko 판결[20] 이후 '규제산업에서 규제기관이 존재하여 법을 실효적으로 집행하고 있는 경우에는 독점규제법의 집행을 배제함'으로써 중복규제의 불합리성을 제거하고 있다.

③ 일부 견해에 따르면 일반법인 독점규제법의 해석으로 해결할 수 있는 사안이라면 굳이 특별법에 의한 규정을 두는 것은 불필요하고 과다한 규제를 야기하여 규제의 총량을 증가시키는 것이라고 한다.[21] 그러나 경쟁규제의 일반법인 독점규제법을 확장해석하는 것이야말로 규제의 총량을 불필요하게 확대시킨다. 독점규제법의 확대해석은 모든 경제영역에 대한 규제의 강도를 강화시키기 때문이다. 이에 반해 전문규제는 당해 영역의 특정 규율사안에 대해서만 국지적으로 규제밀도를 강화한다. 해당 사업분야만을 보면 규제가 강화되는 것으로 보이지만, 특별법에 의한 규제는 그 밖에 일반 경제영역에 대해서는 아무런 영향을 미치지 않는다는 장점이 있다.

④ 더욱이 일반법의 확장해석은 규제의 명확성 원칙을 손상시키는 경향이 있다. 일반법은 상대적으로 추상적 · 포괄적 개념을 사용할 수밖에 없기 때문이다. 이에 반해 특별법은 당해 영역에서 발생할 수 있는 사안을 전제로 구성요건을 규정하므로 상대적으로 명확성을 담보할 수 있다. 예컨대 필수설

---

20. Verizon v. Law Offices of Curtis V. Trinko, 540 U.S. 398(2004).

21. 예컨대 이봉의(2008) 참조.

비이론의 경우 독점규제법에서는 시장지배적 지위 남용 또는 불공정거래행위로서 거래 거절에 근거하여 이를 경쟁사업자에게 제공하도록 규제하지만 그 구체적인 적용범위가 매우 모호하다. 이에 반해 통신법에서는 특정 사업자에 대하여 구체적인 통신설비의 개념과 범위를 정하여 그 제공의무를 부과하므로 의무의 범위나 내용이 명확하게 규정된다.

⑤ 이와 관련하여 일반법의 확장해석은 이른바 과잉포함의 문제를 야기한다는 문제점이 있다. 규제법규의 제정에 있어서는 입법기술상 법규범의 범위와 피규제행위 사이의 부정합이 발생하기 쉽다. 규제대상을 빠짐 없이 규제하기 위해 규제대상을 규율하다 보면, 규제될 필요가 없는 행위까지도 규제대상으로 포함되어 불합리한 과잉규제가 발생하게 된다이른바 과잉포함 : overinclusion. 반대로 불필요하게 규제되는 행위들을 배제하여 규율하다 보면, 규제되어야 할 행위들이 규율대상에서 제외되어 불합리한 과소규제가 발생하게 된다이른바 과소포함 : underinclusion.[22] 일반법을 확장해석하려는 시도는 불명확한 해석방식에 의해 과잉포함을 야기하여 사회적 비용을 증대시키게 된다. 따라서 일반법은 당해 법규가 명확하게 지시하고 있는 내용으로 한정하여 적용하고, 만일 특별한 규제필요성이 있다면 당해 영역에 한정하여 적용될 특별규정을 세밀하게 설계하여야 한다. 이것이 비례원칙, 명확성 원

---

22. Ehrlich & Posner(2001).

칙 등 규제원리에도 부합하며, 규제의 품질도 향상시키게 될 것이다. 일반법의 확장해석은 서로 성질이 다른 사안을 동일하게 규제할 우려가 있기 때문에, 비례원칙에 따른 섬세한 규제를 위해서도 개별적 · 전문적 규제가 발전해야 하며, 일반법의 확장해석에 의한 규제는 경계하여야 할 것이다.

(4) 자율규제의 확대 도입

1) 자율규제의 개념 및 유형

최근 규제완화 내지 규제개혁의 새로운 대안으로 자율규제의 도입이 활발하게 논의되고 있다. 자율규제로 논의되는 현상들은 매우 광범위하며, 자율규제를 담당하는 주체의 법적 지위와 법률관계의 내용에 따라 법리상 여러 가지 다른 법제로 분류될 수 있다.[23]

자율규제 주체의 법적 지위에 따라 자율규제의 유형은 아래와 같이 구별될 수 있다.

첫째, 자율규제 가운데 가장 공적 특성이 강하고, 강력한 규제권한을 부여하는 방식은 당해 규제임무를 위한 별도의 법인을 설립하는 이른바 "기능적 자치행정"의 방식이다.[24] 기능적 자치행정의 주

23. 자율규제의 법적 형식에 따른 유형 및 권한범위에 대한 일반론과 특히 우리나라 금융규제에 있어서 자율규제에 대한 설명으로는 이원우(2005) 참조.

24. 기능적 자치행정의 의의 및 법률관계에 대하여 상세한 설명은 이원우(2002) 참조.

체는 자율적인 규범, 즉 자치규칙의 제정권을 갖는 경우가 많다.

둘째, 규제 임무를 수행할 공적 주체를 새로이 설립하지 아니하고, 사인 가운데 당해 임무를 적절히 수행할 자를 선정하여 그에게 규제임무의 수행을 맡길 수도 있다. 이 경우 공적 규제임무를 수행하는 사인은 다시 두 가지의 경우로 구분된다.[25] 공법상의 규제권한을 독립적으로 자신의 이름으로 행사하는 경우를 공무수탁사인이라 하고, 그렇지 아니 한 경우를 행정보조자라 한다.[26]

셋째, 이상과 같이 규제임무를 부여하는 특별한 공적 조치 없이 사인이 순수하게 자발적으로 일정한 행위규제를 하는 경우가 있다. 예컨대 민간기업 사이에 신사협정을 체결하여 일정한 행위를 금지하는 경우를 상정할 수 있다. 또는 기업 내부의 자율준수 프로그램에 의한 자율규제방식도 있다.

다른 한편 자율규제기관이 만든 규칙 내지 기준의 법적 구속력에 따라 다시 분류가 가능하며, 그 밖에도 자율규제기관의 자율성 정도 내지 감독관청에 의한 개입의 정도에 따라 구별할 수도 있을 것이다.

2) 자율규제의 장 · 단점에 대한 평가

이상과 같이 분류기준에 따라 자율규제의 유형이 매우 다양하고 광

25. 이에 대하여 상세한 내용은 이원우(1998) 참조.
26. 공무수탁사인과 행정보조자의 의의 및 법률관계에 대하여 상세한 설명은 이원우(1998) 참조.

범위하기 때문에 자율규제에 대해서 일률적인 평가를 하는 것은 어려운 일이다.

그럼에도 불구하고 자율규제에 대해서는 다음과 같은 일반적인 논의가 이루어지고 있다.[27]

우선 자율규제에 대해서는 자율규제기관의 전문성, 저렴한 감독 및 집행 비용, 유연성 등의 장점을 근거로 해서, 규제비용을 절감하고 규제 강도를 완화시키면서 높은 규제효과를 거둘 수 있으므로 적극적으로 도입하여야 한다는 긍정적 평가가 있다.

그러나 이에 대하여 자율규제는 강제성이 없기 때문에 실효성이 없고, 강제성을 부여하기에는 민주적 정당성이 흠결되어 있다는 비판이 있다. 또한 비슷한 맥락에서 책임성이 없으므로 실효적 집행을 기대하기 어렵다는 비판도 있다.

3) 소결론 : 현대사회에서 자율규제의 중요성

필자는 위에서 언급한 장점 이외에도 특히 다음과 같은 이유에서 자율규제의 도입과 발전을 위한 노력이 필요하다고 생각한다.

오늘날 규제의 현실을 보면, 규제와 관련된 중요한 정보는 대부분 피규제기관이 소유하고 있는 경우가 많다. 피규제자가 규범 회피를 위해 노력하는 경우 규제가 무력화될 우려가 크다. 따라서 피규제자의 협력이 없이는 규제실효성이 유지되기 어렵다.

---

27. 이에 대하여는 Ogus(1995), Ogus Ed.(2001) 참조.

현대사회에서 전문화, 분업화가 진행됨에 따라 자신의 인생에서 중요한 의미를 갖는 의사결정을 스스로 할 수 있는 영역이 계속 축소되고 있다. 반대로 점차 많은 중요한 의사결정이 타인에 의해 내려지고 지배되는 경향이 있다. 우리는 이제 타인의 의사결정을 믿고 맡기지 않으면 안 되는 사회에서 살고 있는 것이다. 농경사회에서는 스스로 경작 · 가공 · 소비하던 것들을 이제는 타인의 생산에 맡기게 되었다. 우리의 생활이 통신망에 의존하고 있지만, 통신망에서 고장이 발생했을 때 우리는 아무런 조치도 취할 수 없다. 우리 삶의 모든 면에서 자신의 위험에 대한 결정이 타인주로 사업자에 의해 수행되는 경우가 증대되고 있다.

특히 중요한 정보의사결정의 정당성에 관한 정보는 의사결정자가 보유하고 있기 때문에, 이러한 의사결정을 지배하는 자가 스스로의 위험을 통제하는 것이 가장 확실하고 실효성 있는 방법이다. 따라서 비록 현재 제도화되어 있는 자율규제수단이 여러 가지 단점을 갖고 있다고 하더라도, 장기적인 관점에서 자율규제의 발전을 위해서는 다양한 방식의 자율규제를 도입하고 새로운 자율규제제도를 적극적으로 개발하려는 시도가 이루어져야 할 것이다.

5. 나가는 말—정보화사회의 진화와 규제법제 정비의 과제

옛말에 이슬을 소가 먹으면 우유가 되고 뱀이 먹으면 독이 된다고 했다. 정보통신기술의 발전을 중심으로 한 현대 과학기술의 발전이 인류사회의 진보를 위한 추동력이 될 것인가 재앙의 단초가 될 것인가는 결국 우리가 이러한 정보통신기술과 오늘날 빅데이터로 대변되는 정보를 어떻게 사용할 것인가에 달려 있다. 정보화사회의 진화와 함께 수반될 수 있는 문제점들을 반추하고 법과 제도를 정비하여야 하는 이유가 여기에 있다.

정보화사회의 진화는 인류를 사물인터넷Internet of things, 이하 'IoT' 라 함과 빅데이터라는 새로운 상황에 처하게 하였다. 사물인터넷은 ICT 기술과 산업 분야에서 미래의 경제 · 사회에 가져올 영향이 가장 클 것으로 주목받는 영역이다. 그 기본적인 아이디어는 우리 주변에 존재하는 다양한 사물들에 주변 환경에 대한 데이터를 수집 · 저장 · 전송하는 기능을 부착하고, 이를 인터넷으로 연결하여 빅데이터 분석 등 고도의 처리를 가능하게 한다는 것이다. 이를 통해 현재의 인터넷을 넘어 사람과 사물 또는 사물들 상호 간의 연결을 포함하는 더 광범한 네트워크를 형성하고, 더 많은 정보를 수집 · 분석하여 더 나은 판단을 더 빨리 하고 이를 기반으로 필요한 조치를 자동적으로 한다는 것이다.

IoT에 대한 관심의 근저에는 인터넷이 사물로까지 확장되면 기존 산업에 패러다임적 변화를 가져올 만한 혁신이 발생할 것이라는 기대가 있다. 그러나 이러한 혁신은 동시에 기존 산업에 대한 파괴적 재구조화를 초래할 수 있고, IoT가 인공적 환경을 이룰 정도로 확산된다면 프라이버시에 대한 현저한 위협을 야기할 수도 있다.

'사물인터넷' 이 실제로 구현되기 위해서는 한편으로는 방대한 정보를 수집 · 저장 · 전송 · 처리하기 위해 필요한 다양한 기술 및 그 기술의 실제적 이용을 가능하게 할 법제도적 발전이 뒷받침되어야 할 뿐 아니라, 다른 한편으로는 이것이 구현되는 경우 예상되는 위험을 적정 수준으로 관리하기 위한 법제도적 대응도 함께 이루어져야 할 것이다.

[참고문헌]

김태오 (2014), 「기술발전과 규율공백, 그리고 행정법의 대응에 대한 시론적 고찰」, 『행정법연구』, 38.

이봉의 (2008), 「통신시장에서의 금지행위 규제의 문제점과 개선방안」, 『경제규제와 법』, 1.

이원우 (1990), 「행정법상 정부규제의 본질」, 『육사논문집』, 38.

______(1998), 「정부기능의 민영화를 위한 법적 수단에 대한 고찰」, 『행정법연구』, 3.

______(2002), 「항고소송의 대상인 처분의 개념요소로서 행정청」, 『저스티스』, 68.

______(2005a), 「변화하는 금융환경 하에서 금융감독체계 개선을 위한 법적 과제」, 『공법연구』, 33(2).

______(2005b), 「통신시장에 대한 규제법리의 특징과 행정지도에 의한 통신사업자간 요금관련 합의의 경쟁법 적용제외」, 『행정법연구』, 13.

______(2005c), 「통신시장규제에 있어서 전문통신규제기관과 일반경쟁규제기관의 관계」, 『행정법연구』, 14.

______(2006), 「경제규제와 공익」, 『법학』, 47(3).

______(2008a), 「규제완화와 규제개혁」, 『저스티스』, 106.

______(2008b), 「우리나라 통신시장에 있어서 전문통신규제기관와 일반경쟁규제기관의 권한중복 및 개선방안」, 『정보통신법연구 I — 통신시장에 있어서 전문규제기관과 일반경쟁규제기관의 관계』.

______(2010a), 「규제형평제도의 구상」, 『행정법연구』, 27.

______(2010b), 『경제규제법론』.

______(2013a), 「21세기의 시대적 도전과 법학의 과제, 정의로운 선진한국(JK)과 법학의 미래」, 서울대학교 법학전문대학원 · 법학연구소 공

동주최 학술대회(2013. 10. 8) 자료집 : 53-79.

______(2013b), 「헌법상 경제질서와 공생발전을 위한 경제규제의 근거와 한계」, 『행정법학』, 4.

______(2015), 「규제 패러다임의 변화와 행정법학」, 한국행정법학회 주최 제4회 행정법분야 연합학술대회(2015. 3. 27.) 발표문.

Bryde, Brunn-Otto (1988), "Die Einheit der Verwaltung als Rechtsproblem," *VVDStRL* 46.

Dworkin, Ronald M. (1980), "Is Wealth a Value," in Ogus & Veljanovski(Eds.), *Readings in the Economics of Law and Regulation* (1984).

Ehrlich, Isaac and Richard A. Posner (1974), "An Economic Analysis of Legal Rulemaking," *Journal of Legal Studies*, 3(1) : 257-286, in Anthony Ogus(Ed.), *Regulation, Economics and the Law* (2001).

Eucken, Walter (1990), *Grundsätze der Wirtschaftspolitik*, 6/E.

European Union (1995), Directive 95/46/EC of the European Parliament and the Council of 24 October 1995 on the Protection of individuals with regard to the Processing of personal data and on the free movement of such data.

Hardin, Garret (1968), "The Tragedy of the Commons," *Science*.

Haverkade, Görg (1988), "Die Einheit der Verwaltung als Rechtsproblem," *VVDStRL* 46.

Kahn, Alfred E. (1970), 1 The Economics of Regulation : Principles and Institutions 20.

Ogus, Anthony (1995), "Rethinking Self-Regulation," *Oxford Journal of Legal Studies*, 15(1).

_____________(2001), *Regulation, Economics and the Law*.

Posner, R. A. (1975), "The Economic Approach to Law," in Ogus & Veljanovski(Eds.).

Schoch, Friedrich (1998), Öffentlich-rechtliche Rahmenbedingungen einer Informationsordnung, VVDStRL, 57.

Spinner, Helmut, F. (1994), Die Wissensordnung-Ein Leitkonzept für die dritte Grundordnung des Informationszeitalters.

Sunstein, Cass R. (1990), After the Rights Revolution : Reconceiving the Regulatory State.

제3장

정보통신 생태계와 전략

신민수(한양대학교 경영학부 교수)

정보통신산업 발전은 다양한 경로를 통해 발생하고 있다. 특히 디지털 융합 현상을 통해 공진화가 일어나며, 네트워크 · 콘텐츠 · 기기 영역에서 창조적 파괴 및 혁신적 융합을 통해 신개념의 제품 · 서비스 · 비즈니스 모델이 창출되고 있다. 기업들은 이러한 새로운 비즈니스 모델 창출에 따라 새로운 영역으로의 진출을 모색하고 있다. 디지털 융합을 통한 정보통신산업의 발전은 C(Contents)–P(Platform)–N(Network)–T(Terminal)라는 가치사슬의 De-coupling 및 Re-coupling을 통해 보다 복합 · 다양화되고 있다. 이러한 현상은 다른 산업으로 전이되며 새로운 형태의 융합 현상을 촉진할 것으로 전망된다. 이에 따라 수직통합구조를 갖고 있던 정보통신산업은 향후 가치사슬 내 동일 영역 간의 수평통합구조가 고도화되며 영역별 경계가 무의미해질 것으로 전망된다. 이와 같은 정보통신산업의 발전 트렌드가 의미하는 바는 향후 정보통신시장의 진화 체계가 연속적이지 않다는 것과 시장에서의 경쟁요인이 보다 지능화된 서비스가 될 것이라는 것을 의미한다. 그리고 이러한 트렌드에 따라 기업의 경쟁우위 확보 전략 역시 변화되어야 할 것으로 전망된다. 이전에는 기업이 경쟁우위 확보를 위해서는 자원기반전략(resource-based strategy)에 따라 경쟁에 필요한 자원을 내재화하는 방식의 전략을 취해 왔다. 그러나 정보통신산업의 발전 트렌드는 이러한 방식으로 기업이 더 이상 경쟁우위를 확보할 수 없다는 것을 시사하며, 이전과는 다른 전략을 취할 것을 요구하고 있다. 본 장에서는 이러한 관점에서 정보통신 분야의 경영전략 이슈에 대한 이해를 위하여 정보통신 기업의 새로운 전략 접근 방법으로 부상하고 있는 디지털 비즈니스 생태계에 기반한 경영전략 환경변화 대응 이슈와 그 외 전략적 이슈 등을 살펴본다.

1. 정보통신산업의 발전 동향과 전략 대안

(1) 인터넷 기반의 정보통신산업 동향

인터넷은 모듈module로 구성되어 있다. 레고는 주어진 블록을 이용하여 다양한 형태를 만들 수 있는데, 인터넷의 모듈은 레고의 블록에 해당한다. 이는 인터넷이 어떤 운영체제, 하드웨어, 소프트웨어에도 접속이 가능한 개방성이라는 특징을 갖고 있음을 의미한다. 이러한 인터넷의 특징은 인터넷 프로토콜인 TCP/IP의 특성에 기인하고 있다. 인터넷의 등장에 따라 특정 기술이 시장에서의 지배적 기술이 되기보다는 다른 기술과의 호환성이 더욱 중요해지면서, 특정 기술을 중심으로 한 기술 주도technology-push보다는 시장 견인market-pull이 중요한 경쟁요인이 되고 있다. 이러한 인터넷의 특성 때문에 기업 간 주도권 이동과 경쟁 상황이 역동적으로 변화하여 인터넷을 기반으로 하는 새로운 기업들이 등장하고 있다. 2000년에 상위 10위에 열거되었던 기업 중 2010년 기준으로 여전히 상위 10위에 열거되고 있는 기업은 아마존, 이베이, 야후 등이며, 구글, 텐센트 등이 새로이 진입하였다. 전 세계에 상장되어 있는 인터넷 기업 569개 사의 경우 2010년 매출액은 2000년에 비해 8배 성장하였으며, 시가 총액은 5배 이상 증가하였다권기덕, 2011. 이들의 주요 수익원은 광고, 상거래 수수료, 서비스 이용료, 콘텐츠 판매 등이다. 최근 들어서는 SNS를 중심으로 무료 게임을 제공하는 한편 소셜게임 등을 유료로 제공하는 비즈니스 모델도 확산되고 있다.

클라우드와 빅데이터 등 인터넷에 기반한 신산업은 세계적으로 전체 IT산업 성장률의 7배에 이를 정도로 급속히 성장하고 있으며, 국내의 경우 현재 통신사업자와 포털 등 대기업 중심으로 서비스가 제공되고 있지만 아직까지는 초기 단계 수준에 머물고 있다[이상규, 2013]. 현재 국내 시장 규모는 사물인터넷이 약 5,700억원, 클라우드가 약 2,400억원, 빅데이터는 약 1,400억원으로 세계 시장 대비 0.2～1.9% 수준에 불과하다[아시아경제, "미래부, '인터넷신산업' 육성 나선다…일자리 5만 개 창출", 2013. 6. 14]. 이러한 현상을 타개하기 위하여 인터넷 신산업 정책으로 2017년까지 인터넷 신산업 관련 1,000개 창조기업, 시장 규모 10조원, 일자리 5만 개 창출을 목표로 미래창조과학부가 사물지능통신[M2M] · 클라우드 · 빅데이터 · 미래인터넷 등 인터넷 신산업 육성을 추진하고 있다[아시아경제, "미래부, '인터넷신산업' 육성 나선다…일자리 5만 개 창출", 2013. 6. 14].

(2) 정보통신산업의 발전 트렌드와 경영 이슈

정보통신산업 발전은 다양한 경로를 통해 발생하고 있다. 특히 디지털 융합 현상을 통해 공진화가 일어나며, 네트워크 · 콘텐츠 · 기기 영역에서 창조적 파괴 및 혁신적 융합을 통해 신개념의 제품 · 서비스 · 비즈니스 모델이 창출되고 있다. 기업들은 이러한 새로운 비즈니스 모델 창출에 따라 새로운 영역으로의 진출을 모색하고 있다. 디지털 융합을 통한 정보통신산업의 발전은 C[Contents]–P[Platform]–N[Platform]–T[Terminal]라는 가치사슬의 De-coupling 및 Re-coupling을 통해 보다 복합 · 다양화되고 있다. 이러한 현상은 다른 산업으로 전이되며 새로운 형태의 융합 현상을 촉진할 것으로 전망된다.

이러한 융합 현상에 따라 수직 통합 구조를 갖고 있던 정보통신산업은 향후 가치사슬 내 동일 영역 간의 수평통합구조가 고도화되며 영역별 경계가 무의미해질 것으로 전망된다. 이러한 수평통합구조에 여타 산업의 기능들이 통합됨에 따라 다양한 종류의 컴퓨팅 기능이 사물 및 생활 환경 속에 내재화되어 네트워크를 통해 서로 연결되고 시간과 공간의 제약 없이 실시간으로 정보를 인지 및 전송하고 처리할 수 있는 환경이 구축될 전망이다.

네트워크의 연결성이 확대됨에 따라 멀티디디어 기기의 증가 및 기기 간 상호연동이 가능해지고, 유무선 전화망, 위성통신망, 디지털 방송망 등에 대한 망網, Network의 통합이 이루어질 전망이다. 이에 따라 향후 서비스는 망의 특성에 관계없이 개발될 것으로 보인다. 특히 UUbiquitous-컴퓨팅이 가능해짐에 따라 다양한 사물에 지능화된 컴퓨팅 시스템이 적용되며, 사용자가 컴퓨팅을 인식하지 않는 사물 및 생활 환경 경험이 가능할 것으로 보인다.

기존의 e-비즈니스가 요소 기술의 표준화와 같은 기술적 경쟁우위를 특성으로 나타내고 있다면, uUbiquitous-비즈니스는 지능형 센서 기반의 상황 인지 기술, 지능적 협조에 기반한 커뮤니티 컴퓨팅 등을 특성으로 한다. e-비즈니스를 통해 온라인 상거래가 등장하여 기존 유통산업 구조에 큰 변화를 일으켰고, 이에 따라 소비자의 구매 행태에도 변화가 일어났었다. 이러한 변화는 u-비즈니스의 등장에 따라 개인화된 서비스의 강화 및 고객의 적극적인 가치 창출 참여와 상황 기반 서비스가 고도화됨에 따라 더욱 심화될 전망이다.

김경규 · 박성국2009은 비즈니스 모델 관점에서 유비쿼터스 컴퓨팅 환경을 설명하고 있는데, 첫째, 네트워크로 연결된 각종 지능형 센서예: RFID, Smart Dust, u-Mirror 등가 도처에 존재하여 사용자의 행위와 정황에 대한 정보를 지속적으로 수집하여 고객이 처한 상황에 적합한 개인화된 서비스 제공이 가능하며, 둘째, 네트워크를 구성하는 컴퓨터 간의 지능적 협조에 의해 이루어지는 커뮤니티 컴퓨팅으로서 특정 상황에 처한 고객에게 필요한 서비스를 제공하기 위해 여러 컴퓨팅 자원들이 동적으로 커뮤니티를 형성하여 서비스를 제공하게 되며, 이를 위해 다양한 이기종과 분산 환경이 끊기지 않게 융합할 수 있는 협업 기술이 요구되고, 셋째, 특정 상황에서 고객의 요구를 충족시키는 서비스 제공 과정과 결과를 학습하여 고객의 요구를 정확히 이해하고 환경변화에 대한 적응력을 높여가는 자율 학습 기능이 강화되어 고객과 컴퓨터 사이에 반복적인 상호작용을 거쳐 고객의 거래가 이루어짐과 동시에 정보, 거래 상황정보, 거래 결과 등이 누적되고, 컴퓨터가 이를 스스로 수집 · 분석 · 학습하게 되므로, 개인정보의 활용 측면에서 프라이버시 및 개인정보 보호가 매우 중요해질 것으로 전망하였다.

이와 같은 정보통신산업의 발전 트렌드가 의미하는 바는 향후 정보통신시장의 진화 체계가 연속적이지 않다는 것과 시장에서의 경쟁요인이 보다 지능화된 u-서비스가 될 것이라는 것으로 의미한다. 그리고 이러한 트렌드에 따라 기업의 경쟁우위 확보 전략 역시 변화되어야 할 것으로 전망된다. 이전에는 기업이 경쟁우위 확보를 위해서는 자원기반 전략resource-based strategy에 따라 경쟁에 필요한 자원을 내재화하는 방식의 전략을 취해 왔다. 그러나 정보통신산업의 발전 트렌드는 이러한 방식으로 기업이 더 이상 경쟁우위를 확보할 수 없다는 것을 시사하며, 이전과는 다른 전략을 취할 것을 요구하고 있다.

본 장은 정보통신 분야의 경영 이슈에 대한 이해를 위하여 정보통신 산업 발전 트렌드에 따라 정보통신 기업의 새로운 전략 대안으로 부상하고 있는 디지털 비즈니스 생태계에 기반한 경영전략 환경변화 대응 이슈와 전략적 이슈 등에 대해 다룬다. 본 장에서는 비즈니스 생태계에 대한 전반적인 논의를 위하여 디지털 생태계 미래 전략 장석권 · 신민수 외, 2007을 인용하여 설명을 전개하였다.

2. 디지털 비즈니스 생태계에 대한 이해

(1) 생태계 이론의 등장 배경

정보통신산업은 혁신적인 기술의 등장과 소비자 요구의 진보에 따라 새로운 진화 국면을 맞이하고 있다. 특히 컴퓨팅 기술과 통신 네트워크의 융합은 새로운 서비스 제공을 위한 통신 네트워크 기능의 확산을 불러 일으켰다. 또한 전 세계적인 현상이 되고 있는 정보통신산업에 대한 탈규제화는 정보통신산업의 경쟁체계를 보다 개방된 시장에서의 경쟁체계로 변화시키고 있다. 이러한 개방된 시장으로의 경쟁환경 변화는 새로운 정보통신 사업자들의 등장을 촉진시켰다. 이에 따라 정보통신 사업자들은 이전보다 더 심해진 경쟁 속에서 생존을 위한 다양한 경영전략을 모색하지 않을 수 없게 되었다.

이러한 새로운 전략 수립을 위한 접근법 중 하나로 떠오른 방법이 생태계 접근법이다. 생태계 관점은 경영환경을 하나의 유기적인 시스템으로 이해하자는 것으로, 정보통신산업을 구성하는 기술, 산업, 이용자 간에 서로 영향을 주고받으며 다양한 관계를 형성하는데, 이러한 관계 속에서 경쟁과 진화가 동시에 이루어진다는 새로운 경영환경 인식방법이다.

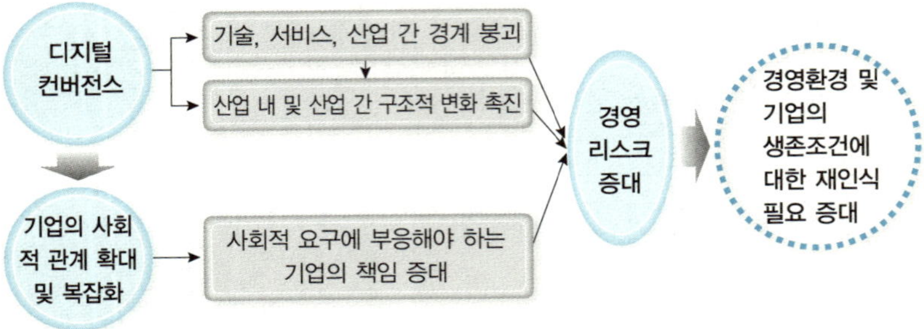

그림 3-1 생태계 관점 등장의 요인과 기업 경영에 대한 영향

기존의 정보통신산업 관점은 기술이 개발되면 이를 산업화하고 생산된 서비스 혹은 제품을 소비자가 소비하는 방식이었다. 그러나 생태계 관점에서는 소비자가 과거와 같이 수동적 소비자가 아니라 정보통신 가치사슬의 중심에서 혁신적 역할을 하며 새로운 제품과 서비스의 생산을 촉진하고 때로는 생산 과정에 직접 개입하는 능동적 소비자로 인식하고 있다. 이러한 소비자의 능동적 욕구 발현에 따라 정보통신 기업들은 생존을 위해 소비자들이 요구하는 모든 기능과 품질을 갖춘 제품 혹은 서비스를 생산하여야 하는데, 특정 기업이 소비자가 요구하는 모든 기술적 기능을 내재화하기에는 너무 많은 비용과 시간이 소요된다. 이러한 문제점을 해결하기 위하여 정보통신 기업은 정보통신 생태계에 참여하고 있는 다른 기업들은 물론 이용자들과 협력 관계를 맺고 시장에서 경쟁력을 확보하는 전략을 취한다. 이러한 전략을 실행하는 과정에서 기존의 산업경제 관점과 생태계 관점 간에 기업의 자원배분 전략이 다르게 나타난다. 기존의 산업경제 관점에서는 특정 기업이 단독으로 보유한 자원을 특정 분야에 집중적으로 투입하여 경쟁력을 확보하는 전략을 취하는 반면, 생태계 관점에서는 다른 기업과의 협력적 경쟁coopetition과 공진화co-evolution를 위해 자원의 분배적 · 균형적 투입 전략을 취한다. 이러한 생태계 관점은 산업 전반에 걸친 디지털 융합digital convergence의 진행으로 기업의 사회적 관계가 더욱 확대되고 복잡해짐에 따라 경영 위험risk의 증가가 발생하여 기업의 경영환경 및 생존 조건에 대해 근본적인 재인식이 필요함에 따라 등장하였다.

(2) 디지털 생태계 개념의 이해와 관련된 이론

디지털 생태계 개념에 대한 이해를 위해 생물학적 생태계Biological Ecosystem, 산업생태계Industrial Ecosystem 및 사회생태계Social Ecosystem에 대하여 우선적으로 살펴볼 필요가 있다. 생물학적 생태계는 생물체 및 그 외부 환경으로 구성된 생태계, 즉 자연생태계를 의미한다. 생물학적 생태계는 수많은 유형 혹은 군집으로 나누어지며, 단순한 분류보다는 그들이 어떠한 관계로 맺어지고 있느냐에 대한 이해가 보다 중요하다. 생물학적 생태계는 에너지, 영양소, 유기물 등으로 구성된 연속체, 즉 지구 생물권으로서, 자연의 무질서한 현상들과 다양한 종種들 간의 경쟁에 반응하면서 역동적으로 변화한다. 산업생태계는 물적 재화 및 서비스의 생산을 위해 대기업과 중소기업 등 다양한 기업들로 구성된 생태계로서, 지속 가능 발전의 원리를 모든 산업 운영에 도입하기 위해 Robert Frosh와 Nicholas Gallopoulos[1989]에 의해 최초로 제시되었다. 사회 생태계는 가족, 회사, 교회, 정당 등 공동생활을 영위하는 모든 형태의 인간 집단 생태계로서, 사회생태계 내 여러 기관들 간의 복잡한 상호작용과 더불어, 한 조직 내에서도 개인들 간의 서로 다른 상호작용 및 조직 요소들 간의 상호 영향으로 인하여 조직의 복잡성이 증가하는 특성을 갖는다[Mitleton-Kelly, 2003]. 디지털 생태계 개념은 이러한 생물학적 생태계 개념을 바탕으로 구축된 산업생태계와 사회생태계 개념이 결합된 개념이라고 할 수 있다.

현재 정보통신산업에서 사용되고 있는 디지털 생태계 개념은 EU에서 제시되었던 디지털 생태계[Digital Ecosystem]를 기반으로 하고 있다. 디지털 생태계는 크게 두 가지 개념으로 이해되고 있다. 협의로는 디지털 생태계를 지원하는 디지털 실행 환경을 의미하나, 광의로는 디지털 기술에 의해 영향을 주고받는 경제사회 생태계를 의미한다. Jame F, Moore[1993]에 의하면 디지털 생태계는 소비자, 생산자, 경쟁기업, 금융단체 등의 공공단체, 시민단체, 표준화기구와 같은 공공기구, 주주, 노동조합, 정부 및 준 정부기관, 그리고 그 외 모든 이해관계자로 구성된다. 이는 디지털 생태계에 경영과 관련된 모든 이해관계자가 참여하며, 기업은 생존을 위해 모든 참여자와 상호작용을 통해 협력과 경쟁을 하며, 공진화하는 과정을 거쳐야 함을 의미한다. EU에서 제시한 디지털 생태계는 기본적으로 개방 구조의 인프라를 축으로 하여 다양한 기업들이 혁신을 일으킬 수 있는 환경을 구성하고 이를 통해 경제성장을 꾀하는 것을 목표로 한다. 유럽 경제에서 중소기업의 비중은 99.7%에 달할 정도로 중소기업의 역할은 대단히 중요하며, 디지털 생태계 연구에 있어 이들 중소기업의 참여 및 생산성 혁신은 경제성장에 매우 중요하다. 그런데 중소기업의 생산성 혁신이 이루어진다 하여도 경쟁력을 갖춘 거대기업과 경쟁을 하기에는 한계가 있다. 이러한 문제점을 극복하고자 제시된 것이 유럽의 디지털 생태계이다. EU의 디지털 생태계 구성 목적은 중소기업에게 언제, 어디서나 접속이 가능한 B2B Business to Business Platform을 제공하여, 중소기업 간에 역동적 거래관계의 형성 및 시너지 창출을 통해 EU의 지속적 성장을 도모하는 것이다. 이를 위해 제시된 B2B Platform은 생태계에 참여한 모든 중소기업 간의 활발한 협력이 가능하도록 개방형 구조로 구성되며, 이것이 EU의 디지털 생태계를 구성하는 핵심 요소이다.

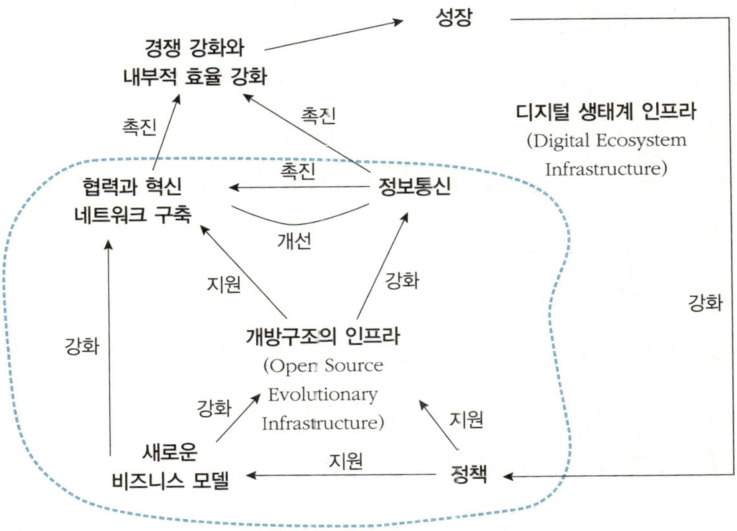

그림 3-2 EU의 디지털 생태계

정보통신 경영의 핵심적인 도구로 떠오르고 있는 디지털 생태계 개념은 이러한 EU의 디지털 생태계를 정보통신산업 전반에 적용하여 국가 경쟁력을 향상시키고자 하는 것이다. 디지털 생태계에 관련되어 모든 학자들의 지지를 받는 단일 이론은 아직 등장하지 않은 상태이다. 디지털 생태계 구성요소들의 정보 생성 및 상호 역학 관계를 분석하는 데 사용될 수 있는 이론들로는 정보화 및 표준화에 관한 이론과 시스템의 제어 및 통제에 관련된 이론, 조직화 및 계층화에 관련된 이론들이 있다. 정보화 및 표준화에 관련된 이론은 정보의 전달 및 처리에 관한 이론인 정보 이론Information Theory이 있는데, 디지털 생태계 구성요소들인 소비자, 사업자, 산업, 정부, 기술, 상품 등 상호 간 정보의 수집, 가공, 전달 등에 적용할 수 있다. 또 다른 이론으로 네트워크 이론Network Theory과 열역학 이론Thermodynamics이 있다. 네트워크 이론은 node와 arc를 통한 정보의 교환 및 상호 의존성, 상호 이익, 관계 등을 표현하는 이론으로 디지털 생태계의 구성요소들인 소비자, 사업자, 산업, 정부, 기술, 상품 등을 node로 하고, 상호 관련성을 arc로 모델링하여 전체를 하나의 N/W 차원에서 분석할 수 있다. 열역학 이론은 열과 다른 형태의 에너지와의 관계를 다루는 물리학의 한 분야로서 에너지의 전달 및 파동 등을 분석할 때 사용되며, 디지털 생태계의 구성요소들인 소비자, 사업자, 산업, 정부, 기술, 상품 등이 상호 간 교환하는 각종 정보, 물질 및 영향력 등을 상호 전환 가능한 하나의 에너지 차원으로 모델링하여 이들의 가치 및 전달과정을 표준화할 수 있다.

디지털 생태계 시스템의 각 구성요소들 간 상호관계 및 정보교환 등의 이해를 위해 제어와 통제에 관련된 이론들이 다양하게 연구되고 있다. 디지털 생태계 구성요소들 간의 제어관계를 분석하는 데에 있어서 인공두뇌학Cybernetics과 제어이론Control Theory이 있다. 인공두뇌학은 생체, 기계, 조직 등에서의 제어 및 통신 문제를 연구하는 분야로 인공지능, 제어공학, 통신공학 등에 활용되며, 디지털 생태계의 구성요소들인 소비자, 사업자, 산업, 정부, 기술, 상품 등 상호 간 정보 교환과 제어 관계를 전체 DE 시스템의 관점에서 모델링 및 분석하는 데 적용할 수 있다. 제어 이론은 전자, 기계 시스템 등에서의 제어 문제를 연구하는 분야로 시스템의 안정성, 최적화, 비용 최소화 등에 활용되며, 디지털 생태계의 구성요소들인 소비자, 사업자, 산업, 정부, 기술, 상품 등의 상호 간 관계를 통하여 유동적인 상황에 맞추어 전체 DE 시스템을 목적하는 방향으로 제어할 수 있다.

디지털 생태계가 지속적으로 유지되고 발전하기 위해서는 그 생태계가 어떻게 생겨났고 또 어떤 형태로 구성되어 있는지에 대한 이해가 무엇보다 중요하다. 구성요소들 간의 조직관계를 분석 · 이해하는 데 있어서 자기 조직화Self-Organization 이론과 계층 이론Hierarchy Theory이 활용된다. 자기 조직화 이론은 외부의 영향력 없이 시스템의 내부 요소들 간의 조직체계가 스스로 복잡화 및 성숙화를 이룬다는 이론으로 로봇공학, 도시 이미지, 웹 커뮤니티 형성 등에 활용되며 디지털 생태계의 구성요소들인 소비자, 사업자, 산업, 정부, 기술, 상품 등이 외부 영향력 없이 자체적으로 조직의 복잡화 및 성숙화를 이루어 나간다고 주장할 수 있는 근거를 제공한다. 계층 이론은 모든 유동적인 시스템에는 계층구조가 성립된다는 이론으로, 계층구조를 통해 조직이 진화하며 또한 이를 통해 계층구조가 다시 변화되는 과정을 설명하며, 디지털 생태계의 구성요소들인 소비자, 사업자, 산업, 정부, 기술, 상품 간의 계층구조가 자연적으로 성립되며, 이를 바탕으로 DE가 진화함과 동시에 다시 계층구조로 적응되어 가는 과정을 설명할 수 있다.

(3) 디지털 생태계 해외 동향과 생태계 경영의 구현 사례

디지털 생태계를 주도하는 해외의 대표적 기관으로는 EU유럽연합와 WEF세계경제포럼의 사례를 들 수 있다. EU는 2002년 미국에 뒤진 SW 산업의 부흥전략으로 ICT 기반의 'Digital Business EcosystemDBE'을 제안하였다. WEF는 2006년 다보스포럼의 의제로서 'Fostering the Digital Ecosystem'을 선정하고 연구과제로 추진한 바 있다. WEF World Economic Forum에서는 2006년 다보스 포럼 의제로서 'Fostering Digital Ecosystem'을 선정하였으며 논의 결과의 일환으로 건강한 디지털 생태계가 갖추어야 할 요인들을 제시한 바 있다. 2007년도 WEF에서는 기술과 사회 · 경제 · 지정학 및 비즈니스 관점에서 '힘의 이동'에 관한 토론이 이루어졌으며, 힘의 축이 복잡한 방식으로 확산되고 있지만 지혜를 모은다면 번영이라는 새로운 길을 열 수 있을 것으로 전망하였다. 이러한 변화에 대응하기 위하여 WEF는 2007년도에 디지털 생태계의 건강성을 측정하는 요소로 생산성, 다양성, 협동, 진화 등을 주요 요소로 제안하였다. WEF에서 제시한 요인들은 향후 디지털 생태계에 따른 정보통신산업 및 기업 전략을 수립할 때 반드시 고려해야 할 요인들이다.

이러한 디지털 생태계 관점의 경영을 통해 성공한 기업 사례로는 구

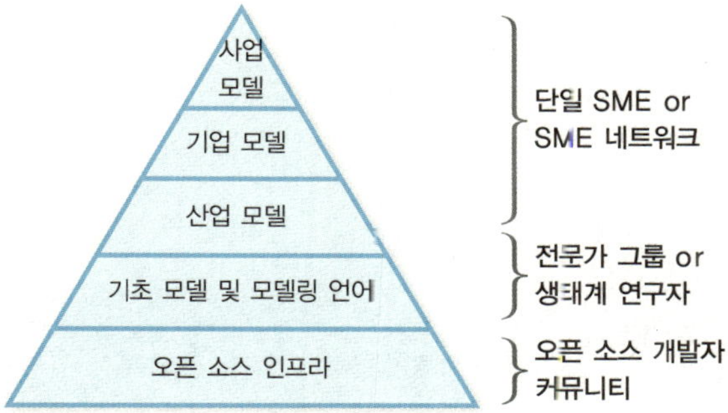

그림 3-3 EU의 디지털 비즈니스 생태계 연구 대상 및 주제

글Google, 월마트Wal*Mart, 레고Lego 등이 있다. 1998년 9월에 설립되어 2004년 8월 나스닥 상장에 성공한 구글은 상장 후 1년 만에 시가 총액이 100조를 넘으면서 미국 내 20대 기업에 포함되었다. 구글은 그 후 IBM, Microsoft 등이 이루지 못한 많은 기록을 달성하였다. 구글이 이러한 성공을 거두게 된 직접적 요인은 차별화된 검색기술이다. 이를 통해 경쟁자를 모두 제치고 검색시장의 가장 강력한 사업자가 되었다. 그런데 그 이면에는 개방, 참여, 공유 및 고객 중시 등 디지털 생태계의 축을 이루는 요인들이 구글의 성공을 뒷받침하였다. 구글은 크롬과 안드로이드 등 개방형 플랫폼을 구축해 구글과 협력 관계에 있는 개별 사업자들에게 제공함으로써, 개별 사업자들이 자발적으로 플랫폼 개선 및 진화에 참여하도록 유도하였다. 구글은 이와 같이 협력 관계에 있는 모든 기업들의 집단 지성을 활용해 가치를 창출하였다. 또한 이러한 협력 기업들이 자발적으로 참여하는 원인이 되는 고객 기반 마련을 위해, 한 번의 클릭으로 고객이 원하는 콘텐츠에 신속히 접근할 수 있도록 하였다.

1962년 미국 아칸사스에서 1호 할인점을 개점했던 월마트는 2002

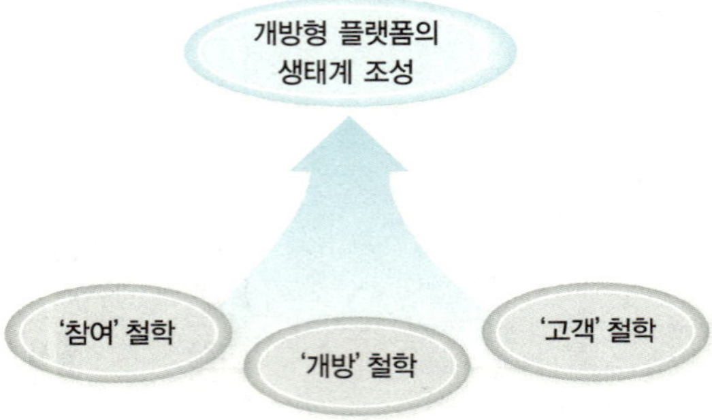

그림 3-4 구글의 비즈니스 철학 : 참여와 개방

년 Fortune 선정 세계 500대 기업 중 1위에 올랐으며, 현재도 안정적인 공급망 관리와 성공적인 시장 개척을 이루면서 유통업에 있어서 세계 1, 2위를 다투고 있다. 월마트 생태계의 핵심 기반은 최신 디지털 정보기술을 통한 고객 가치의 구현이라고 할 수 있다. UPC[상품 코드]와 RFID[칩 인식] 등의 디지털 정보기술을 활용하여 비용 절감과 재고 감소는 물론 다양성과 생산성, 협력 등 디지털 생태계의 중요한 가치를 달성하였다. 특히 월마트는 자신이 보유하고 있는 유통정보시스템을 개방하여 월마트에 제품을 납품하고자 하는 이라면 누구나 접속 가능하게 하여 제품 공급자 들의 생산성 제고를 유도함은 물론 가장 저렴한 비용으로 가장 높은 품질의 제품을 공급받았다.

세계에서 가장 길다는 남미의 아마존 강에서 이름을 따와 세계에서 가장 큰 서점을 추구한다는 Amazon.com은 세계 최초로 사명에 '닷컴' 을 사용하면서 세계 전자상거래의 시작을 알렸다. Amazon.com은 끊이지 않는 혁신과 흔들림 없는 신념을 바탕으로 고객 중심의 온라인 생태계를 구축하였다. 특히 아마존은 고객 전문회사임을 선언"We are not a book company. We' re not a music company. We' re not a video company. We' re not an auctions company. We' re a customer company." J. Bezos, 1999.4. 하였다. 세계 최초로 수익배분 프로그램을 도입하여 전자상거래 혁명 및 제휴 마케팅 확산에 일조하였으며, 흩어져 있는 80%의 고객에 집중하여 전체 매출의 50% 이상을 올린다는 롱-테일Long-tail 마케팅 성과를 거두었다.

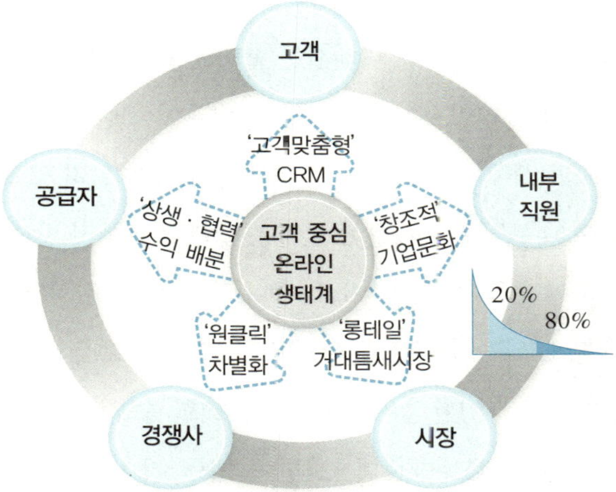

출처 : 장석권 · 신민수 외(2007).

그림 3-5 아마존의 온라인 생태계 : 고객 중심

레고는 MIT와 함께 Mindstorms를 개발하였다. 그런데 제품 출시 2주 후에 해커Hacker가 코드의 일부를 해독하여 인터넷에 유출하였다. 해커들은 유출된 코드를 이용하여 Mindstorms 작동을 위한 더 개선된 소프트웨어를 개발하기에 이른다. 경쟁자가 유출된 코드를 이용하여 제품을 복제할 수 있음에도 불구하고 레고는 해커를 고발하지 않기로 결정하였다. 오히려 레고는 해커의 가장 좋은 아이디어가 포함된 2.0

버전과 개발자용 Kit를 출시하였다. 레고 해커는 베타 버전 테스트를 위한 자원봉사팀의 일원이 되었고 레고 개발팀이 계획된 수준을 넘는 Mindstorms를 개발하는 제품 개발 전문가로 변신하였다. Mindstorms의 개방형 커뮤니티Open Source Community는 제품 혁신을 촉진했을 뿐만 아니라 레고 Mindstorms를 레고에서 출시한 상품 중 가장 수익이 높은 상품 중의 하나로 만들었다. 이와 유사하게 IBM의 CEO Sam Palmisano도 IBM이 경쟁력을 확보하기 위해서는 발명품을 시장에 제공하는 데 그치지 않고 혁신을 불러일으키는 데 초점을 맞추어야 한다고 주장하고 있다. 그는 IBM의 성공 여부가 혁신 생태계의 구축에 달려 있고, 이 생태계를 이용하여 내부적으로 개발된 발명은 물론 외부에서 발생한 발명을 어떻게 적용하여 충족되지 않는 소비자 니즈를 만족시킬 수 있는 혁신적 제품을 생산할 수 있는가 여부에 좌우된다고 지적하고 있다.

오늘날 기업의 경영환경은 과거와는 비교할 수 없을 정도로 빠르고 변화무쌍하게 진행되고 있으며, 그만큼 기업 경영에 있어서 치명적 Risk의 발생 가능성도 높아지고 또한 부지불식 중에 놀라운 사업기회를 놓칠 수도 있다. 정보통신산업 환경 역시 과거와는 비교할 수 없을 정도로 빠르게 변화하고 있다. 특히 그 변화의 방향이 과거와 달리 연속성을 전혀 갖고 있지 않는 불연속적Discontinuous인 특성을 보이고 있다. 이러한 상황에서 기업 경영은 항상 치명적인 위험에 직면할 수 있고, 때로는 적시에 사업 진출을 못하여 기업의 사활이 엇갈릴 수도 있다. Google, Wal-Mart, Amazon 등 생태계 경영을 실현한 기업들은 자기 나름의 핵심 경쟁력을 확실히 하고, 자기가 속한 비즈니스 영역의 다양한 기업들과 상생적 협력 관계를 구축하여 생태계 전체의 공동체 의식을 강화하고 이를 바탕으로 공동의 성장과 발전을 이룩하였다. 이상에서 예를 든 기업 이외에도 IBM, Microsoft, 3M, Siemens, YouTube 등도 끊임없는 기업변신과 함께 그때마다 자신의 생태계를 재정의하고 확장해 나가면서 지속적 성장을 추구하고 있다.

3. 정보통신산업에 대한 생태계적 접근

(1) 정보통신산업의 생태계적 특성

정보통신산업은 다양한 영역과 상호작용을 거치며 산업생태계를 구성하고 있다. 산업생태계란 산업환경 내의 모든 이해관계자들이 생태계의 주체들처럼 긴밀하게 연결되어 있어 서로 상호작용하는 시스템 또는 경제공동체로 정의된다(산업연구원, 2011). 정보통신산업 생태계에 속한 주체들은 기술혁신을 둘러싼 역량을 공진화시키면서 새로운 제품을 지원하고 고객의 욕구를 만족시키며, 다음 단계의 기술혁신을 통합하기 위해 협조적이면서도 경쟁적으로 움직이는 시스템으로서 활동한다.

정보통신산업은 타 산업보다 강한 산업생태계적 특성을 보유하고 있다. 정보통신산업은 타 산업이 4계층의 생태계를 구성하는 것에 비해 보다 복잡한 6계층의 구조로 형성되어 있다. 산업생태계는 통상 소재 및 부품, 핵심 제품 및 서비스, 기타 시스템 구성요소, 소비자 등의 4계층 구조로 형성된다. 계층 3의 기타 시스템 구성요소는 핵심 제품 및 서비스를 공급하기 위한 플랫폼 및 이들의 사용을 가능하게 하는 보완재 등 생태계 시스템을 이루는 기타 구성요소를 의미한다. 이에 비해 정보통신산업 생태계는 6계층 구조를 형성하되, 콘텐츠 · 애플리케이션 · 서비스와 미들웨어 계층과 네트워크 운영 계층 사이에 인터넷이 존재하여 계층 간을 연결하는 구조로 이루어져 있다.

표 3-1 Fransman의 6계층 생태계 모델

	주중	포함 산업
계층 6	최종 소비(final consumption)	
계층 5	콘텐츠, 애플리케이션, 서비스 (content, applications and services)	음악, 영상 등 콘텐츠, 응용 소프트웨어, 기타 서비스
계층 4	미들웨어(navigation, search and innovation platforms)	인터넷 브라우저, 검색, 보안 솔루션 등 미들웨어
계층 3	연결성(connectivity)	ISP 등 인터넷 접속 산업
계층 2	네트워크 운영(network operating)	유무선 통신, 케이블TV, 위성 등 방송산업
계층 1	네트워크 요소(networked elements)	통신장비, 컴퓨터, TV 등 소비자 가전, 반도체 등 부품, 시스템 소프트웨어

출처 : Fransman(2010).

정보통신산업 생태계는 통상의 산업생태계에서 최종 생산자, 부품 공급자, 수요자 외에 다양한 영역에서 다양한 경쟁자 및 보완재 생산자 등이 존재한다. 정보통신산업 생태계는 네트워크 요소, 네트워크 운영, 인터넷 접속, 미들웨어, 콘텐츠 · 애플리케이션 · 서비스 등의 계층에서 다양한 경쟁자 및 보완재 생산자 등이 존재한다. 이에 따라 타 산업생태계에 비해 정보통신산업 생태계의 이해관계자들은 서로 독립적이면서도 상호 연결되어 있어 가치창조 활동이 매우 복잡하게 형성되어 있다.

정보통신산업 생태계는 타 산업생태계에 비해 의존관계를 갖는 계층 내 요소들 간 많은 수의 소비조합이 가능하여 다양한 공진화의 실현

가능성이 높다. 예를 들어 음악, 영상 등의 콘텐츠, 응용 소프트웨어, 기타 서비스 등의 소비를 위해 인터넷 브라우저, 검색 등의 미들웨어와 인터넷 접속 기능과 유무선 통신, 케이블TV, 위성 등의 매체가 공급되어야 한다. 또한 서비스 및 애플리케이션, 미들웨어, 인터넷 접속, 네트워크 운영 등의 계층 내 다양한 요소 간 조합이 가능하여 다양한 공진화 가능성이 존재한다. 공진화란 생태계 내 서로 상호 의존하는 관계자들이 끊임없는 변화를 통해 선순환고리를 형성함으로써 서로의 진화 및 발전을 유도하는 현상을 의미하는데, 마이크로 프로세서와 소프트웨어의 공진화를 예로 들 수 있다. 정보통신산업 생태계는 기술의 급진적인 발전과 이에 따른 소비자 수요가 고도화되는 환경에 생태계 이해관계자들이 적응하는 속도가 빠르다.

정보통신산업 생태계도 생성Birth, 확장Expansion, 리더십Leadership 확보, 자기재생Self-Renewal 등의 4단계로 진화한다. 그 규모는 작지만 성장률은 기존 모델보다 높은 경향을 보이는 새로운 생태계의 모델이 출현생성하여, 기존 산업에서 기반을 잡을 수 있을 만큼 성장률이 충분히 높아지게 된다. 리더십 확보 단계에서는 새로운 생태계 모델이 산업을 지배할 정도의 수준이지만 성장률이 둔화되기 시작하다가 자기재생을 통해 성장 규모가 더 커지게 되거나, 변화에 대응하지 못하여 정체될 때에는 쇠퇴하게 된다.

정보통신산업 생태계는 생성 및 확장의 초기 2단계에 걸쳐서 일반적으로 산업생태계의 진화 단계와 유사한 협력 및 경쟁 요인이 발생한다. 생성 단계에서는 새로운 혁신적인 비즈니스 모델을 개발하여 기존 사업자의 가치를 능가함으로써 새로운 생태계가 생성되며, 타 기업으로부터 자사의 아이디어 보호가 경쟁요인으로 부각된다.

확장 단계에서는 공급업체와 파트너들과 공동 노력으로 더 큰 시장을 목표로 하는 상품과 서비스를 창출해야 하며, 주요한 세부시장의 우위선점을 통해 시장표준을 장악하는 것이 중요한 경쟁요인이다. 이 단계에서 생태계 구성 사업자 중 경쟁력 있는 사업자에 대해 충분한 교섭력을 확보할 필요가 있으며, 주요 고객 및 가치 공급자를 포함한 이해관계자에 대해 강한 협상력 유지가 필요하다. 이러한 경쟁요인은 리더십 확보 단계에서는 경쟁요인으로 작용하나 다음 단계인 자기재생 단계에서는 이들에 대한 교섭력을 바탕으로 새로운 생태계 조성을 위한 협력요인으로 작용한다.

자기재생 단계에서는 리더십 확보 단계에서 확보한 생태계 내 이해관계자와의 교섭력을 활용하여 새로운 생태계의 조성에 초점을 맞춘다. 이때는 방어적인 경쟁요인보다는 공격적인 협력요인의 개발이 중요하다. 자기재생 단계에서는 기존의 생태계에 새로운 아이디어를 더하여 혁신을 불러일으킬 필요가 있으며, 이에 따라 새로운 아이디어 제공이 가능한 혁신주체들과 공동보조가 중요하다.

또한 기존의 생태계 외에 다른 생태계를 구성하려는 노력에 대한 방어와 경쟁사업자나 소비자로 하여금 기존 생태계에서 제공하는 서비스에서 전환하지 못하도록 전환장벽을 만드는 경쟁요인이 발생한다. 즉, 새로운 아이디어가 고유한 상품과 서비스로 반영되는 시간을 확보하기 위해 높은 고객전환비용을 유지시키는 경향이 있다. 결국 이 단계에서는 다른 혁신기업의 대안적인 생태계 형성 방해와 진입장벽 유지를 통한 경쟁요인에 대한 집착보다는 이들과 새로운 생태계를 함께 조성할 수 있는 기회를 갖도록 협력요인을 공동으로 개발하는 노력이 필요하다.

표 3-2 산업생태계 진화 단계별 협력 및 경쟁 요인

	협력요인	경쟁요인
생성	■ 소비자와 생태계 구성 사업자 간에 추구해야 할 가치가 무엇인지에 대한 공감대 형성 필요 ■ 근본적 혁신과 새로운 가치명제를 정의하는 고객들과 공급업체들과의 협력이 중요	■ 중심자로서 생태계 구성 사업자의 가치를 능가하는 혁신을 유지 ■ 타 기업으로부터 자사 혹은 개인의 아이디어 보호가 중요
확장	■ 시장점유율 확대를 위해 생태계 구성 사업자와 협력을 통해 지속적으로 새로운 제품 출시 필요 ■ 공급업체와 파트너들과 공동 노력으로 더 큰 시장을 목표로 하는 상품과 서비스 창출	■ 중심자의 아이디어를 이용해 의도하지 않은 제품 산출을 막고, 주요 시장을 점유함으로써 중심자의 가치가 시장의 기준임을 인식시킬 필요 있음 ■ 유사한 아이디어의 대안적인 실행의 저지, 주요한 세부시장의 우위선점을 통해 시장표준 장악이 긴요
리더십 확보	■ 생태계를 구성하는 사업자들에게 충분히 공감할 수 있는 비전 제시를 통해 제품의 완성도를 높임 ■ 미래에 대한 강력한 비전 제공이 중요	■ 생태계 내 경쟁력 있는 사업자에 대해 충분한 교섭력 확보 ■ 주요 고객들과 공급업체들을 포함하여 생태계 내 이해관계자들에 대해 강한 협상력 유지
자기 재생	■ 기존의 생태계에 새로운 아이디어를 더하여 혁신을 불러일으킴 ■ 기존 생태계에 새로운 아이디어를 제공하는 혁신주체들과 공동 보조	■ 기존의 생태계 외에 다른 생태계를 형성하려는 노력에 대한 방어가 필요하며 경쟁사업자나 소비자로 하여금 기존 서비스에 대한 전환장벽 필요 ■ 혁신 기업에 의한 대안적인 생태계 형성 방해와 진입장벽 유지 ■ 새로운 아이디어가 고유한 상품과 서비스로 반영되는 시간을 확보하기 위해 높은 고객 전환 비용(customer switching costs) 유지 경향

출처 : Moore(1993).

(2) 정보통신산업 생태계에 대한 접근법

디지털 생태계와 비즈니스 생태계는 기본적으로 서로 다른 개념을 가진 접근법이다.

디지털 생태계는 정보통신산업의 주요 특성인 디지털 환경에 착안하여 네트워크 형태의 관계를 강조하고 종합적인 동태적 시각을 제공한다. 디지털 생태계는 디지털 환경을 구성하는 각 주체가 상호작용하는 과정에서 동반 성장할 수 있는 경제적 공동체의 집합으로 정의된다 KISDI, 2011. 디지털 생태계는 네트워크 및 웹 형태의 관계를 통해 정적 선형 관점이 아닌 종합적인 동태적 시각holistic dynamic view을 제공하며, 단일 제품에 내재된 가치가 아니라 전체 네트워크 가치가 중요하다.

디지털 생태계는 고객, 가치사슬, 제품가치, 협력 및 경쟁, 기업 전략 등의 차원에서 새로운 형태의 생태계적 변화를 묘사한다. 고객이 공동창조자co-creator 및 프로슈머prosumer로, 가치사슬value chain이 가치 네트워크value network로, 제품가치product value는 네트워크 가치network value로 가치창출 개념이 변화된다. 또한 협력 · 경쟁이 협력적 경쟁co-opetition 및 공진화co-evolution로, 개별 기업 전략이 전체적인 가치 생태계value ecology를 고려한 전략으로 변화한다.

그러나 디지털 생태계는 정보통신산업의 특성을 잘 반영하고 있음에도 불구하고 정보통신산업의 복잡한 이해관계가 얽혀 있는 산업구조의 역동성을 설명하기에는 역부족이다. 디지털 생태계가 정보통신산업의 발전에 대한 경향적 분석에는 장점이 있으나 어떠한 동인에 의해 산업이 진화 · 발전하는지에 대한 메커니즘을 제시하는 데는 미흡하다.

생태계 관점에서 새로운 가치의 창출은 일방향성을 갖는 Porter의 가치사슬 모형[1]으로는 설명이 어려우며, 네트워크 형태의 이해관계자의 관계 형성을 통한 가치 네트워크로 설명할 수 있다. 생태계 관점에서는 가치창출 흐름이 공진화, 협력적 경쟁, 동반자 등의 개념으로 변화하고, 기술, 산업, 이용자가 서로에게 긴밀한 영향을 주는 것으로 보고 있으나, 이의 변화 동인에 대한 분석이 미흡하다.

디지털 생태계 접근법과 유사한 접근법으로 비즈니스 생태계 접근법이 있다. 비즈니스 생태계 접근법이 정보통신산업에 부합하는 부분은 정보통신산업에서 변화하는 동인에 대한 분석이 가능한 점이다.

비즈니스 생태계는 상호작용하는 조직과 개인들에 의해 지원되는 경제공동체로 정의되는데, 생태계 내 이러한 구성원들은 분권화되어 있으며 자율적인 통제구조를 보유하고 있다. 비즈니스 생태계 접근이 정보통신산업에서 최근 빈번하게 보이는 상호운명을 공유하며 자생적으로 연결된 비즈니스 공동체의 생성을 효과적으로 설명할 수 있다.

정보통신산업에서는 애플과 같이 새로운 혁신적인 비즈니스 모델을 보유한 리더기업이 비즈니스 생태계를 조성하여 키스톤 기업으로 성장한다. 비즈니스 생태계 내 구성원들은 분산된 의사결정에 따라 상호 경쟁과 협력 메커니즘을 동시에 보유하며, 공동의 가치를 신장하는 목표 하에 자생적으로 자기조직화가 이루어지는 경향이 있다.

이와 같이 디지털 생태계와 비즈니스 생태계는 상호 간에 다른 접근

1. Porter는 개별 활동의 집합으로 한 기업이 생산을 위해 하는 모든 활동의 연결 구조를 가치사슬(value chain)로 정의하였으며, 다양한 기업이 참여하는 산업 전체의 생산관계를 설명하기 위한 개념으로 발전.

법을 지향하지만, 이를 구분하지 않고 디지털 생태계라는 이름으로 두 가지 개념을 모두 의미하는 경우가 일반적이다. 따라서 본 장에서는 디지털 생태계라는 명칭으로 두 가지 접근법을 모두 의미하고자 한다.

4. 디지털 생태계의 비즈니스 이슈

디지털 생태계 개념을 이용하여 경영전략을 수립할 때 우선 고려해야 할 이슈가 몇 가지가 있다. 비즈니스 모델을 어떻게 개발할 것인가와 적절한 수익 배분 방법은 무엇인가, 그리고 디지털 생태계에 참여한 많은 기업과의 관계를 어떻게 설정하고 진화시킬 것인가 등이 우선적으로 고려해야 할 이슈들이다.

(1) 디지털 생태계의 비즈니스 모델

디지털 생태계에서 어떻게 비즈니스 모델을 개발할 것인가를 이해하기 위해서는 우선 가치 창출 요인을 이해할 필요가 있다. 디지털 생태계의 역동성은 기본적으로 고객 니즈, 콘텐츠, 단말기, 규제와 관련된 요인들 사이에서 이루어지는데, 디지털 생태계 비즈니스 모델 개발 과정에서 이들 요인들 간의 관계가 어떻게 구성되는지를 이해함으로써 차별화된 전략을 수립할 수 있다. 고객 니즈란 수요 속성을 의미하는 것으로 이 속성에 따라 진입하고자 하는 정보통신서비스 시장 규모를 결정할 수 있다. 콘텐츠는 정보통신서비스에 직접적인 영향을 주는 것으로 수요를 견인하는 역할을 수행한다. 단말기는 개별 서비스와 복합 서비스 사이의 수요 이동에 직접적인 영향을 미친다. 정보통신산업은 전통적인 규제 산업이어서 디지털 생태계 비즈니스 모델을 개발할 때 반드시 고려해야 할 요인이다. 규제는 시장구조를 변화시키는데, 이러한 구조 변화는 서비스를 기반으로 하는 비즈니스 모델 구성에 간접적으로 영향을 미친다.

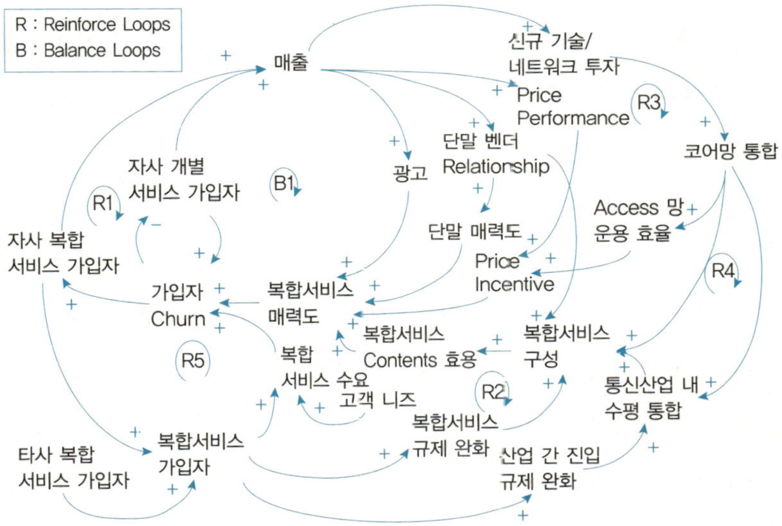

R1 : Economy of Scale & Scope, R2 : 통신산업 규제 완화, R2 : 코어망 통합,
R3 : 통신산업 그룹화, R5 : Network Effect, B1 : Cannibalization

출처 : 장석권 · 신민수 외 (2007).

그림 3-6 디지털 생태계의 역동성과 비즈니스 모델 구성 요인

디지털 생태계 비즈니스 모델을 보다 장기적인 관점에서 개발하기 위해서는 디지털 생태계 개념이 등장하게 된 배경인 디지털 융합을 이해하는 것이 중요하다. 기존 산업 관점에서 디지털 융합은 시장 및 산업

진입 장벽의 제거 및 서로 분리된 시장의 합류 및 통합으로 이해할 수 있다. 그러나 디지털 생태계에서의 디지털 융합은 융합에 의해 새롭고 전문적인 세부 사업들로 구성된 생태계가 고객을 중심으로 새롭게 구성되는 현상을 의미한다.

디지털 생태계 관점에서의 디지털 융합 환경에서 가치를 창출하기 위해서는 소비자 관점에서 해당 기업이 어떠한 전략적 자산을 보유하고 있는가 혹은 향후 전략적 자산을 확보할 수 있는가를 고려할 필요가 있다. 이와 같은 전략적 자산의 확보 여부에 따라 기업의 생태계 내에서의 positioning을 결정해야 한다. 이러한 positioning 결정을 보다 세부적으로 살펴보면 디지털 생태계에 대한 시장 경쟁 관점 분석, 마케팅 관점에서의 분석, 그리고 서비스 개발 관점에 대한 분석이 이루어져야 한다. 시장 경쟁 관점 분석은 시장 환경의 분석을 통해 경쟁 주체를 찾고 서비스 mapping을 통해 비즈니스 모델을 도출하는 과정이다. 마케팅 관점 분석은 고객 니즈 분석을 통한 핵심 요소와 전략적 자유도를 찾고 mapping을 통해 서비스 특징을 도출하는 단계이다. 서비스 개발 관점은 전문가 의견 조사 등을 바탕으로 서비스와 비즈니스 개발 프로젝트를 기술과 고객 측면에서 다시 분석하여 비즈니스 모델을 개발하는 단계이다.

디지털 생태계에서의 비즈니스 모델 개발의 첫 번째 방법은 시장 환경 분석에서 시작되는 시장경쟁의 관점이다. 시장경쟁 관점의 비즈니스 모델 개발 절차는 시장 환경 분석기술, 고객, 경쟁, 정책/규제 등 기업을 둘러쌓고 있는 전반적 경영환경 분석을 수행하고 그 후 경쟁 주체 파악시장에서 경쟁하는 사업 주체에 대한 정의, 서비스 mapping경쟁 주체별로 시장에서의 서비스 역할 및 그에 따른 기회와 위협요인

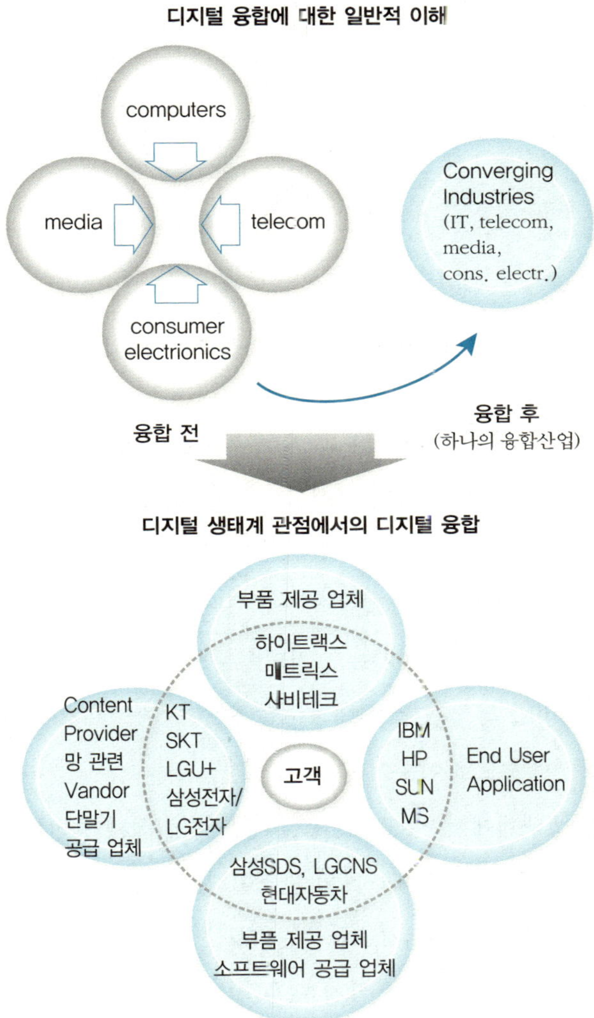

그림 3-7 디지털 생태계 관점에서의 디지털 융합

파악, 서비스 특징 도출비즈니스 모델의 핵심 역할을 할 수 있는 서비스 특징을 도출의 순서로 이루어진다.

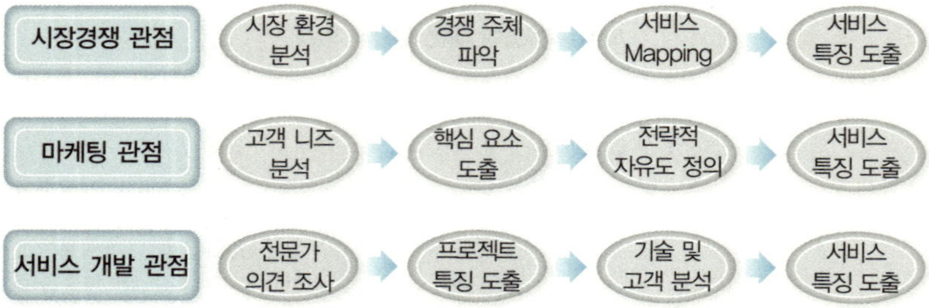

출처 : 장석권 · 신민수 외 (2007).

그림 3-8 디지털 생태계에서의 비즈니스 모델 개발의 3가지 관점

디지털 생태계에서의 비즈니스 모델 개발의 두 번째 방법은 고객 니즈 분석에서 시작되는 마케팅 관점이다. 마케팅 관점의 비즈니스 모델 개발 절차는 고객 니즈 분석고객의 개성, 공간활용, 융 · 복합화 추구, 편리한 생활, 안정 추구 등 고객 요구사항 파악, 핵심 요소 도출awareness, accessibility, responsiveness 영역에서 고객이 이용하는 세부 속성 추출, 전략적 자유도 정의핵심 요소를 구현하기 위한 구체적 조건 또는 기능 등을 명시, 서비스 특징 도출awareness, accessibility, responsiveness 측면에서 비즈니스 모델의 핵심 특징 도출 순으로 이루어진다.

디지털 생태계에서 비즈니스 모델 개발의 세 번째 방법론은 전문가 의견 조사에 바탕을 둔 서비스 개발 관점이다. 서비스 개발 관점의 비즈니스 모델 개발 절차는 전문가 의견 조사학회나 컨퍼런스 등에서 전문가 발표자료 혹은 진행 중인 프로젝트를 조사, 프로젝트 특징 도출서비스와 프로젝트의 mapping을 통하여 프로젝트의 특징을 도출, 기술 및 고객 분석기술과 고객의 mapping을 통하여 비즈니스 모델에 따라 clustering, 서비스 특징 도출비즈니스 모델의 핵심이 될 수 있는 서비스 특징을 파악 순으로 이루어진다.

(2) 디지털 생태계에서의 수익 배분

과거의 산업 환경에서는 기술과 가격 기반의 경쟁이 위주였으나, 디지털 컨버전스 산업 환경에서는 기업 간 경쟁과 협력이 요구되고 결국에는 수익 배분에도 영향을 미친다. 디지털 컨버전스에서 수익 배분 이슈는 상호접속, 방송콘텐츠, 편의솔루션 등에서 대표적으로 발생하고 있다. 예를 들어 통신산업의 경우에는 유선 상호접속, 무선 상호접속, 유무선 상호접속에서의 수익 분배 이슈가 있고, 방송산업의 경우 지상파 방송, 위성방송, 케이블방송의 콘텐츠 수익 분배 이슈가 있으며, 엔터테인먼트 산업의 경우 영화산업, 음반산업의 가치사슬 구성 주체 간 수익 분배 이슈가 있다.

현재의 사업 환경

- 가격 기반 접근
- 각자 입장에서 수익성을 결정
- 수평적 관점에서 공정경쟁이 중요
- 수평적 · 수직적으로 균형 잡힌 접근

미래의 사업 환경

- 디지털 컨버전스 : 네트워크 상의 플레이어들의 경쟁과 협력 필요성 증가
- 일상적 규제의 해체 : 디지털 생태계 자체의 안녕 추구
- 비용 분담뿐만 아니라 생태계 전체 관점에서 수익 배분
- 두 가지 환경 기준 : 지속 가능성과 공정성

그림 3-9 과거와 현재의 산업 환경

구체적으로 통신산업에 있어 유선 통신사업자 간, 무선 통신사업자 간, 유선-무선 사업자 간 연동에 따른 상호정산과 재판매사업자와 통신사업자 간 정산 등 정산처리에 대한 수익 배분 이슈가 발생하고 있다.

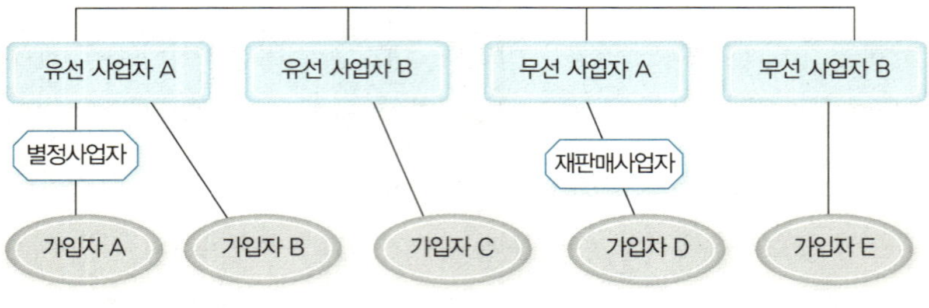

출처 : 장석권 · 신민수 외 (2007).

그림 3-10 통신산업에서의 상호 접속 이슈

이와 같은 현상은 주지하는 바와 같이 영화산업에서도 발생하고 있다. 영화산업은 디지털 기술의 발전으로 기존의 순차적 유통방식에서 동시 유통방식으로 변화하고 있다. 무비링크 사례와 같이, 고객의 취향에 따라 고객이 서비스 매체를 선택할 수 있는 다양한 전달매체가 제공되며, 매체에 따라 서로 다른 가격이 형성되어 있다. 언론매체에 많이 보도된 바 있는 음반산업도 동일한 이슈를 안고 있다. 음반산업의 구성 주체들은 공연 관련자, 음반제작 관련자, 오프라인 음반판매 관련자, 온라인 음반판매 관련자 등 다양한 주체들공연 관련자(가수, 연주가, 공연기획사, 공연장), 음반제작 관련자(음반기획사, 음반사), 온 · 오프라인 음반판매 관련자(대형도매상, 중간도매상, 소매상, 온라인 음반 서비스업체)이 협력하고 있으나 분배에서는 상호 대립적인 이해관계를 구축하고 있다.

통상적으로 수익 배분에 관한 당사자 간 합의 혹은 협의사항은 흔히 비밀리에 진행되고 있다. 그러나 산업에 따라 수익 배분의 주체, 수익 배분의 대상 분야, 수익 배분의 구체적 내용 등이 다르게 나타나고 있으며, 디지털 생태계 상황에서는 향후 수익 배분 이슈가 건강한 생태계를 유지하기 위한 중요 이슈가 될 것으로 판단된다. 이러한 이슈에는 아래와 같은 것들이 있을 수 있다.

- **시너지 효과** : 생태계 참여자들을 관리 통제하며, 수익의 총 합을 증가하는 효과가 있는지 여부
- **지속 가능성과 공정성** : 각 Player 혹은 Sub-coalition이 독자 행동을 할 유인 존재 여부와 수익 분배 규칙에 대해 모든 생태계 참여자들이 공정하다고 인정할 수 있는 기즌 제시와 이러한 기준 마련의 책임은 누구에게 있는가 하는 이슈
- **수익 배분의 기준** : 수익 배분에 있어 Player 간의 시장지배력 차이를 반영해야 하는지 아니면 수익성에 대한 Contribution만 고려하는지 혹은 시장지배력 반영 여부 등에 관한 이슈

(3) 디지털 생태계와 복잡계

소비자 역할의 변화, 기업 간 관계의 변화, 디지털 컨버전스를 포함한 기술 진화 및 시장 여건의 변화 등 디지털 생태계 내·외부의 환경변화에 의해 시스템 요소들 간의 전략적 상호작용의 복잡성이 날로 증대하고 있다.

복잡계 이론은 많은 다양한 형태의 요소들이 복잡한 관계 속에 유동

적으로 존재하는 시스템을 모델링하고 분석하는 이론이다. 이러한 복잡계 이론의 특징 및 가정은 다음과 같다.

- 기존의 자연과학이 특정 요소의 이해를 위해 미시적인 분석에 비중을 두었던 것에 비하여 복잡계 이론은 이러한 미시적인 분석으로는 설명이 어려운 거시적인 현상에 초점을 부여함
- 시스템 구성요소들의 행동을 지배하는 의사결정 법칙을 파악하고 예측하기 어려움
- 시스템 구성요소들은 서로 간에 상호작용을 하면서 변화하는 환경에 적응하며 진화함. 이로 인하여 전혀 예상치 못했던 새로운 거시적인 현상이나 일정한 패턴 혹은 보편적 질서가 출현할 수 있음
- 복잡계는 열린 시스템이며, 구성요소는 계층구조를 이루며 또 하나의 복잡계를 형성할 수도 있음

복잡계 이론이 현재 사회경제시스템의 다양한 Dynamics를 설명하는 유용한 안으로 주목받고 있는 이유는 첫째, 합리성rationality 및 균형성equilibrium 등을 전제로 하는 기존의 경제 이론들은 지나친 단순화 과정을 거치면서 날로 복잡해지고 있는 현실을 제대로 설명하지 못하여 왔기 때문이며, 둘째 컴퓨팅 능력의 고도화로 까다로운 복잡계 분석이 보다 용이해지고 있기 때문이다.

복잡계 이론을 생태계 연구에 활용하는 이유는 생태계를 구성하는 개체의 종류와 수가 많다는 점, 생태계를 구성하는 각 개체들의 행동을 지배하는 의사결정 법칙을 잘 알지 못한다는 점, 생태계를 구성하는 개

체들이 서로 다양한 영향을 주고 받으며 변화하는 환경에 적응하여 나간다는 점 등이다.

복잡계 이론을 생태계 연구에 적용함으로써 얻는 기대효과는 상대적으로 성숙 단계에 있는 복잡계 이론의 적용을 통해 성장 단계에 있는 디지털 생태계 이론의 확립에 기여, 복잡계 이론 그 자체의 발전과 응용 분야의 확대를 도모, 이러한 복잡계 관점에서 디지털 생태계의 요소인 ICT 기업이 어떻게 효율적으로 적응하며, 혁신적으로 진화하고 또한 지속적인 성장을 이룰 것인가에 대한 연구를 할 수 있다는 데 있다.

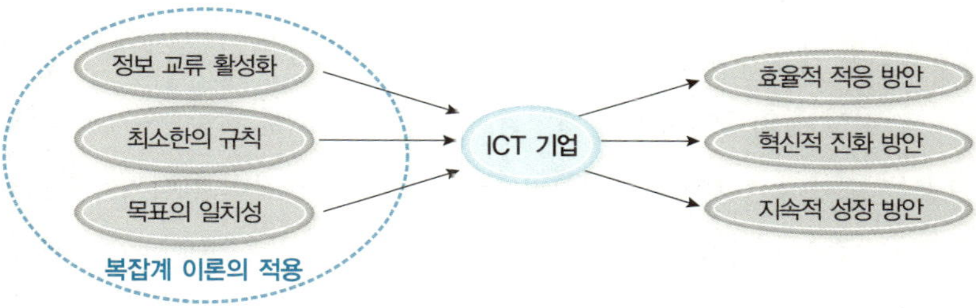

그림 3-11 복잡계 이론을 통한 ICT 기업의 전략 방향

복잡계 이론을 통하여 정보통신 생태계를 분석해야 하는 이유는 정보통신 환경이 끊임없이 변화하므로 ICT 기업 조직이 변화에 적응할 준비를 늘 하고 있지 않으면 자연 도태될 수밖에 없으며, 이에 대한 준비로서 열린 시스템 유지, 조직을 작은 단위로 분할하여 자기조직화Self-Organization가 가능한 분권화된 수평조직을 구성, 정보교류를 활성화하기 위한 정보시스템의 구축을 통하여 행위자들의 상호작용을 증대, 행위자들의 무작위한 일탈을 제어하기 위한 최소한의 규칙 필요, 전체 조직과 행위자들의 목표 간 일치성이 필요하기 때문이다. ICT 기업이 이와 같은 전략을 취해야 하는 이유는 생태계 내 다양성을 기반으로 하는 synergy 창출을 통해 지속적으로 신규 사업모델을 개발하고 신규 시장을 개척함으로써 생태계 전체가 성장할 수 있기 때문이다.

(4) 디지털 생태계와 규제 정책

디지털 규제 정책에서는 디지털 생태계 상황에 대한 규제 정책의 기본 방향은 어떻게 접근할 수 있는가와 디지털 생태계의 발전을 위하여 제기될 수 있는 이슈는 무엇이며, 이에 대한 바람직한 정책 방향은 무엇인가가 주 이슈이다.

디지털 생태계에서의 정책 · 규제 이슈의 이해를 위한 두 가지 관점으로는 소극적 · 방어적 관점과 적극적 · 공격적 관점이 있다. 소극적 · 방어적 관점의 기본 방향은 경영환경의 위험 증대에 대응하기 위하여 위험 감소를 위한 규제 행위이며, 적극적 · 공격적 관점의 기본 방향은 경영환경의 위험 증대에 가치 증대로 대응하는 것으로 가치 증대를 위한 진흥 정책이 주요 이슈이다.

소극적 · 방어적 관점의 규제 이슈로는 다음과 같은 이슈들이 있을 수 있다.

- **서로 다른 행위 규제의 조정** : TIME[Telecom, IT, Media & Entertainment] 영역 각각에서 사업자나 이용자 행위에 대한 규제 내용이 서로 상충되므로, 이에 대한 조정과 단일 규제로 통합하는 문제 상존
- **지배력 전이의 문제** : 특정 산업의 지배적 사업자의 타 영역 진입

에 따른 지배력 전이 가능성 상존

- **Convergence 시장 진입 규제** : 상호 시장개방 여부와 진입 조건을 어떻게 설정하는 것이 DE의 발전에 바람직할지에 대한 고민 상존
- **Convergence 시장에서의 공정경쟁의 개념과 지배적 사업자 규제 정책** : 컨버전스 환경 내 서비스 및 사업자 간 공정경쟁 도입과 지배적 사업자에 대한 규제 수위 문제 상존

적극적 · 공격적 관점의 규제 이슈로는 다음과 같은 이슈들이 있을 수 있다.

- **규제완화와 규제대상의 Unbundling** : 수직적 규제정책에서는 규제가 가치체인의 각 단계별로 분리되어 있지 못하고, Convergence 촉진을 위해서는 Unbundling 방향으로 전개 필요
- **시장획정의 문제** : 시장획정의 규모에 따라 지배적 사업자의 지정이 달라짐방안 1 : 시장획정을 작게 하고 예외적으로 규제완화하는 방안 ; 방안 2 : 시장획정을 크게 함으로써 지배적 사업자의 규제를 풀어주는 방안
- **표준화 및 호환성 규제** : Convergence 활성화를 위한 표준화 촉진과 규제를 통한 호환성 강화 필요
- **Test-bed 구축 및 시범서비스 확산** : Convergence 시장 확대를 위한 초기 시장위험 제거

어떠한 규제 방향을 선택할 것인가는 통신시장의 진화에 따른 컨버

전스 환경에 적합한 규제 개혁 방향이 무엇인가에 따라 결정되어야 한다. 특히 통신시장 포화에 따른 디지털 컨버전스 시장 정착을 위한 새로운 규제정책과 기술의 표준화 및 모바일 인터넷 주도를 위한 Globalization에 맞는 산업육성 정책이 무엇이 되어야 하는지를 고려할 필요가 있다. 규제정책의 주요 이슈 선정을 위해서는 정책과 규제환경이 통신과 방송의 융복합화에 맞게 재구성되어야 한다는 측면, 즉 시장 Lifecycle에 맞는 차별적인 원칙 적용이 필요한지와 컨버전스 환경에 맞는 규제기구 통합과 법제 재정비, 책임체제 확립이 필요한지 등을 고려해야 하며, 또 다른 한편으로는 컨버전스 시장 안착과 정보통신산업 육성을 위해 규제기관 간 협력체제 및 공동의 장 마련이 필요하다는 측면을 고려해야 한다. 디지털 생태계의 주요 규제정책 이슈로는 다음과 같은 이슈들이 있을 수 있다.

- **규제 Framework 개발** : 시장성장 단계별로 다른 원칙 적용, 예를 들어 초기에는 무규제정책을 적용하며 성장기에는 공정경쟁규제를, 성숙기에는 보편적 서비스 정책을 사용하는 방법 등
- **규제기구 및 법제 정비** : 통신방송융합 등 미래 통합규제 법제 개발 및 정비
- **사후규제로의 전환** : 사전규제 완화와 함께 사후규제로의 전환
- **책임체제 확립** : 소비자 주권의 확대에 따른 인터넷 필명 및 실명제 등 시행
- **규제기관 간 생태계 조성** : 전 세계 규제기관 간 협력체제 및 '공동의 장' 구축

현재 한국의 생태계 환경을 고려하면 적극적인 산업활성화 정책 마련이 필요하다. 특히 ICT 산업의 육성과 함께 금융, 물류 등 이종산업 간 컨버전스 활성화를 위한 대책 마련이 필요하며, 이를 위한 국가차원의 공동 연구 수행을 위한 협력체제 구축도 필요하다. 한편으로는 이종 서비스 및 산업 간 융합화로 인한 시장환경 변화에 적응하기 위한 새로운 파트너십 강화 역시 필요하다.

5. 디지털 생태계에서의 기업 전략

(1) 비즈니스 생태계의 전략적 이슈

디지털 생태계 환경에서는 많은 기업들이 기존의 산업 영역에서뿐만 아니라 타 산업 영역을 넘나들면서 새로운 관계를 형성하고 생존과 발전을 위해 경쟁적인 가치 창출 활동을 도모하게 된다. 특히 비즈니스 생태계는 다른 생태계에 비하여 매우 빠르게 변화되면서 보다 복잡하고 다양한 상황에 직면하게 될 것으로 예상되며, 이러한 상황에서 올바른 전략 수립과 위치 선점이 기업의 흥망을 좌우할 것이다. 이러한 디지털 생태계에서의 전략적 이슈로는 다음과 같은 것들이 있다.

- **생태계 전략** : 시장 상태시장의 변화 속도 및 경쟁도 및 참여 기업과의 관계를 분석하여 생태계 참여 기업들과의 관계 속에서 어떠한 위치를 점유할지에 대한 전략 수립이 필요하다.
- **생태계 참여 기업 간 상호의존성 및 생태계 구축 준비 전략** : 생

태계 구조 및 지속성을 보장하기 위한 전략 수립 및 생태계 기반의 비즈니스 모델 및 생태계 참여 기업과의 개별적 비즈니스 모델 구축

- **균형 전략** : 디지털 생태계의 비즈니스 모델 구축 및 전략 실행 과정에서 생태계 참여 기업들은 다각화에 초점을 맞추게 되는 것이 일반적이나, 다각화에 치중할 경우 전문화에 따른 핵심 경쟁력을 상실할 수 있다. 문제는 핵심 경쟁력을 상실할 경우 생태계 참여로부터 획득할 수 있는 혜택이 감소할 수 있음은 물론 기업의 지속 가능성에 상당한 부정적 영향을 미칠 수 있다는 점이다. 따라서 생태계 참여 기업은 전문화와 다각화 간 균형을 찾을 수 있는 전략을 수립할 필요가 있다.
- **생태계 운영 전략** : 생태계 역시 일반적인 수명 주기와 마찬가지로 탄생에서 성장, 정체, 새로운 탄생의 흐름을 갖게 된다. 이 과정에서 생태계 참여 기업들은 협력과 경쟁 관계가 동시에 존재하게 된다. 문제는 생태계의 성장 과정에 따른 협력과 경쟁 전략의 선택 및 대상 기업 선택 등에 대한 세밀한 전략 수립이 필요하다는 점이다.

비즈니스 생태계는 지리적 여건과 사업자 간 상호작용에 따라 크게 세 단계를 거치며 진화하고 있다고 보여진다. 산업 활동이 Local 환경에서 Global 환경으로 확장되고, 궁극적으로 지리적 경계선이 소멸하고, 시장 통제력은 분권화와 Shared 방향으로, 경쟁구도는 산업 내 치열한 경쟁구도에서 Coopetition으로 전환되며 진화되었다.

디지털 생태계는 클러스터Cluster 혹은 가치 네트워크Value Network와는 다른 개념이다. 클러스터는 동일 산업에 속하는 기업들이 특정 지역을 중심으로 활동하는 현상으로 클러스터 내 기업 경영은 독립적으로 이루어져 경쟁이 치열한 구조를 이룬다. 클러스터에서의 기업 전략은 다른 기업에서 개발된 방법론을 활용하거나 다른 회사의 실패를 벤치마킹하는 등의 전략을 취한다. 가치 네트워크는 클러스터와 같이 특정 지역을 중심으로 산업 활동이 이루어지는 것이 아니라 전 세계를 배경으로 한다. 가치 네트워크에서는 이종 산업에 속하는 기업들이 상호 협력하는 산업 구조를 형성하며, 특정 산업에 속하는 기업이 다른 기업보다는 큰 통제력을 발휘하는 것이 일반적이다. 가치 네트워크에 참여한 기업들은 각 기업 자체의 R&D에 의존하여 경쟁력을 확보하고자 하는 전략을 취한다. 디지털 생태계는 특정 지역 혹은 전 세계와 같은 지역 개념은 물론 특정 산업에 대한 개념을 포함하고 있지 않다. 디지털 생태계는 사업자들이 산업을 초월하여 참여하고, 참여 사업자들 간 경쟁과 협력이 공존하는 산업 구조를 갖는다. 따라서 가치 네트워크와 달리 참여 기업 간 통제력은 분권화되거나 서로 간에 공유되는 특징을 갖는다. 디지털 생태계에서 참여 기업은 외부 지식원을 활용하는 협력 관계를 중요하게 여긴다. 이를 통해 기업 자체의 지식 자산과 다른 기업의 지식을 통합하여 경쟁력을 확보하는 전략을 취한다.

참여 기업과의 관계 및 시장의 변화 속도 정도에 따라 기업이 취할 수 있는 생태계 전략 유형은 세 가지가 있다. 지속적 기술혁신을 통한 기술우위 확보 전략Niche, 파트너십 강화로 기업가치 간 균형 유지 전략Keystone, 자사의 필요한 기술과 기능 인수로 스스로의 생태계를 형성하는 전략Physical Dominator. 이러한 전략 중 디지털 생태계 참여 기업의 주요 목표는 Keystone이 되는 것이다.

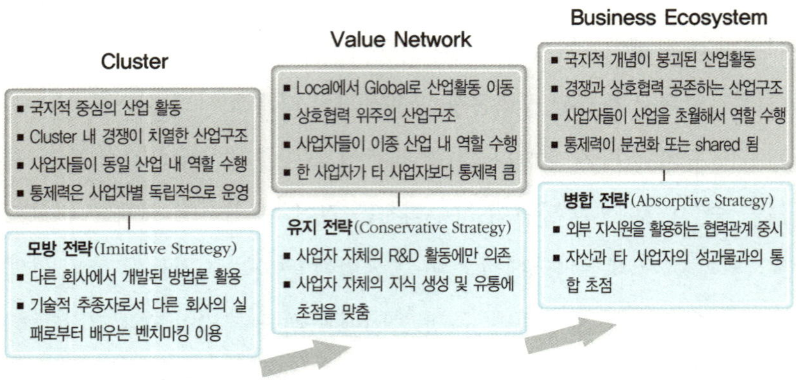

출처 : 장석권 · 신민수 외 (2007).

그림 3-12 비즈니스 생태계의 전개 방향

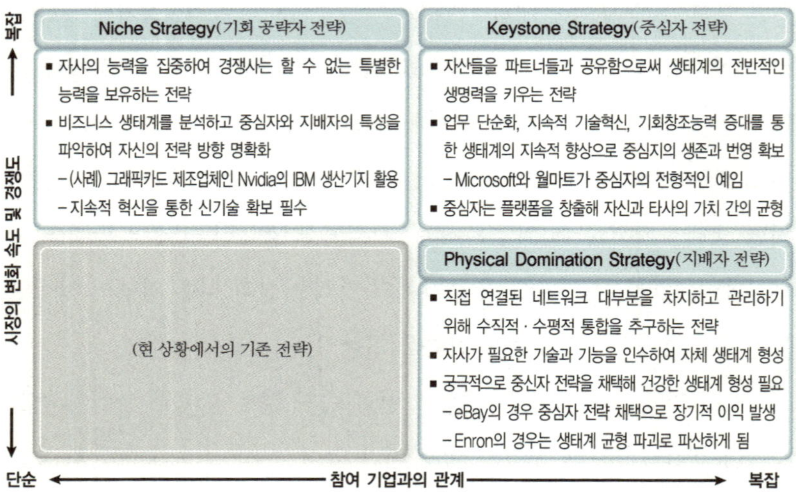

출처 : 장석권 · 신민수 외(2007).

그림 3-13 비즈니스 생태계에서 기업이 취할 수 있는 3가지 전략 방향

(2) 디지털 생태계와 경쟁우위 전략

경쟁우위란 어느 특정 기업이 다른 기업과의 경쟁에서 우위에 설 수 있는지를 판단하는 개념으로서, 기업이 가격 · 품질 · 납기 · 유연성 등 경쟁의 초점을 어디에 맞추느냐에 따라 사업부분의 경쟁전략이 달라진다. 마이클 포터 교수는 기업의 성공적인 경영전략은 경쟁우위의 확보에서 비롯된다고 하였으며, 지속적인 경쟁우위를 유지하기 위해서는 전략적 위치선정Strategic Positioning이 중요하다고 하였다. 마이클 포터에 따르면 경쟁우위의 원천은 비용 우위, 차별화 우위 등이 있으며, 이에 따른 본원적 전략으로 Broad 비용 우위, Broad 차별화, Focused 비용 우위, Focused 차별화 등이 있다Porter, 1980.

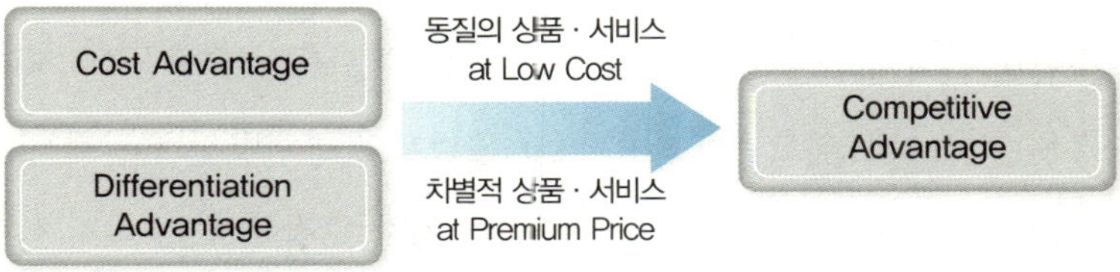

출처 : Porter, 1980.

그림 3-14 마이클 포터의 경쟁우위 전략

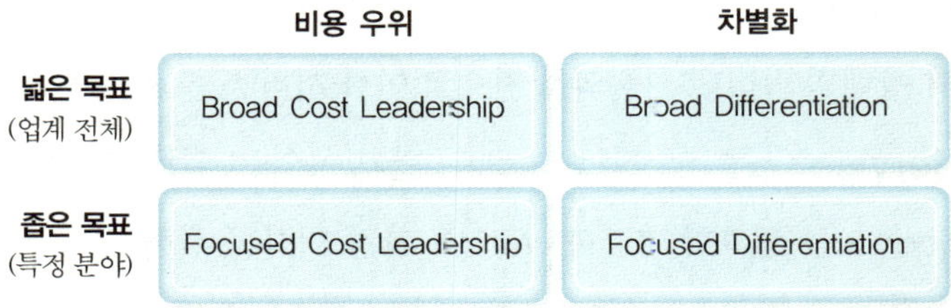

출처 : Porter, 1980.

그림 3-15 마이클 포터의 본원적 전략

이러한 마이클 포터 전략의 적용 사례는 다음과 같다.

	비용 우위	차별화
넓은 목표 (업계 전체)	Discount 백화점 ▪ Kmart ▪ Wal-Mart ▪ Target	Elite 백화점 ▪ Marshall Field's ▪ Nordstrom ▪ Nieman Marcus
좁은 목표 (특정 분야)	Discount 전문점 ▪ Toys "R" Us ▪ Best Buy ▪ T.J. Maxx	Specialty 전문점 ▪ FAO Schwarz ▪ Audio King ▪ Abercrombie & Fitch

출처 : Porter, 1980.

그림 3-16 마이클 포터 전략의 소매업 적용 사례

디지털 생태계 경쟁우위 전략 수립의 시발점으로 각 기업들은 경쟁의 초점을 어디에 둘 것인가를 찾아야 한다. 예를 들어 유선통신사업자의 경우, 기존 네트워크 인프라와 미래 생태계의 병행발전 차원에서 경쟁의 초점을 맞추어야 하는데, 유선통신사업자 관점에서 본 디지털 생태계에서의 경쟁의 초점으로는 다음과 같은 이슈들이 있을 수 있다.

- **Network** : 새로운 진입자, VoIP 등에 의한 유선음성 수익 감소와 광대역 인터넷 기술의 발전으로 인한 서비스 환경 변화
- **Service**[특히 TPS(Triple Play Service)] : 단기 수익을 위해 Triple Play Service는 필요함. TPS는 All-IP 환경 진화를 위한 단기 전략으로 새로운 환경에 적합한 새로운 서비스 개발이 필요
- **Marketing** : 기존에는 대단위 동일 서비스를 위한 인구통계가

중요하지만, IP 통합망에서는 중간 매개자 역할을 위한 활동 필요

- **Partnership** : 새로운 파트너십에서 보안, 디지털 권리, 비용 등이 중요하며, 파트너와 수익 분배에 관한 정확한 명시 필요
- **개인화 서비스** : 통신 사업자의 경쟁은 개인화된 서비스에서 발생하며 대대적인 조사를 통해 개인화된 서비스 제공능력을 파악할 필요가 있음
- **서비스 환경** : IP 통합망에 의한 기존 통신 사업자의 BM 변화와 IP 통합망 성장 하에서 고객과 콘텐츠 · 서비스 연결 필요

이러한 이슈들은 유선통신사업자의 경우 서비스 매개체인 망 제공 역할을 벗어날 수 있는 도구 개발이 필요하다는 점, 향후 고객과 콘텐츠 · 서비스 사업자를 이어주는 개방형 서비스 환경 도입이 필요하다는 점, 단기 수익을 위한 Triple Play 정책이 필요하다는 점, 개인화된 서비스 제공 능력 파악이 필요하다는 점 등이 전략적 이슈임을 의미한다.

경쟁의 초점에 대한 분석이 이루어지면, 전략적 위치 선정Strategic Positioning에 대한 의사결정이 필요하다. 예를 들어 유선통신사업자의 경우, 전략적 위치선정에 관한 4가지의 시나리오를 설정할 수 있다. 앞서 디지털 생태계 전략에서 설명된 바와 같이 4가지 전략적 포지셔닝 중 생태계 참여 기업들의 최종 목표는 생태계 촉매제가 되는 것이다. 대부분의 정보통신사업자들이 현재 처해 있는 위치는 Network Traffic Aggregator이며, 디지털 생태계의 진화에 따라 결국 Ecosystem Catalyst로 진화해야 한다. 기업의 생존 여부는 어떤 기업이 먼저 Ecosystem Catalyst로 전략 전환을 하여 위치를 점유하느냐 하는 것에 달려 있다.

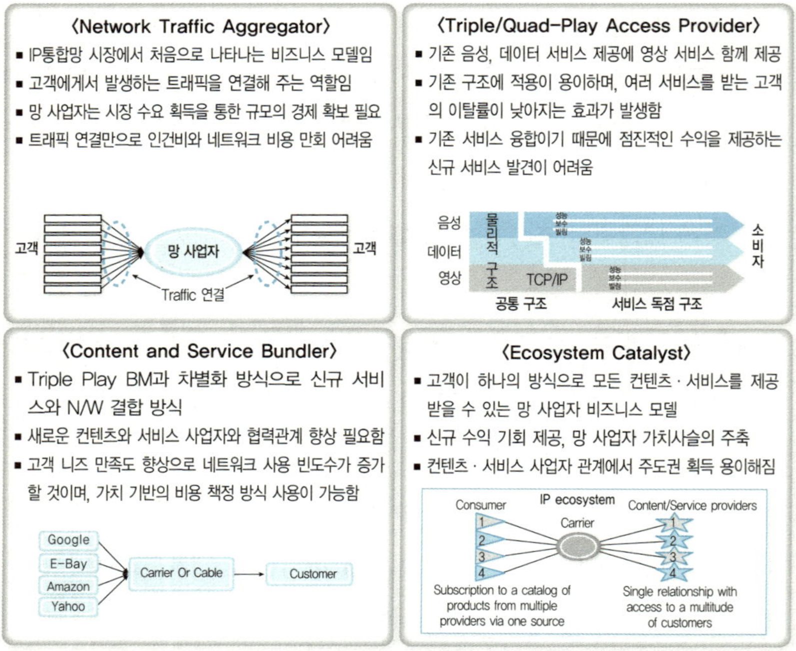

출처 : 장석권 · 신민수 외 (2007).

그림 3-17 유선통신사업자의 관점에서 본 4가지 전략적 포지셔닝

이와 같이 전략적 위치선정에 관한 분석이 이루어지면, 종합적인 경쟁우위 역할 모델에 대한 검토가 필요하다. 예를 들어 유선통신사업자의 경우, 소비자와 제3의 사업자 간 혹은 관련 통신사업자의 application과 service를 연결하는 개방형소유지배Opened But Owned and Controlled ; OBOC 서비스 환경 구축을 역할 모델로 고려할 수 있다. 즉, 건강한 IT산업 생태계 형성을 위해서는 생태계 활성자가 필요하며 생태계 활성자 역할을 담당할 사업자는 시장 경쟁력과 공적인 책임까지도 수행할 수 있는 능력이 필요하다.

(3) 디지털 생태계와 다각화 전략

다각화란 기업의 성장벡터Growth Vector 분석법의 하나로, 새로운 시장과 제품 기회를 찾는 것을 의미한다. H. Ansoff[1957]는 기업전략에 관한 선구자의 한 사람으로서 성장벡터를 2×2 매트릭스로 표현하였으며, P. Kotler[1989]는 성장벡터 모델을 3×3 매트릭스로 확장하였다.

다각화 전략을 분류하는 몇 가지 방법이 존재하며 대표적으로 다음의 두 가지 유형 분류가 일반적이다.

- **연관 다각화 vs. 비연관 다각화** : 새로운 시장이 기존의 제품이나 서비스와 연관되어 있느냐의 여부
- **수평 다각화 vs. 수직 다각화 vs. 복합기업 다각화** : 기존의 기업 활동과 보완 · 경쟁 관계인가 혹은 가치사슬상의 앞 · 뒤로 연계되었나 혹은 전혀 새로운 활동인가 여부

	현재	신규
현재	Market Penetration (시장 침투)	Product Development (제품 개발)
신규	Market Development (시장 개발)	Diversification (다각화)

- **시장 침투** : 기존의 제품이나 서비스를 기존 고객에게 파는 것
- **시장 개발** : 기존의 제품이나 서비스를 새로운 시장에 내놓는 것
- **제품 개발** : 새로운 제품이나 서비스를 기존 고객에게 내놓는 것
- **다 각 화** : 기존의 제품이나 서비스를 새로운 고객에게 내놓는 것

출처 : Ansoff(1957).

그림 3-18 H. Ansoff(1957)의 전략적 다각화

시장 옵션	현재 제품	개선된 제품	신제품
기존 시장	시장 침투	제품 확장 (예 : 변종, 모방)	제품 개발 (예 : 라인 확장)
확장 시장	시장 확대	시장세분화 · 제품 차별화	제품 개발 · 시장 확대
신규 시장	시장 개발	제품 · 서비스 확장, 시장 개발	다각화

제품 대안

출처 : Kotler (1989).

그림 3-19 P. Kotler(1989)의 성장 벡터 모형

디지털 컨버전스의 진행에 따라 사업영역 확장 및 Synergy 제고 차원에서 다각화 필요성이 증가하고 있다. 디지털 생태계의 관점에서 시장market과 역량competence을 양대 축으로 세 가지의 다각화 전략을 제시할 수 있다.

- **Disruptive 다각화 전략** : 자사의 기존 역량 또는 새로운 역량 확보를 통하여 타사의 시장에 진출
- **Buy & Build 다각화 전략** : 타사의 역량을 확보하여 타사의 시장 또는 전혀 새로운 시장에 진출
- **Pioneering 다각화 전략** : 자사의 기존 역량 또는 새로운 역량 확보를 통하여 전혀 새로운 시장에 진출

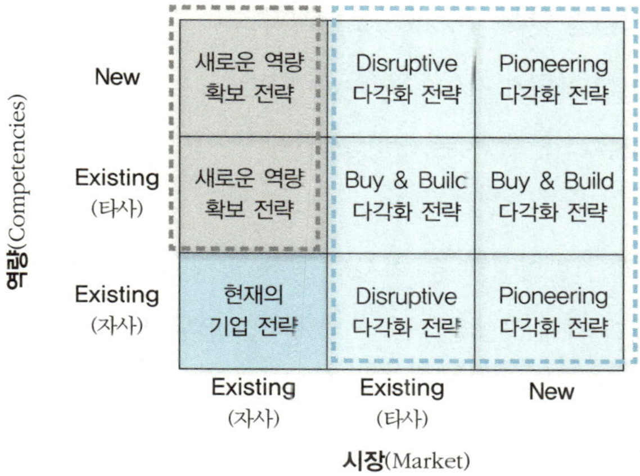

출처 : 장석권 · 신민수 외 (2007).

그림 3-20 다각화 전략의 유형

Pioneering 다각화 전략	▪ 신규 시장에 필요한 핵심 역량이 확보된 상태에서 내부 성장을 통해 조기 진입 실현 ▪ 이런 신규 시장에서는 내부 성장 또는 소규모 합병을 통해서 진입하게 됨
Buy & Build 다각화 전략	▪ 필요한 핵심 역량 없이 현 시장에 진입할 때 ▪ 신규 시장 진입할 때 내부적 역량 배양보다는 외부적 성장을 필요로 함 ▪ 중기 관점에서의 전략 설계가 필요
Disruptive 다각화 전략	▪ 핵심적 경쟁우위 역량을 갖고 있을 때만 시장 유지가 가능함 ▪ 기존 시장에서 새로운 역량 확보로 기존 또는 잠재 고객에게 차별적 서비스를 제공함 ▪ 중 · 장기 관점에서의 전략 설계가 필요

그림 3-21 다각화 전략의 주요 내용

이러한 다각화 전략은 Business Life Cycle^BLC^의 각 단계별로 서로 다른 다각화 전략의 사용을 고려할 수 있다.

- **시장진입 단계** : Pioneering 전략
- **성장성숙 단계** : Buy & Build 전략
- **성숙유지 단계** : Disruptive 전략

다각화 전략의 선택은 자사의 보유 역량과 BLC에 의해 결정되며, 특히 기업의 미래 성장목표를 고려하여 다각화 전략 유형을 선택해야 한다. 다각화 전략의 선택 요인으로는 역량 특화성에 의해 역량의 탐색 범위가 제한되는지 여부와 다각화 유형의 선택이 현재의 성장곡선 및 미래 성장목표와 어느 정도 밀접한 관계를 갖고 있는가의 정도를 들 수 있다.

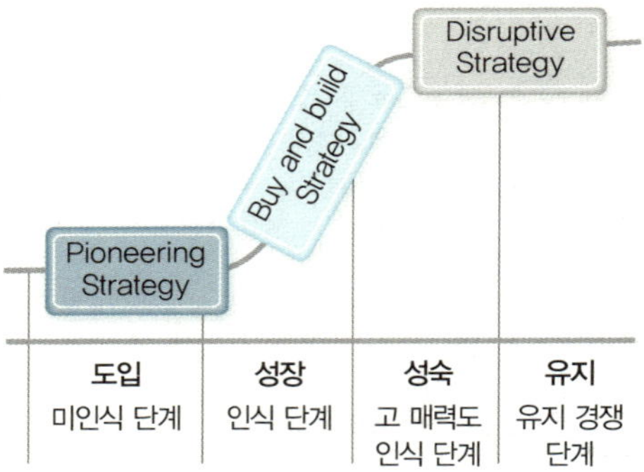

출처 : 장석권 · 신민수 외 (2007).

그림 3-22 비즈니스 라이프 사이클과 다각화 전략의 관계

[참고문헌]

권기덕 (2011), 「지난 10년, 인터넷업계 지형 변화」, 『SERI 경영노트』, 삼성경제연구소.

김경규, 박성국 (2009), 「유비쿼터스 컴퓨팅 환경에서의 비즈니스 모델 개발 방법론 : 가치의 공동 창출 경험을 중심으로」, 한국콘텐츠학회논문지, 9(2).

이상규 (2013), 「창조경제하에서 혁신적인 정보통신산업 생태계 조성을 위한 정책과제」. 산업연구원.

산업연구원 (2011), 「신성장동력 산업생태계 활성화방안 연구」.

장석권, 신민수 외 12인 (2007), 「디지털 생태계 미래전략 연구」, KT 경영연구소.

KISDI, 『미래인터넷 산업 생태계 분석』, 2011

Ansoff, H. (1957), "Strategies for Diversification," *Harvard Business Review*, 35(5), Sep-Oct 1957 : 113-124.

Estola, Kari-Pekka. (2009), "Open Innovation," Nokia.

Fransman, M. (2010), *The New ICT Ecosystem : Implications for Policy and Regulation*, Cambridge University Press.

Frosch, R. A. and Gallopoulos, N. E. (1989), "Strategies for Manufacturing," *Scientific American* 261 (3) : 144-152.

Mitleton-Kelly, Eve, ed. (2003), *Complex systems and evolutionary perspectives on organisations : the application of complexity theory to organisations Advanced series in management*, Elsevier Science Ltd, Oxford, UK

Moore, J. F. (1993), "Predators and prey : A new ecology of competition," *Harvard Business Review*, May-June 1993 : 75-86

Kotler, Philip (1989), "From mass marketing to mass customization," *Planning Review*, 17(5) : 10-47

Porter, Michael E. (1980), *Competitive Strategy*, Free Press.

제4장

인터넷 개방성과 정책 : 현재, 과거, 미래

권영선(KAIST 기술경영학과 교수)

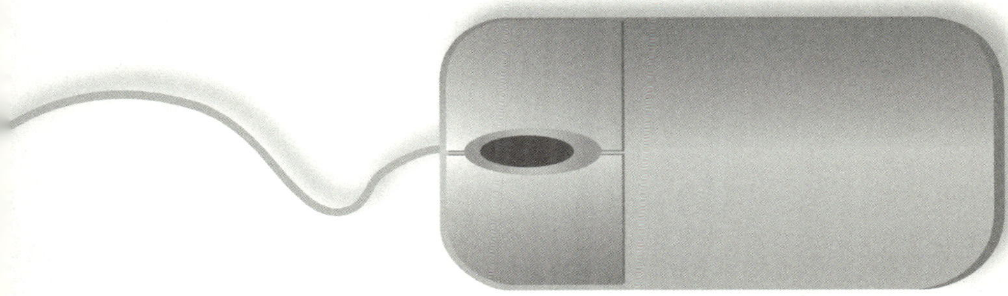

인터넷은 오늘날 전 세계인이 일상적으로 사용하는 범용 네트워크가 되었다. 인터넷은 어느 단일 국가나 기업이 통제하지 않고 할 수도 없는 분산구조를 이루고 있고, 개방형 네트워크로서 누구나 원하는 사람이나 기업은 일정한 접속료를 내면 자유롭게 접속해 이용하고 서비스를 제공할 수 있다. 그러나 인터넷 트래픽 관리 기술이 발전하면서 인터넷 접속사업자가 트래픽을 관리할 수 있게 되었고, 인터넷을 통한 데이터 사용이 급증하면서 인터넷 접속사업자들은 차별화된 데이터 서비스를 차별화된 가격에 제공하고자 하는 시도를 하고 있다. 인터넷 접속서비스 제공자의 자의적인 트래픽 차단 행위가 발생하면서 인터넷의 개방성이 위협받게 되었고 우리나라를 포함한 각국의 정부는 인터넷의 개방성을 보호하기 위한 정책적 노력을 지속하고 있다. 인터넷 개방성은 인터넷이 지금까지 성장해 올 수 있었던 중요한 기본 원리로서 향후 인터넷 생태계의 지속적인 발전을 위해서는 보호되어야 할 원칙이다. 미국과 유럽이 인터넷 개방 정책을 강화해 나가고 있음을 고려할 때 미래 인터넷의 생태계는 개방성을 기반으로 더욱 풍성해질 것이다. 다만, 인터넷 접속사업자들은 접속서비스 시장이 성숙된 상태에서 매출 성장의 한계에 직면해 있기 때문에 새로운 성장의 돌파구를 찾기 위해 인터넷 생태계에 대한 지배력을 강화하고자 노력할 것이다. 따라서 인터넷의 개방성을 둘러싼 찬반 논쟁은 계속해서 지속될 것이다. 우리나라의 많은 정책 영역에서 추격형 전략을 버리고 탈 추격형 발전전략을 선택해 신기술 개발 및 새로운 정책 개발을 추진해 나가고 있다. 그러나 유독 인터넷 정책분야에 있어서는 아직까지 선진국 모방 전략에서 벗어나지 못하고 있다. 혁신적인 인터넷 인프라 정책을 통해 우리나라가 인터넷 콘텐츠 계층에 중점을 둔 미래지향적 인터넷 정책을 선도해 나갈 시점이다.

1. 서론

인터넷은 오늘날 전 세계인이 일상적으로 사용하는 범용 네트워크가 되었다. 어느 단일 국가나 기업이 통제하지 않는, 통제할 수도 없는 분산구조를 이루고 있으며, 개방형 네트워크로서 누구나 원하는 사람이나 기업은 일정한 접속료를 내면 자유롭게 접속해 이용하고 서비스를 제공할 수 있다. 대개의 국가에서 인터넷 접속서비스는 사기업에 의해 제공되고 있으며, 기술 발전이 여전히 빠르게 진행되고 있기 때문에 정부는 가급적 규제를 최소화하여 인터넷뿐만 아니라 인터넷 기반의 생태계가 동적으로 시장원리에 의해 성장해 나갈 수 있도록 해왔다. 그러나 인터넷 트래픽 관리기술이 발전하면서 인터넷 접속사업자가 트래픽을 관리control할 수 있게 되었고, 인터넷을 통한 데이터 사용이 급증하면서 인터넷 접속사업자들은 차별화된 데이터 서비스를 차별화된 가격에 제공하고자 하는 시도를 하고 있다. 인터넷 접속서비스 제공 기업은 많은 데이터를 발생시키는 일부 서비스의 속도를 인위적으로 낮추기도 하고throttling, 경우에 따라서는 아예 인터넷 접속을 차단blocking하기도 하였다. 우리나라의 경우에도 무선인터넷 접속서비스 제공 기업이 스마트폰을 이용해 카카오톡으로 통화하는 것을 일부 차단하고 있고, 2012년 2월에 KT는 트래픽을 과다 발생시킬 수 있다는 주장을 하면서 삼성 스마트TV를 통한 인터넷 접속을 무단 차단했었다. 이러한 인터넷 접속서비스 제공자의 자의적인 트래픽 차단 행위가 발생하면서 인터넷의 개방성이 위협받게 되었고 우리나라를 포함한 각국의 정부는 인터넷의 개방성을 보호하기 위한 정책적 노력을 지속하고 있다. 인터넷 개방성은 인터넷이 지금까지 성장해 올 수 있었던 중요한 기본 원리로서 향후 인터넷 생태계의 지속적인 발전을 위해서는 보호되어야 할 원칙이다. 이 장에서는 우선 인터넷의 개방성 원칙은 무엇이고, 왜 중요하고, 미국과 유럽에서는 이 원칙을 보호하기 위해 어떤 노력을 하고 있는가를 개관하고, 이어서 우리나라의 인터넷 개방성 정책의 방향과 미래 인터넷의 진화방향에 대한 견해를 상설하고자 한다.

2. 인터넷의 구조와 트래픽 처리 방식

(1) 인터넷은 무엇인가?

인터넷은 상호접속을 통해 연결된 수많은 컴퓨터 네트워크의 집합체이다. 여러 지역의 네트워크가 모여 국가의 네트워크가 되고, 여러 국가의 네트워크가 연결되어 전 세계 인터넷을 구성한다. 이처럼 인터넷은 여러 주체가 제공하는 네트워크로 구성된 네트워크이기 때문에 어느 개인, 조직, 국가가 인터넷 일부가 아닌 전체를 통제할 수는 없는 분산된 개방구조를 유지하고 있다. 인터넷은 1980년대 후반 미국에서 본격적으로 사용되기 시작한 이후 지금까지 팽창을 지속해 왔고 여전히 팽창하고 있다. 인터넷은 지금까지 통신의 수단을 넘어서 웹World Wide Web을 이용한 블로그와 게임, 전자상거래, 공공서비스 이용, 사회관계 관리, 인류의 지식 공간으로 발전해 왔다. 이제 인터넷은 인류의 일상생활에서 없어서는 안 될 필수 기반 네트워크가 되었고, 인류의 정치 · 경제 · 사회 · 문화 활동에 항상 필요한 범용 네트워크 기술general purpose technology이 된 것이다FCC, 2010 ; Han, 2012.

(2) 인터넷의 구조

인터넷 구조를 개념적으로 도식화하면 아래 그림과 같다. 한쪽 끝에는 인터넷 이용자가 있고, 인터넷 이용자가 인터넷의 다양한 콘텐츠와 서비스를 이용하기 위해서는 인터넷 접속서비스 제공자의 서비스에 가입해 월정 금액을 지불해야 한다. 우리나라의 경우 KT, LGU+, SK브로드밴드, 케이블사업자가 초고속인터넷broadband service 사업자로서 인터넷 접속서비스를 제공하고 있다. 따라서 이용자는 어느 한 사업자를 선정해 서비스를 가입해야만 인터넷을 이용할 수 있게 된다. 2014년 기

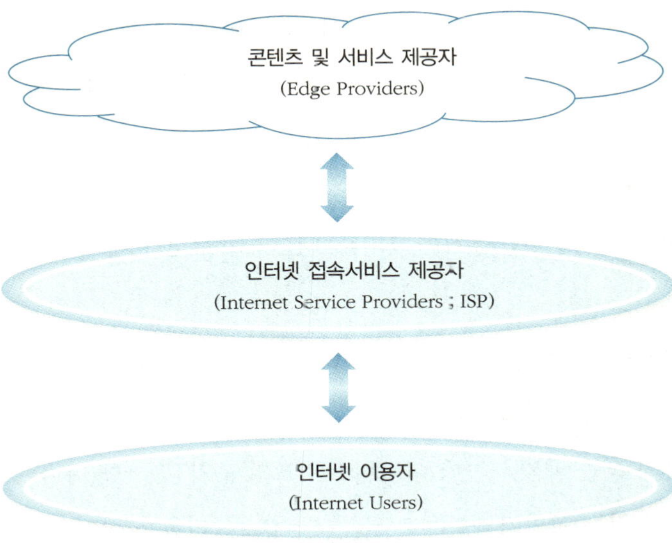

그림 4-1 인터넷의 구조

준으로 우리나라 인터넷 이용자의 91.8%가 초고속인터넷을 집에서 사용하고 있고, 38.7%의 이용자가 직장에서 사용하고 있다한국인터넷진흥원, 2014. 그리고 95.1%의 가입자가 장소에 관계없이 스마트 기기를 이용해 유무선인터넷을 이용하는 것으로 나타났다.

일단 인터넷에 접속한 후에 이용자는 원하는 콘텐츠를 이용하기 위해 웹 브라우저를 컴퓨터나 스마트 기기에서 열어야 한다. 웹 브라우저를 연 다음에는 네이버와 같은 포털을 방문해 정보를 검색하거나 원하는 서비스를 사용하고, 학교 포털에 접속해 학습을 할 수도 있고, 금융업무를 보거나 전자상거래를 할 수도 있다. 이처럼 인터넷 이용자가 이용하는 서비스를 제공하는 사업자는 무수히 많고, 국내에만 있지 않고 해외에도 있다. 이러한 사업자들을 콘텐츠 및 서비스 제공자라고 부르고, 미국에서는 인터넷의 또 다른 한쪽 끝에 위치하고 있기 때문에 edge providers라고 부른다. 즉, 인터넷 접속서비스 제공자는 이용자와 콘텐츠 및 서비스 제공자의 중간에 위치해 양자를 연결해 주는 관문gateway 역할을 하는 것이다.

(3) 인터넷에서 트래픽 처리 방식의 발전과 파급효과

인터넷 태생 이후 기술적으로 인터넷에서 모든 데이터는 그 중요성, 긴급성의 차이에 관계없이 동일하게 처리되어 왔다. 데이터 통신의 기본 단위가 되는 패킷packet이 어느 네트워크의 분기점node에 다다르면 그 분기점에 있는 교환기router는 먼저 온 데이터를 다음 목적지로 우선 전송한다. 즉, 단순한 선입선출 방식으로 도착한 데이터의 주소를 살펴본

후 최적 경로를 찾아 해당 데이터를 전송하는 것이다. 인터넷은 수많은 분기점과 그 분기점을 연결한 회선으로 구성되어 있고, 네트워크의 분기점에서 선입선출 방식에 의해 데이터를 전송하다 보니 데이터 전송이 시작된 지점에서 목표 지점까지 데이터의 전송을 확실히 보장하지 못한다. 즉, 일부 정보가 분실되거나 늦게 도착하는 문제가 발생될 수도 있는 것이다.[1] 또한 어느 한 문서를 전송할 때 해당 문서를 구성하는 모든 패킷의 출발점과 도착점이 동일하지만 인터넷의 분기점에서는 매 순간 가장 적합한 경로로 패킷을 보내기 때문에 동일한 문서를 위한 패킷이라도 다른 경로를 통해 목표지점에 도달할 수 있다차동완 · 정용주 · 윤문길, 2004. 이처럼 인터넷에서는 데이터 전송서비스의 품질이 보장되지 않고 네트워크의 각 분기점에서 단지 데이터 전달에 최선을 다하는 것이기 때문에, 인터넷의 이러한 데이터 전송방식을 최선형best effort service 전송방식이라고 한다. 최선형 전송방식은 인터넷의 기본적인 특성이나 모든 데이터를 동일하게 중립적으로 처리하기 때문에 이러한 데이터 처리방식을 따르는 네트워크를 중립적인 네트워크neutral network라고 또한 부른다.

인터넷의 개방성과 중립성은 어느 정부나 규제기관이 정한 것이 아니고 유선인터넷의 태동 이후 발전과정에서 자연스럽게 형성되어 온 원칙이다. 실제 유선인터넷의 경우 월정 요금을 내면 무제한 사용할 수 있는 것이 지금까지의 이용관례였다. 이러한 인터넷 이용방식은 인터넷의 데이터 처리 용량이 충분할 때 또는 인터넷 접속시장이 성장과정에 있을 때는 큰 문제가 되지 않았다. 이는 데이터 전송량이 네트워크 용량

1. 실제 패킷교환방식의 서비스인 인터넷 전화(VoIP) 서비스를 이용하다 보면 음성이 선명하게 수신되지 않는 경우가 좋은 사례이다.

에 비해 작을 때는 네트워크 자원에 대한 경합성이 존재하지 않기 때문에 인터넷 접속사업자Internet service provider ; ISP가 굳이 인터넷 이용자의 데이터 전송을 통제할 이유가 없기 때문이다. 또한 인터넷 이용자가 성장하는 시기에는 인터넷 접속사업자가 신규 이용자를 유치하기 위해 네트워크 용량에 대한 투자를 지속할 유인이 있기 때문에 인터넷 개방성이나 망 중립성 원칙을 위반할 유인이 적었고, 인터넷 접속사업자가 인터넷 종량제와 같은 사용량 비례 요금제를 도입하고 싶어도 정액제에 익숙한 네티즌의 저항으로 번번이 무산되었다.

그러나 유무선통신시장이 포화된 상태에서 대용량 파일 공유 소프트웨어가 등장하고, 스마트 기기의 보급이 확산되면서 데이터 트래픽이 급증하는 상황이 수요측면에서 발생하였다Kwon and Kim, 2012. 공급측면에서는 네트워크 트래픽 관리기술이 발전해 품질을 보장하는 데이터 전송 서비스 제공이 가능해졌고, 모든 트래픽을 최선형 전송방식에 따라 동등하게 대우하는 망 중립성 원칙에 대한 재고 논의가 사업자와 공학자를 중심으로 제기되기 시작하였다. 특히, 유무선네트워크 통합이 진행되고 데이터 처리용량이 유선네트워크에 미치지 못하는 무선네트워크를 통한 데이터 사용이 증가하면서 인터넷 접속사업자통신 및 케이블 사업자들이 차별화된 데이터 처리기술을 이용한 차별적 서비스 제공을 허용해 줄 것을 정부에 요구하고 있다. 아울러, 경우에 따라서는 인터넷 접속사업자가 다량의 데이터 트래픽을 야기하는 서비스의 네트워크 접속을 차단하거나 특정 기기나 소프트웨어에서 발생하는 트래픽의 속도를 저하시키는 경우throttling가 발생했다BEREC, 2012c ; Kim, 2014. 인터넷 접속사업자들은 이러한 차별적 트래픽 관리나 차단을 통해 많은 트래픽을 유발하는 콘텐츠 사업자로 하여금 추가로 망 이용대가를 지불하게 함으로써 추가 매출증대를 기대하고 있는 상황이다.

그런데 차별화된 서비스의 제공은 기본적으로 인터넷 탄생 이후 유지되어 온 네트워크 개방성 내지 중립성을 포기하거나 훼손하는 것을 의미한다. 인터넷의 개방성 내지 중립성을 보호하려는 진영과 반대 진영의 힘겨루기가 미국과 유럽에서 수년간 지속되어 왔으며, 2015년 초 미국의 연방통신위원회FCC는 인터넷의 개방성을 보호하기 위해 인터넷 접속사업자를 공중통신사업자common carrier로 재분류하는 조치를 단행하였다. 이러한 미국 정부의 정책에 미국 통신사업자협회는 지나친 권한의 사용이라고 비판하고 있으며, 인터넷 개방성과 관련한 정책 논의는 국제적으로 지속되고 있다.

3. 인터넷 이용 현황과 동기

(1) 인터넷 이용 현황

국제전기통신연합International Telecommunication Union ; ITU이 발표하는 주요 정보통신 지표key ICT indicators에 의하면 전 세계 유선인터넷 사용자는 2005년 약 2억 2천만 명에서 2014년 약 7억 1천만 명으로 증가했고, 무선인터넷 사용자는 2007년 약 2억 7천만 명에서 2014년에는 10배 가까이 증가한 약 23억 2천만 명에 다다를 것으로 추정하고 있다.[2] 특

2. 2005년부터 2014년까지 ITU의 주요 ICT 지표를 얻기 위해서는 다음 장소를 방문하시오. http://www.itu.int/en/ITU-D/Statistics/Pages/stat/default.aspx.

히 국제전기통신연합의 통계에 따르면, 2013년 초 기준으로 우리나라는 초고속유선인터넷최소 10Mbit/s 이상의 속도를 내는 인터넷 서비스의 인구 100명당 보급률에 있어서 세계 1위를 차지하는 인터넷 선진국이라고 할 수 있다ITU, 2014.

우리나라 인터넷 이용률은 지속적으로 상승하고 있으며, 2014년 기준으로 만 3세 이상 인구의 83.6%인 4천 1백만 명이 이용하고 있다. 연령별 이용현황을 살펴보면 10대부터 40대에서는 거의 100% 이용률을 보이고 있고 50대는 86.1%, 60대는 50.6%의 이용률을 기록하고 있다. 우리나라 인터넷 이용자는 1주에 평균 13.6시간, 즉 하루에 평균 약 2시간을 인터넷 이용에 사용하고 있는 것으로 조사되었다. 아울러, 인터넷 이용자의 대다수95.1%가 스마트폰 등 스마트 기기를 이용해 무선 인터넷을 이용하고 있는 것으로 파악되었다.

출처 : 2014년 인터넷이용실태조사(한국인터넷진흥원).

그림 4-2 인터넷 이용 현황

(2) 인터넷 이용 동기

인터넷을 이용하는 이유를 2014년 인터넷이용실태조사 자료에서 살펴보면, 91.1%의 이용자가 자료와 정보를 검색하고 이용하기 위해 인터넷을 이용한다고 답했고, 89.9%의 이용자가 이메일, 채팅, SNS 등 통신을 위해 사용하는 것으로 응답했다. 세 번째로 이용률이 높은 서비스는 여가활동으로, 79.7%의 이용자가 인터넷 라디오와 TV 시청, 게임, 전자책 등을 이용하기 위해 인터넷을 사용하는 것으로 나타났다. 이어 전자상거래를 위한 인터넷 이용자가 58.7%를 차지하고 교육과 학습을 위한 이용자도 31.0%로 파악되었다. 이 외에 필요한 소프트웨어의 획득, 콘텐츠 개발, 구직활동 등을 위해 인터넷을 이용하고 있고, 이용서비스의 다양성을 감안할 때 일상생활과 직결된 거의 모든 활동을 인터넷 이용자들이 오늘날 인터넷을 통해 하고 있다고 할 수 있다.

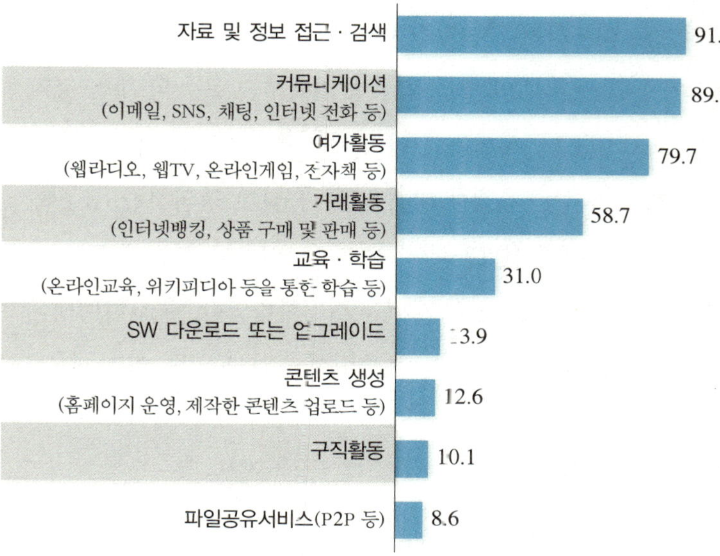

출처 : 2014년 인터넷이용실태조사(한국인터넷진흥원)

그림 4-3 인터넷 이용 동기

4. 인터넷 개방성의 개념과 중요성[3]

(1) 인터넷 개방성의 개념

개방 인터넷 내지 망 중립성 개념은 어느 정도 공감대가 형성된 개념이나 아직까지는 사용자마다 나름대로 조작적 정의를 내리고 있는 개념이다. 우Wu, 2008에 따르면 망 중립성은 모든 콘텐츠content, 웹사이트sites, 플랫폼platform의 네트워크 접속이 동등하게 이루어질 수 있도록 네트워크를 운용하는 원칙을 의미한다. 이 같은 개념의 망 중립성은 네트워크의 운영에 위해를 가하지 않는 한 누구에게나 어떤 기기에게나 접속을 허용하는 개방 네트워크open network 원칙과 일단 접속한 이용자를 차별적으로 대우하지 않는다는 비차별성non-discrimination 원칙을 포괄하고 있다Wu, 2003. 국내외 망 중립성 논의에서는 우Wu의 개념 정의가 흔히 사용되고 있으며, 이와는 달리 비차별성 원칙에 개방형 네트워크 원칙을 포함시켜서 비차별성 원칙을 보다 넓게 정의하는 경우도 있다Schewick, 2007. 연방통신위원회2010는 개방 인터넷 규칙Open Internet Rules을 제정해 가장 먼저 망 중립성 개념을 법제화하였다.[4] 즉, 인터넷 개방성을 상위 개념으로 보고 기존의 망 중립성 논의를 통해 제기되어 온 네트

---

3. 4~6절은 권영선(2014)의 논문 내용을 수정 · 보완한 것이다.

4. 2014년 Verizon v. FCC, 740 F.3d 623(D.C. Cir. 2014) 판결에서 개방 인터넷 규정의 일부가 무효화되었고, 연방통신위원회는 이후 2014년 5월 인터넷의 개방성을 보호하기 위한 규정개선안(FCC, 2014)을 발표해 이해당사자의 의견을 수렴하였고, 2015년 초 인터넷 접속사업자를 공중통신사업자(common carrier)로 분류를 변경해 개방 인터넷 규칙의 법적 근거를 공고히 하였다.

워크 관리관행network management practices의 공개transparency, 접속차단 금지no blocking, 불합리한 차별 금지no unreasonable discrimination 정책을 제도화했다. 유럽의 경우도 망 중립성 원칙을 보호하기 위한 법제화를 추진하고 있다. 우리나라의 경우는 이미 초고속인터넷서비스를 기간통신서비스로 분류해 공중통신사업자로 지정하고 있으나, 초고속인터넷사업자의 불합리한 접속차단이나 트래픽 관리 행위를 규제할 제도가 마련되어 있지는 않기 때문에 우리나라에서는 아직 개방 인터넷 원칙이 구체적으로 입법화되지는 않고 있다고 할 수 있다Kim, 2014.

인터넷의 개방성과 망 중립성에 관한 다양한 논의를 종합해 인터넷의 개방성을 정의하면 넓게 적극적으로 정의할 수도 있고 좁게 소극적으로 정의할 수도 있다. 인터넷의 개방성을 적극적으로 정의하면 개인이나 법인 누구나 인터넷을 자유롭게 사용할 수 있도록 접속의 자유가 확보되어야 하고, 인터넷의 가상공간에서 자신이 원하는 콘텐츠를 자유로이 이용하고, 자신의 생각을 피력하고 공유하고 전파할 수 있고, 자신이 원하는 기기와 프로그램을 이용할 수 있는 환경이 보장되어야 한다는 원칙을 의미한다. 즉, 적극적인 인터넷의 개방성 원칙은 단순히 네트워크 접속 원칙을 넘어서 인터넷에서 언론의 자유, 집회결사의 자유, 사생활보호와 같은 인간의 기본권 보장을 포함하는 원칙인 것이다. 소극적으로 정의하면 접속의 자유와 모든 트래픽의 비차별적 처리를 포함하는 네트워크 운영 원칙을 의미한다고 할 수 있다. 물론, 넓게 정의하던 좁게 정의하던 인터넷의 개방성이 무한이 절대적으로 보장되는 것은 아니며, 인터넷의 개방적 사용으로 인해 네트워크의 운영에 위해가 발생하지 않아야 하고, 인터넷 접속서비스도 민간의 상업적 서비스이기 때문에 대개의 경우 일정 요금을 납부해야만 이용할 수 있다. 그러나 향후 인터넷 접속서비스의 공공성이 강화되고 인터넷 이용이 일상생활에서 긴요한 서비스라는 공감이 확대되면 공익적 서비스로서 모든 국민에게 일정 수준의 서비스는 무료로 제공되는 시기가 올 것이다.

(2) 인터넷 개방성 보호는 왜 중요한가?

1) 개방 인터넷 정책의 발생 배경

인터넷 생태계는 정부의 규제나 간섭이 없었음에도 불구하고 2000년대 초반까지 인터넷은 개방체제를 유지하면서 급속히 성장해 왔다 Speta, 2014. 인터넷에 대한 규제를 최소화하는 것이 혁신을 촉진한다는 판단에 따라 미국의 연방통신위원회는 2014년까지도 인터넷 접속서비스를 엄격한 규제를 받는 통신서비스telecommunications service로부터 분리해 규제를 적게 받는 정보서비스information service로 분류했다. 그러나 이러한 정책기조는 2000년대 중반 인터넷 접속사업자의 트래픽 관리사례가 등장하고 연방통신위원회가 적극적으로 망 중립성 정책을 발표하면서 바뀌어 왔고, 2015년 초에 인터넷 접속서비스를 통신서비스로 재분류하면서 완결되었다고 할 수 있다. 연방통신위원회가 2010년 개방인터넷 규칙을 제정하면서 동 규정의 제목을 "Preserving the Open Internet"이라고 부른 것에서 나타나는 것과 같이, 미국은 과거 방임의 정책에서 적극적으로 인터넷의 개방성을 보호하는 정책으로 전환하였다. Verizon은 FCC와의 소송에서 이러한 정책변화를 임의적arbitrary이고 변덕스러운capricious 결정이라고 비판했다.[5] 그러면 이와 같은 정책변화를 어떻게 이해할 수 있는 것인가? 변덕스러운 정책의 변화인가 아니면 인터넷의 생태계가 변화하면서 적응해 나가는 과정으로 보아야 하는가? 연방통신위원회를 합리적인 조직으로 본다면 환경변화의 도전에 대한 대응으로 이해하는 것이 타당할 것이고, 방임 형태로 유지되던 인터넷 접속시장에 대한 규제논의가 제기된 이면에 있는 원인을 규명할 필요성에 직면하게 된다. 이제 이러한 정책변화의 요인을 수요측면, 공급측면, 시장 구조적 측면에서 보자.

가. 수요측면의 요인

수요측면에서 개방 인터넷 정책의 중요성이 증가하게 된 원인으로는 인터넷의 범용기술화와 인터넷 트래픽의 급증에 따른 인터넷 자원의 경제적 희소성 증가를 지목할 수 있다. 유무선인터넷의 융합으로 많은 이용자가 항상 인터넷에 접속되어 있는 상태를 유지하고 있고, 유무선 인터넷이 게임과 스마트 TV 등 각종 실시간 멀티미디어 서비스streaming service와 동영상 서비스의 유통경로가 되면서 트래픽이 급증하고 있다 Kwon and Kim, 2012.

지구상의 모든 자원은 한때 사유재산권이 부여되지 않은 공유자원common resources이었다. 이러한 환경에서는 먼저 점유하거나 사냥을 통해 포획하면 자원에 대한 소유권이 그 사람에게 귀속되었다. 수요가 작았을 때는 자원이 특정인에게 소유권이 할당되지 않은 공유자원인 상태로

---

5. Verizon v. FCC, 740 F.3d 623(D.C. Cir. 2014).

유지되는 것이 경제적으로 효율적이다. 굳이 소유권을 부여하고 관리하기 위한 비용을 지불할 이유가 없기 때문이다. 그러나 인구가 증가하고 수요가 증가하면 혼잡과 자원고갈 문제가 발생하기 마련이고 자연히 자원을 먼저 활용하거나 취득하기 위한 경쟁은 더욱 심화된다. 결국, 사유재산권이 도입되지 않으면 혼잡과 자원고갈tragedy of commons이 발생하기 때문에 경제학 교과서에서 잘 알려진 것과 같이 사회나 국가는 사유재산권을 도입해 문제를 해결한다. 사유재산제도는 자원의 희소성경합성이 발생했을 때 자원에 대한 배타적 사용권을 사회 구성원에게 부여함으로써 최적의 자원이용을 촉진하고 사회의 총 생산량을 증가시키면서 경제의 지속 가능성을 확보하는 정책인 것이다.[6]

수요증가에 따라 자원 이용제도가 변화한 한 가지 예를 들면, 무선통신기술이 개발된 이후 방송산업 태생 과정에서 그 실례를 찾아볼 수 있다권영선, 2008. 주파수 이용기술이 개발된 후에 무선통신기술은 양방향 통신인 전신telegraph과 일방향으로 동일한 정보를 전달하는 방송broadcasting에 사용되기 시작했다. 초창기 방송사업의 수익모형은 공짜로 방송서비스를 제공하고 단말기라디오를 판매해 비용을 충당하는 방식이었다. 이후 광고 기반 수익모형이 개발되면서 자본금만 있으면 누구나 방송국을 세워 무료로 라디오 방송을 시작할 수 있었다. 방송국이 적을 때는 주파수 이용 신청을 하면 사용권을 부여하는 선입선출 방식이 사

6. 경합성은 서비스나 재화의 사용자가 증가하면서 가용 수량이 감소하는 경우를 의미하고, 배제성은 가격 등의 수단을 이용하여 재화나 서비스의 이용이 제한되는 경우를 의미한다. 한 예로 도로의 경우 이용수준 및 통행료 징수 여부에 따라 공유자원으로 간주될 경우도 있고 사적 재화로 이해할 경우도 있다.

용되었으나 곧 방송국의 난립으로 전파 간섭이 발생되면서 청취자는 라디오를 들을 수 없게 되었다. 따라서 방송사업자는 정부에 주파수의 효율적 사용을 위한 규제를 요청하게 되었고 1927년 제정된 전파법Radio Act of 1927에 주파수 자원관리 제도가 처음 규정되었으며, 이는 1934년 통신법Communication Act of 1934에 승계되었다권영선, 2008. 공유자원인 주파수에 대한 수요가 증가하면서 경합성이 존재하게 되었고, 이러한 경제적 환경변화에 대응해 의회가 배타적 이용권을 부여하기 위한 제도를 구축하기 위해 미국 통신법을 제정하게 된 것이다. 즉, 주파수란 공유자원이 규제 없이 이용되다가 수요가 증가하면서 정부의 주파수 이용규제 제도가 도입된 것이다.

같은 맥락에서 FCC의 인터넷 규제제도 변화도 이해할 수 있다. 인터넷 개방 내지 인터넷 중립성 문제도 인터넷 트래픽이 급증하면서 본격적으로 논의되기 시작했다. 트래픽이 증가하면서 혼잡문제가 발생하고 일부 인터넷 접속사업자가 다량의 트래픽을 유발하는 서비스를 차단blocking하는 문제가 발생했다. 이러한 현상은 인터넷에서 경합성이 증가된 것을 의미하며Kwon and Nam, 2004, 이러한 경제적 환경변화에 따라 제한된 인터넷 자원을 효율적으로 사용하기 위해 FCC를 비롯한 각국의 정부는 새로운 대안을 찾아야 하는 상황에 직면한 것이다. 즉, 규제기관이 변덕스러운 결정을 내린 것이 아니고 경제 환경변화에 따라 규제제도가 변화되는 과정에 있는 것일 뿐이다.

개방형 인터넷 또는 인터넷 접속사업자의 중립성 문제를 촉발시킨 트래픽 폭증의 중요한 원인 중 하나임에도 불구하고 국내의 인터넷 사업자의 중립성 논의에서 배제된 것이 유선인터넷 정액요금제도이다.

일반적으로 시장에서 가격이 오르면 수요량은 감소하고, 가격이 내리면 수요량은 증가한다. 즉, 인터넷에서 데이터 이용량에 따라 납부하는 요금이 달라지는 종량요금제가 도입되면 인터넷에서 경제적으로 트래픽 관리가 이루어진다. 그러나 현재 유선인터넷 이용자는 대개의 경우 인터넷 이용 때 일정 수준의 가격[대개 월정 가격]을 지불하고[정액요금제], 일단 접속한 후에는 제한 없이 데이터를 수신하고 전송할 수 있다. 즉, 인터넷 이용에 있어서 경합성[rival]은 있으나 배제성[excludable]이 매우 낮은 상태이고 현재 인터넷 자원은 공유자원의 하나가 된 것이다[Kwon and Nam, 2004]. FCC[2010]의 개방 인터넷 규칙은 인터넷 접속사업자들이 가입자에게 선택요금제[tiers of service]나 종량요금제도[usage-based pricing]를 사용할 수 있음을 명시적으로 밝히고 있다[FCC, 2010, 문단 72]. 그 이유는 요금이 사용량에 무관한 정액요금제에서는 인터넷을 적게 사용하는 가입자가 많이 사용하는 가입자에게 보조금을 지급하는 효과가 발생하기 때문이다. 따라서 인터넷 접속사업자는 인터넷을 적게 사용하는 이용자에게는 적게 받고 많이 사용하는 이용자에게는 많이 받을 수 있다고 밝히고 있다.

나. 공급측면의 요인

망 중립성이란 논의가 시작된 것은 1990년대 차세대 인터넷 망 구축논의가 시작되면서 본격화되었다고 할 수 있다[Hass, 2007]. 차세대 융합망[next generation converged network ; NGcN]에서는 기술적으로 인터넷 접속사업자[ISP]가 다양한 수준의 서비스를 차별화된 가격에 제공할 수 있게 된다[Kwon and Nam, 2004]. 즉, 공급측면에서 데이터 패킷[data packets] 분리 기술의 발전으로 인터넷 접속사업자는 차별화된 수준의 서비스를 차별화된 가격에 제공할 수 있게 되었고, 이는 인터넷 자원의 경제적 성격이 경합성만 있고 배제성은 없는 공유자원에서 경합성에 배제성이 더 강화된 사적자원private resource으로 전환될 수 있는 기반이 마련된 것을 의미한다.

인터넷 접속사업자들은 네트워크 용량에 대한 수요가 빠르게 증가하는 가운데 네트워크 자원의 효율적 이용을 도모하고, 동시에 민간의 네트워크에 대한 투자와 신기술 및 새로운 서비스 개발을 활성화하기 위해서는 차별적 서비스의 제공과 서비스 수준에 따른 차별화된 인터넷 이용가격 부과가 불가피하다는 주장을 지속해서 제기하고 있다Benjamin, Lichtman, Shelanski and Weiser, 2006 ; Litan and Singer, 2007 ; Schewick, 2007. 인터넷 접속사업자들의 견해가 타당성이 없는 것은 아니나, 인터넷 접속사업자가 차별화된 서비스를 제공하고 차별화된 요금을 콘텐츠 및 서비스 제공자로부터 징수하게 된다는 것은 그들이 콘텐츠나 서비스 제공자를 선별하는 결과를 초래할 수 있다. 이렇게 되면 인터넷의 생태계는 이용자의 선호에 따라 진화하지 않고 네트워크 사업자의 이윤극대화 방향으로 진화되어 간다. 따라서 인터넷 접속사업자가 콘텐츠 및 서비스 제공자를 차별적으로 대우하는 제도를 허용하기에 앞서 데이터 이용량에 따라 다른 요금을 납부하는 종량요금제도에 대한 논의가 먼저 진행되어야 한다. 즉, 경제적 트래픽 관리를 통해 서비스별 차별을 두지 않으면서 망 자원의 효율적 이용을 추구하는 것이 우선되어야 한다는 것이다.

다. 시장 구조적 요인

정부의 경제적 규제정책 차원에서 개방성 및 비차별성 원칙은 역사적으로 교통, 통신 등 네트워크 사업자의 독점적 지위 남용을 막고, 망을 이용하여 제공되는 서비스 산업에 경쟁을 활성화해 소비자 선택을 확대하기 위한 정책으로 이용되어 왔다. 통신산업은 네트워크 구축에 막대한 규모의 설비투자를 해야 하는 산업으로서 오랜 기간 자연독점 산업으로 간주되어 왔다Badamsuren et al., 2014 ; Kwon, 2014. 1984년까지 사실상 독점적 통신사업자로서 위상을 유지해 온 미국의 AT&T는 한때 전화번호부 및 전화기의 생산에서부터 통신서비스의 제공까지 수직적 가치사슬체계의 전부를 완전히 장악하고 있었다Brock, 2002. 이런 독과점적 산업 구조에서 발생하는 비효율성을 완화하기 위하여 공중통신사업자제도가 도입되었고, 경쟁을 활성화하기 위해 통신사업자 간의 상호접속이 의무화 되었다. Wu2008에 따르면 망 중립성의 초기 개념에 해당하는 일반운송사업자common carrier, 통신산업 분야에서는 공중통신사업자로 번역란 개념은 16세기부터 존재하였다고 한다.[7] 공중통신사업자란 공중을 대상으로 비차별적으로 서비스를 제공해야 하는 사업자를 의미한다.[8] 따라서 공중통신사업자는 최종 서비스 이용자를 거래지역 또는 거래 상대방에 따라 부당하고 차별적인 조건 또는 제한을 부과하여 차별하거나, 자사 또는 자사 계열회사의 서비스에 제공되는 조건 및 품질에 비하여 현저하게 불리한 조건에 서비스를 경쟁사업자에게 제공하지 못하도록 규제를 받아 왔다.

많은 국가에서 아직 인터넷 접속사업자에게는 통신사업자에게 요구되는 수준의 망 개방 및 비차별성 원칙이 적용되지 않고 있다. 아울

---

7. 통신산업이 19세기 말 생성되기 시작했으므로 통신산업에서는 망 중립성의 기본 개념이 19세기 말 도입되었다고 보는 견해도 있다(최영 · 황상재, 2007).

8. 서비스 사용량이나 서비스의 질에 따라 다른 가격을 부과하는 것은 차별적 서비스 제공에 해당하지 않는다. 경제학의 가격차별화 이론에서 비용의 차이에 따른 가격의 차별은 가격차별이 아니라는 것과 일맥상통한다.

러, 유선과 다르게 무선인터넷 접속시장에서는 경쟁이 좀 더 활성화되어 있고 아직 기술진보가 진행되고 있기 때문에, 많은 국가에서 무선인터넷사업자는 개방 인터넷 정책과 관련한 규제를 상대적으로 유선사업자에 비해 적게 받고 있다.[9] 그러나 스마트 기기의 확산이 빠르고 유무선 망의 융합이 빠르게 진전된 우리나라에서는 유무선인터넷을 구분해 규제할 이유가 없다고 할 수 있다. 또한 사업다각화를 위해 인터넷 접속사업자가 콘텐츠 계층으로 사업영역을 확대해 나가고 있는 상황에서, FCC를 비롯한 국내외 규제기관이 우려하는 것은 인터넷 접속사업자들이 망 계층의 시장지배력을 콘텐츠 계층으로 이전시켜 자사 또는 자기 계열사에게 경쟁 콘텐츠 사업자보다 우월한 조건에 인터넷 접속서비스를 제공할 수 있다는 것이다.

이상 논의를 요약하면, 현재 진행되는 개방 인터넷 정책논의는 인터넷 산업이 교통 · 운송 · 통신 네트워크 산업이 과거 경험했던 것과 같이 발전과정에서 자연스럽게 겪고 있는 문제라는 것이다. 인터넷 자원이 공유자원에서 사적 자원으로 변하고, 수요가 증가하는 가운데 낡은 정액요금제가 지속되면서 요금으로 수요관리가 되고 있지 않는 상태에서, 네트워크 기술의 발전으로 차별화된 패킷 전송이 가능해지자 개방 인터넷 옹호 진영과 반대 진영의 대립이 심화되고 있는 것이다. 문제는 인터넷 개방 정책을 유지하는 것과 포기하는 대안 중 어느 대안이 국가경제 전체의 입장에서 보다 후생을 증가시키는가를 판단해야 한다는 것이다. 즉, 개방 인터넷 정책을 강화할 것인지 아니면 약화시킬지는 신

9. 대표적인 사례가 우리나라와 미국의 경우이다(Kim, 2014 ; Speta, 2014).

념의 문제가 아니고 한 국가의 동태적 경제발전을 위한 최적 대안을 선택하는 현실의 문제인 것이다.

2) 개방 인터넷 정책의 중요성

개방 인터넷 정책 옹호 입장을 취해 온 미국의 연방통신위원회는 2015년 초 인터넷 접속서비스를 통신서비스로 재분류해 망 중립성 논란의 종지부를 찍었다. 연방통신위원회는 미 의회가 부여한 권한 범위 내에서 의회가 규정한 목적을 달성하기 위해 정책을 수립하고 추진한다. 미 의회는 연방통신법 230(b)에서 "현존하는 인터넷상의 역동적 vibrant이고 경쟁적인 자유 시장을 보존preserve하고 인터넷의 보급을 지속 continued deployment해서 확대" 하는 것이 미국 인터넷 정책의 목표임을 밝히고 있다. 이러한 법령의 근거를 기반으로 FCC는 2005년 유선인터넷 보급을 확산시키고, 개방적인 환경에서 적정한 가격affordable에 모든 소비자가 인터넷에 접속할 수 있도록 하는 데 필요한 네 가지 이용자 권리를 천명하였다.[10] 이어 2010년 개방 인터넷 규정을 제정하면서 FCC는 개방적 인터넷 구조가 사회 전 영역에서의 혁신, 네트워크에 대한 투자, 시장에서의 경쟁, 표현의 자유 증진에 꼭 필요하다고 설명한다FCC, 2010 ; 2014. 인터넷의 개방성이 유지될 때 혁신의 선순환virtuous circle of innovation

10. FCC(2005)는 제4문단에서 이용자는 합법적인 인터넷 콘텐츠에 접근할 수 있고, 적법한 응용프로그램(applications)과 서비스를 이용할 수 있고, 네트워크에 해가 되지 않는 합법적 장치를 이용해 인터넷에 접속할 수 있고, 인터넷 접속사업자 간 경쟁의 혜택을 받을 수 있는 권리를 갖는다고 규정하고 있다.

과정이 작동하고, 그렇지 않고 인터넷 접속사업자ISP가 중간에서 인터넷의 양단에 있는 이용자와 콘텐츠 및 서비스 제공자edge providers의 소통이나 거래를 통제하면 혁신의 선순환 고리가 무너져 국가경제 전체에 악영향을 준다는 것이다.

FCC의 혁신의 선순환 논리는 법원의 판결에서도 개방 인터넷 정책의 합리적인 논거로 받아들여졌다. 인터넷 개방성 원칙 아래서는, 인터넷 접속사업자ISP가 인터넷의 양단에 있는 이용자와 서비스 제공자 사이의 거래를 통제하거나 서비스 제공자를 선별하지 못한다. 즉, 인터넷 접속사업자가 인터넷에서 승자와 패자를 결정할 수 있게 돼서는 안 된다는 것이다.[11] 인터넷이 개방적인 환경에서는 콘텐츠 및 서비스 제공자edge providers의 번성 여부가 이용자소비자의 선택을 통해 결정될 것이고, 그 결과 그들은 소비자의 선호에 맞춰 새로운 혁신적 서비스를 제공할 유인을 갖게 되며 새로운 서비스나 콘텐츠 개발 경쟁을 할 것이다. 새롭고 혁신적인 서비스가 인터넷에 등장하면 이용자는 인터넷을 더 사용하게 되고, 자연히 인터넷 접속사업자ISP는 인터넷에 대한 투자를 통해 성능을 향상시켜 이용자를 자사로 유도할 유인을 갖게 된다. 인터넷 접속사업자가 보다 많은 이용자를 확보하기 위해서는 망에 대한 투자를 게을리 할 수 없고, 인터넷 성능 향상을 위해 경쟁사와 경쟁하게 될 것이다. 이는 다시 인터넷 생태계에서 새로운 콘텐츠 · 서비스 · 기기의 등장을 촉발시킬 것이고 이용자의 인터넷 이용은 더욱 증가하게 된다. 바로 이 과정이 연방통신위원회가 설명한 혁신의 선순환 과정이고, 만약

11. FCC(2010)의 78번째 문단("… that broadband providers should not pick winners or losers on the Internet …")

인터넷 접속사업자ISP가 인터넷에 접속하는 콘텐츠 및 서비스 사업자를 선별적 · 차별적으로 제한하게 되면 이는 인터넷의 다른 한쪽에 위치하고 있는 이용자의 콘텐츠 및 서비스 사업자 선택권을 제한하게 되어 인터넷 이용이 그렇지 않은 경우보다 줄어들게 된다. 결국 인터넷에 대한 투자의 감소를 가져오고, 인터넷에서 혁신이 위축될 것이며, 종국에는 국가경제의 발전이 늦어진다는 것이다. 혁신의 선순환을 위해서는 인터넷의 양단에 있는 콘텐츠 · 서비스 · 기기 생산자edge providers와 인터넷 이용자가 인터넷 접속사업자ISP의 간섭을 받지 않고 자유롭게 거래할 수 있는 개방적 인터넷 환경이 보존되어야만 한다는 것이다.

미국 연방통신위원회는 이처럼 개방적 인터넷 환경이 혁신의 선순환 고리의 핵심이라는 논거 외에 '인터넷 사업자의 중립성' 정책 반대론자가 제기하는 논거, 즉 망 중립성 규제를 도입할 경우에는 망 자원이 계속 공유자원으로 이용되게 되어 네트워크 자원의 비효율적 이용을 유발하고 네트워크에 대한 투자를 위축시킬 수 있다는 논리에 대한 반대 논거도 제시한다FCC, 2010 ; Yoo, 2004. 인터넷은 초창기 개방 인터넷으로 시작되었고, 역사적으로 그러한 개방성으로 인하여 인터넷에 대한 투자가 위축되었다는 증거가 없다는 것이다FCC, 2010, para. 40. 오히려 개방 인터넷이 인터넷에 대한 투자 유인을 증가시키고, 인터넷 접속사업자가 콘텐츠나 서비스 사업자edge providers를 차별적으로 대우하게 될 때, 인터넷 접속사업자는 많은 이용료를 내는 고급 서비스로 콘텐츠 및 서비스 사업자를 유도하기 위해 인터넷에 대한 투자를 줄이고 혼잡을 증가시킬 유인을 갖게 된다고 한다FCC, 2014.

유럽의 경우에는 역사적으로 미국과는 다르게 인터넷 사업자의 중립성net neutrality 정책을 적극적으로 추진하지 않았었다FCC, 2014 ; Eijk, 2014 ; Marsden, 2014 ; Trute, 2014. 유럽에서는 네덜란드와 슬로베니아가 망 중립성 관련 입법규제를 하고 있는 것 외에, EU 전체적으로 시장의 이해당사자에게 트래픽 관리를 맡기는 소극적 규제 입장을 취하고 있었다. 그러나 2014년 4월 초 유럽의회에서 망 중립성 입법이 통과되면서 유럽이 미국보다 망 중립성 규제에서 앞서게 되었다는 평가가 나오기도 했다.[12] 네덜란드가 2012년 유럽에서 처음 인터넷 사업자의 중립성 관련 법제화를 이루었을 때 유럽 통신시장에서 단일 시장 형성을 추구해 가는 EC의 반응은 부정적이었다Eijk, 2014. 그러나 유럽도 2013년 세계가 인터넷 경제로 전환되어 가는 상황에서 유럽 경제의 경쟁력을 회복하고 혁신을 통해 새로운 일자리를 창출해 내는 것이 인터넷 생태계의 지속적 성장 없이는 불가능하다는 인식 하에, 유럽을 하나의 정보통신시장으로 묶기 위한 포괄적 정책을 발표하면서 동시에 인터넷 사업자의 중립성 정책을 법안에 포함시켰다EC, 2013. 2014년 유럽의회에서 동 법안이 통과되었을 뿐 개별 회원국의 승인을 받아야 하는 상황이지만 2015년 초 미국이 강한 인터넷 개방 정책을 천명하기 전까지는 미국보다 강한 망 중립성 법안을 갖고 있었던 것이다. 유럽에서 인터넷 사업자의 중립성 정책의 논거도 미국의 경우와 큰 차이가 없다. 즉, 인터넷이 새로운 경제성장의 엔진이고, 모든 시민의 일상생활에 없어서는 안 될 기반시설이며 이러한 시설의 성공적 활용을 위해서는 인터넷의 개방성이 확보되어야 한다는 것이다BEREC, 2012a ; 2012b. 보다 구체적으로 말하면 인터넷 이용자가

12. http://www.zdnet.com/eu-net-neutrality-passes-vote-7000027998/.

자유롭게 콘텐츠와 서비스를 선택할 수 있도록 해서 경쟁을 촉진시키고 혁신을 증진시키는 것이 유럽 통신 규제자의 중요한 업무라는 것이다 BEREC, 2012a ; 2012b.

5. 국내외 인터넷 개방 정책의 현황

(1) 우리나라의 인터넷 개방 정책

우리나라에서 인터넷 개방 정책에 관한 논의는 10년 넘게 진행되어 왔으나 정책으로 제시된 것은 최근이다. 2011년 말 방송통신위원회가 '망 중립성 및 인터넷 트래픽 관리에 관한 가이드라인이하 망 중립성 기준으로 표기함' 을 제정하고, 미래창조과학부가 2013년 말 '통신망의 합리적 트래픽 관리 · 이용과 트래픽 관리의 투명성에 관한 기준이하 투명성에 관한 기준으로 표기함' 을 발표했다. 법령의 조문으로 법제화되지 못하면서 법적 기속력이 확보되지는 못했지만 어느 정도 정책의 방향성은 정립되었다고 할 수 있다. 2011년 망 중립성 기준의 기본 골격은 연방통신위원회의 2010년 개방 인터넷 규칙Open Internet Rules을 따르고 있다. 우리나라의 망 중립성 기준이 미국의 모형을 따르게 된 것은 아마도 유럽의 경우는 우리나라와 같이 규정제정에 소극적 입장을 취하고 있었기 때문일 것이다Kim and Ahn, 2012.

우리나라 망 중립성 기준의 네 가지 원칙에서 이용자 권리 부분은 미국 개방 인터넷 규칙의 차단 금지no blocking에 해당하고, 나머지 세 원칙은 개방 인터넷 규칙을 그대로 따라 인터넷 트래픽 관리의 투명성

transparency, 불합리한 차별 금지no unreasonable discrimination, 합리적 트래픽 관리reasonable traffic management에 관한 것이다. 2013년 발표된 기준에서 정부는 합리적 트래픽 관리의 판단기준과 유형 등을 제시하고, 트래픽 관리의 투명성 관련 사항을 다소 구체화했다. 개방 인터넷 원칙이 인터넷 접속사업자의 트래픽 관리에 관한 것이기 때문에, 트래픽 관리에 있어서 불합리한 차별 금지와 합리적 트래픽 관리는 개념적으로 상호 배타적일 수 있고 어느 하나를 규정하면 다른 하나는 자연스럽게 결정될 수 있는 사항이다. 그러나 아직 인터넷은 급속한 기술진보의 과정에 있기 때문에 불합리한 차별적 트래픽 관리와 합리적 트래픽 관리의 판단기준을 분명하게 설정하기 어려운 상황이다. 즉, 개별 사례별로 합리성에 대한 판단이 이루어지고 시간이 지나 경험과 사례가 축적되면서 일반적 원칙이 형성되는 과정을 거쳐 판단기준이 정립되어 나갈 것이다. 미국과 우리나라 모두 불합리한 차별 금지 원칙을 천명하고 있으나, 그 구체성에 있어서는 국가 간에 차이가 있으며 우리나라의 경우 합리적 트래픽 관리에 해당하는 경우에 대한 일부 기준투명성, 비례성 등을 제시하는 수준에 머물러 있다고 할 수 있다.

이 외에 인터넷 개방 정책에 있어서 중요한 정책적 판단사항은 우리나라의 망 중립성 기준, 미국의 개방 인터넷 규칙, 유럽의 인터넷 규제법안EC, 2013이 적용되는 범위에 관한 것이다. 우리나라 망 중립성 기준의 일반원칙은 관리형 서비스에는 원칙적으로 적용되지 않는다.[13] 미국이

13. 망 중립성 기준에 따르면 "관리형 서비스는 인터넷 접속서비스 제공 사업자가 일반적으로 통용되는 최선형 인터넷의 제공 방식과 다른 트래픽 관리기술 등을 통해 전송 대역폭 등 트래픽 전송품질을 보장하는 서비스를 말한다."

나 유럽에서는 우리나라의 관리형 서비스를 특별서비스specialized services로 규정하고 있으며, 미국과 우리나라의 경우는 특별서비스나 관리형 서비스의 추상적인 개념을 제시하는 정도에 그치고 있으나, 유럽의 경우에는 2014년 유럽의회European Parliament를 통과한 인터넷 규제 법안에서 좀 더 상세히 특별서비스의 정의와 허용한계 등을 규정하고 있다.[14]

우리나라의 경우 전기통신사업법령에 따라 이미 초고속인터넷 접속서비스가 기간통신사업으로 분류되어 있기 때문에 인터넷 개방 내지 망 중립성 원칙이 미국이나 유럽과 다르게 문제가 되지 않는다는 주장이 있으나, 전기통신사업법령의 규정에서 인터넷 개방성 원칙을 구체적으로 명시하고 위반했을 때 적용할 벌칙이 규정되어 있지 않기 때문에 타당한 주장이라고 할 수 없다. 만약 그러한 주장이 옳다면 미래창조과학부가 2013년 투명성에 관한 기준을 발표할 이유가 없었고, 실제 KT가 삼성전자 스마트TV를 통한 인터넷 접속을 차단했을 때 정부는 법령 위반으로 제재한 적도 없다.

(2) 미국의 인터넷 개방 정책

1) 미국의 인터넷 개방 정책 경과

미국은 개방 인터넷 정책에 있어서 가장 빨리 그리고 상세하게 법제화를 추진한 국가이다. 2005년 법적 기속력이 없는 인터넷 이용자의

14. 유럽의 특별서비스에 대해서는 유럽의 인터넷 개방 정책을 참조하시오.

자유로운 이용 권리에 관한 인터넷 정책선언Internet Policy Statement을 발표한 이후 2010년 개방 인터넷 규칙Open Internet Rules을 제정해 법적 기속력 있는 제도를 도입하였다. 2005년 이후 2010년까지 연방통신위원회는 개방 인터넷 정책과 관련해 동면기에 있었던 것은 아니고 인터넷의 개방성을 유지 내지 확대하기 위해 다양한 노력을 하였다. 첫째, 통신기업의 인수합병 승인 요청이 있을 때 인터넷 정책 선언을 준수한다는 조건을 붙여 승인함으로써 부분적이고 한시적이기는 하나 기속력 있는 개방 인터넷 정책을 실행하였다FCC, 2010, Speta, 2014.[15] 실제 연방통신위원회는 2005년 SBC와 AT&T의 합병, Verizon과 MCI의 합병을 승인하면서, 그리고 2006년 AT&T와 Bell South의 합병을 승인하면서 개방 인터넷 선언의 준수를 승인조건에 포함시켰다. 둘째, 연방통신위원회는 방송서비스의 디지털 전환 후 과거 아날로그 방송용 주파수를 통신서비스에 사용하기 위한 주파수 경매 할당을 2008년 3월 시행하면서 개방형 플랫폼 제도를 도입하였다Bauer and Wildman ; 2007 ; FCC, 2007a ; 2007b ; FCC, 2008 ; 권영선, 2008 ; 허영준 · 전수연, 2008. 개방형 플랫폼 제도는 인터넷 망의 중립성 보장을 옹호하는 콘텐츠 제공자, 포털사이트 운영자, 일부 통신사업자AT&T, 소비자 등이 700 MHz 대역 경매와 관련해서 줄기차게 도입을 주장했던 사항으로, 당초 망 중립성 옹호론자들은 경매대상 700 MHz 모든 대역에 개방형 플랫폼 제도를 도입할 것을 주장하였으나 연방통신위원회는 C대역에만 개방형 플랫폼 제도를 도입했다. 개방형 플랫폼 제도 옹호론자들은 응용프로그램 개방open applications, 단말기 개방open

---

15. 대개의 경우 합병 승인 조건은 2년간 유효하기 때문에 개방 인터넷 선언의 준수도 2년간 지속된다고 할 수 있다.

devices, 서비스 개방open services, 네트워크 개방open networks이란 네 가지 조건이 모두 C대역 사업자에게 부과될 것을 주장했으나, 연방통신위원회는 C대역 할당조건에 응용프로그램 개방 및 단말기 개방까지만 의무화하였고, 서비스 개방과 네트워크 개방까지 추가하지는 않았다FCC, 2007b. 응용프로그램 개방과 단말기 개방은 네트워크에 장애를 유발시키지 않는 한 네트워크 이용자는 자유롭게 응용프로그램과 단말기를 선택하여 사용할 수 있다는 것을 의미한다. 즉, 무선통신사업자가 특정 응용프로그램을 사용하지 못하도록 방해blocking하거나 특정 응용프로그램만을 사용하도록 강요하지 못하고, 또한 특정 단말기만 사용하도록 제한locking하지 못하도록 미리 서비스 규칙을 정하고 경매를 함으로써 제한적이나마 개방형 네트워크 제도를 도입했던 것이다. 서비스 개방open services은 유선인터넷에서와 같이 인터넷 접속사업자가 이용자의 서비스예: 인터넷 전화, 포털, YouTube 등 선택을 제한하지 못하도록 하는 것을 의미한다. 그리고 네트워크 개방open networks은 네트워크 사업자는 자신이 소비자에게 직접 접속서비스를 제공하지 못하고 망을 타 서비스 제공자에게 도매 제공wholesale 또는 no retail만 할 수 있도록 규제하는 것을 의미한다. 즉, 네트워크 사업자가 소매기능 없이 공중통신사업자common carrier의 역할만 하도록 하는 것이다Wilkie, 2007. 네트워크 개방은 이상론이 아니고 실제 핀란드에서는 이 제도가 2006년에 도입되어 2007년부터 실행되고 있다.[16] 2010년 12월 Verizon이 개방형 플랫폼 규제를 받는 C대역

16. http://www.digita.fi/?lan=en에 가면 핀란드의 개방형 네트워크 사업자의 사업내용을 알 수 있다. Digita는 영국의 National Grid Wireless와 같이 방송네트워크 및 통신네트워크를 운영 및 관리하는 기업이다.

을 이용해 LTE서비스를 시작했고, 연방통신위원회는 개방형 플랫폼 규제의 효과를 관찰하고 있다FCC, 2010, 문단 95.

이 외에 연방통신위원회는 2005년 Comcast가 BitTorrent 파일공유 프로그램 트래픽의 속도를 저하시키고 있다는 소비자집단의 이의를 접수한 후 실제 Comcast가 인터넷 개방 선언을 위반했는지 여부를 2008년 판정하면서, Comcast가 연방통신위원회의 정책을 위반했고 새로운 망 관리 정책을 수립하여 이를 공표하라고 결정했다FCC, 2014. 이 결정을 통해서 FCC는 법규 제정을 통하지 않고 행정심판 결정adjudication을 통해 개방 인터넷 정책을 추진할 수 있다는 판단을 했다FCC, 2014. 그러나 이러한 시도는 이후 Comcast가 제기한 소송에서 법원이 FCC에게는 규제권한이 없음을 이유로 FCC의 행정심판 결정을 2010년 무효화하면서 수포로 돌아갔다FCC, 2014, Speta, 2014. FCC는 2010년 개방 인터넷 규칙Open Internet Rules을 제정해 인터넷의 개방성을 보존하기 위한 FCC의 규제권한과 규제내용을 발표했으나, 2014년 1월 워싱턴 지방순회 법원의 항소심 판결Verizon v. FCC에서 개방 인터넷 규칙의 중요한 세 가지 규정 중 차단 금지no blocking와 불합리한 차별 금지no unreasonable discrimination 규정이 현행 법령상 정보사업자인 인터넷 접속사업자에게 공중통신사업자의 의무를 부과하는 결과를 초래해 통신법 위반임으로 무효인 것으로 판시했다.[17] 미국 연방통신위원회는 법원의 판결에 부합하는 개방 인터넷 규칙 개정안을 만들어 2014년 5월 15일 입법예고하였고, 이해당사자의 의견을 취합해 보완작업을 수행해 2015년 초 초고속인터넷사업자를 공중통신

17. Verizon v. FCC, 740 F.3d 623(D.C. Cir 2014).

사업자로 재분류해 인터넷 개방 원칙의 법적 근거를 명확히 하였다.

2) 미국 개방 인터넷 규칙의 주요 내용

앞서 기술한 바와 같이 2010년 제정된 개방 인터넷 규칙의 세 가지 규제 원칙–투명성, 차단 금지, 불합리한 차별 금지–중에서 투명성 원칙을 제외하고 나머지 두 원칙은 그 자체로 공중통신사업자 의무per se common carriage requirements를 인터넷 접속사업자에게 부과하는 것이 되어 위법인 것으로 판시되었고, 연방통신위원회는 인터넷 접속사업자를 공중통신사업자로 분류해 법규위반 소지를 해소하였다. 여기서는 2010년 발표된 개방 인터넷 규칙과 2014년 5월 발표된 입법예고Notice of Proposed Rulemaking의 내용에 근거해 주요 내용을 소개한다.[18]

2014년 5월 발표된 입법예고는 단순히 2010년 개방 인터넷 규칙을 법원판결에 따라 수정하려는 것이 아니고 2010년 규칙을 제정한 이후 현재까지 인터넷 생태계에서 발생하고 있는 변화를 반영한 새로운 정책방향에 대한 의견을 구하고 있다. 예를 들면, 최근 Verizon과 AT&T는 광고 기반 인터넷 접속서비스 제공 사업방식을 모색하고 있고, 실제 AT&T는 2014년 초 콘텐츠나 서비스 제공 사업자 후원 인터넷 접속서비스sponsored data service를 도입했다.[19] 연방통신위원회는 이러한 사

18. 이하에서 소개되는 내용은 아직 입법과정이 완료되지 않았기 때문에 확정된 사항은 아니다.
19. http://www.att.com/gen/press-room?pid=25183&cdvn=news&newsarticleid=37366&mapcode.

업전략의 변화가 인터넷 개방성에 어떤 영향을 미칠 것인지에 대한 의견을 동 입법예고를 통해 이해당사자에게 구하고 있다FCC, 2014, 문단 38.

우선, 개방 인터넷 규칙의 적용범위는 동 규칙의 적용을 받게 되는 사업자와 사업의 범위를 정하는 것이기 때문에 인터넷 접속사업자와 갈등이 가장 많은 부분의 하나이다. 2010년 규칙Open Internet Rules에서는 초고속인터넷 접속서비스broadband Internet access service를 유무선을 통해 데이터 전송서비스를 일반 대중에게 소매 제공하는 서비스로 규정했었고, 2014년 입법예고에서도 이 부분은 그대로 승계되고 있다.[20] 따라서 기업대상 도매 서비스는 규제대상에서 제외되고 인터넷 접속사업자 간의 전송네트워크core network에서의 상호접속도 규제대상에서 제외된다. 망 중립성 옹호론자와 반대론자 사이에서 첨예하게 대립하는 부분의 하나가 바로 인터넷 접속사업자의 특별서비스specialized services, 우리나라의 관리형 서비스 제공에 관한 부분이다. 특별서비스는 초고속인터넷 접속서비스에 이용되는 인터넷 망의 가입자 망 부분에 있는 시설을 이용해 인터넷 접속사업자가 특별서비스를 가입자에게 제공하는 것을 의미한다FCC, 2010. 그러한 특별서비스의 좋은 예는 바로 설비 기반 인터넷 전화서비스facilities-based VoIP와 IPTV 서비스이다. 특별서비스는 서비스 제공자와 이용자 모두에게 혜택을 주고, 망에 대한 투자를 촉진할 수 있는 장점도 있으나, 문제는 이러한 특별서비스가 허용되면 인터넷 접속사업자가 개방 인터넷 규정을 회피하는 수단으로 악용할 수 있기 때문에 개방 인터

20. "A mass-market retail service by wire or radio that provides the capability to transmit data to and receive data from all or substantially all Internet endpoitns, …(FCC, 2014, 문단 54)"

넷 규정의 실효성이 훼손될 수 있다는 점이다. 그런데 이 특별서비스 규정은 이미 2010년 개방 인터넷 규칙에서 인터넷 접속사업자에게 허용되었었던 사항으로 2014년 개정 입법안에서 새로이 포함된 것은 아니다FCC, 2014, 문단 60. 2014년 개정 입법안은 2010년 규정을 승계하면서 특별서비스 허용에도 불구하고 인터넷 개방성이 침해받지 않도록 보장할 수 있는 방안에 대한 조언을 구하고 있고, 또한 특별서비스의 내용을 현재 정의하지 않고 있으나 유럽과 같이 좀 더 구체적으로 규정해야 하는가에 대해서도 의견을 묻고 있다.

트래픽 관리와 관련된 정보의 투명한 공개규정transparency requirements은 2014년 초 법원에 의해 적법한 것으로 판결이 났고, 햇볕이 가장 좋은 살균제라는 속담과 같이 인터넷 접속사업자의 트래픽 관리방식에 대한 정확한 정보가 공개되면 가장 효과적이면서도 가장 시장친화적인 인터넷 개방성 보호장치가 될 수 있다는 논거를 바탕으로 연방통신위원회는 개정안에서 투명성 관련 규정을 대폭 강화시켰다FCC, 2014. 첫째, 2010년 규칙에서는 인터넷 접속사업자들이 이용자, 콘텐츠 및 서비스 제공자, 규제자에게 동일한 정보를 제공함으로써 투명성 규정을 충족시킬 수 있었으나, 새 개정안에서는 정보 수요자별로 차별화된 맞춤형 정보를 제공tailored disclosure하도록 하는 조항을 포함시켰다FCC, 2014. 일반 이용자는 우선 콘텐츠나 서비스 제공자edge providers에게 제공되는 정보에 사용된 용어를 이해하지 못할 수 있고 관심 있는 정보가 다를 수 있기 때문이다. 둘째, 인터넷 접속서비스 제공자가 네트워크 관리 정보를 공개함에 있어서 차단block, 속도 저하throttling, 유료 우선이용제도pay for priority를 변경할 때는 이해당사자이용자, 콘텐츠 및 서비스 제공자, 규제기관에게 신속히timely 공개해야 한다. 셋째, 이용자가 제공되는 정보를 쉽게 이해할 수 있도록 표준양식을 만드는 방안을 검토하고 있고, 월정 데이터 사용 제한data caps이 있을 경우 응용프로그램별로 또는 기기별로 데이터 사용량 정보를 제공하도록 하는 방안도 포함되어 있다. 넷째, 콘텐츠와 서비스 제공자edge providers의 종류별로 얻고자 하는 네트워크 정보가 다를 수 있기 때문에 차별화하는 방안도 검토하고 있다. 다섯째, 유무선인터넷의 성능을 객관적으로 측정하기 위한 방법과 지표를 개발하고 있으며, 무선인터넷의 성능을 측정하기 위한 앱speed test app을 개발해 공개했고 이에 관한 의견을 구하고 있다. 여섯째, 혼잡 관리를 위한 트래픽 관리는 합리적 트래픽 관리로 용인되는 만큼, 혼잡의 원인, 발생 위치와 시간, 혼잡으로 인한 트래픽 손실, 혼잡 지속시간을 공개하도록 요구할 예정이다. 여섯째, 끝으로 투명성 규정을 위반했을 때 벌금monetary penalties을 부과하거나 징벌을 부과할 수 있도록 근거 규정을 포함하는 것도 검토한다FCC, 2014.

2014년 5월 개방 인터넷 규정 개정안에서 2010년 개방 인터넷 규칙과 크게 달라진 것이 차단 금지와 불합리한 차별 금지 관련 부분이다. 우선 차단 금지no blocking 규정의 경우 2010년 규정을 표현상으로는 그대로 유지하고 있으나, 이전과 다르게 용어의 정의를 통해 차단block의 의미를 명확히 하였다. 정의에 따르면 차단은 인터넷 접속사업자가 이용자나 다른 콘텐츠 및 서비스 제공자가 인터넷을 효과적으로 사용할 수 있을 만큼 충분히 안정적robust이고 빠르고fast 동태적dynamic으로 변하는 최소한의 접속수준a minimum level of access을 콘텐츠 및 서비스 제공자edge providers에게 제공하지 않는 것을 의미하는 것이라고 규정한다47 CFR

§8.11 (a). 따라서 인터넷 접속사업자가 최소 수준 미만으로 합법적 콘텐츠 또는 서비스의 질을 저하시키지 않는 한, 인터넷 접속사업자는 콘텐츠 및 서비스 제공자edge providers와 개별적인 협상을 통해서 차별화된 서비스를 제공할 수 있게 된 것이다FCC, 2014, 문단 89. 즉, 2010년 개방 인터넷 규정FCC, 2010, 문단 67에서는 인정되지 않았던 인터넷 사업자의 유료 우선전송pay for priority이 상업적으로 불합리한 행위commercially unreasonable practices가 아니면 가능해진 것이다.[21] 달리 표현하면 최소 수준의 인터넷 접속서비스는 콘텐츠 및 서비스 제공자edge providers에게 무차별적으로 제공되어야 하나no blocking and no unreasonable discrimination 그 이상의 서비스 질에 대해서는 상업적 합리성 기준commercial reasonableness rule을 충족한다는 조건 하에 요금 기반 차별화가 가능해진 것이다. FCC2014가 이처럼 차단 금지 규정의 실체적 내용을 변경한 것은 2014년 1월 법원 판결로 2010년 개방 인터넷 규정의 차단 금지 규정이 인터넷 접속사업자ISP에게 공중통신사업자common carrier의 의무를 부과하는 결과를 초래하기 때문에 통신법 위반이라고 판시되었기 때문이다. 그 판결에서 법원

---

21. 유료 우선전송(pay for priority)은 인터넷 접속사업자와 제3자 간에 상업적 계약을 통해 특정 트래픽을 다른 트래픽에 비해 우선적으로 전송하는 것을 의미한다(FCC, 2010, 문단 76). 연방통신위원회(FCC, 2010)는 당초 유료 우선전송이 네 가지 근거에서 문제가 있다고 보았다. 첫째, 인터넷의 과거 및 현재 정보처리 방식과 크게 차이가 있다. 둘째, 인터넷에서 혁신과 투자를 위축시킬 수 있다. 이는 차별적 요금으로 새로운 콘텐츠 사업자의 진입이 위축되고 사업자 간 협상과정에서 거래비용이 발생하기 때문이다. 셋째, 비영리 콘텐츠 제공자의 이익을 침해할 수 있다. 넷째, 유료 우선전송이 가능해지면 유료 사용을 촉진하기 위해 인터넷 접속사업자들이 일반 인터넷의 품질을 저하시킬 수 있다. 이러한 이유로 유료 우선전송 방식이 2010년 개방 인터넷 규정의 불합리한 차별 금지 규정에 위배되는 것으로 간주되었고, 따라서 허용되지 않는 것으로 연방통신위원회는 설명하고 있다.

은 최소한의 서비스 수준을 초과하는 부분에 대해서만 인터넷 접속사업자와 인터넷의 콘텐츠 및 서비스 제공자edge providers 사이에 개별 협상이 가능하도록 규정을 수정하면 개방 인터넷 규정 자체가 공중통신사업자 의무를 인터넷 접속사업자에게 부과하는 것은 아니라는 조언을 했고, 연방통신위원회가 그러한 조언에 따라 개방 인터넷 규칙 수정안을 만든 것이다. 그러나 2014년 개방 인터넷 규칙 개정안에서 아직 2010년 인터넷 개방 규칙의 강한 차단 금지 규정을 유지하는 것에 대한 의견도 묻고 있음을 감안할 때, 연방통신위원회가 강한 차단 금지 규정을 완전히 포기했다고 단정할 수는 없다FCC, 2014, 문단 96. 개방 인터넷 규칙에 따라 인터넷 접속사업자의 행위를 규제해야 하는 FCC는 현재 개정안에 규정된 최소 수준의 인터넷 접속서비스를 누구의 관점에서 어떤 기준으로 정하느냐의 문제를 해결하기 위해 세 가지 대안을 제시하고 있다. 전통적인 인터넷 구조에서 실현 가능한 최선형 서비스의 속도로 정하는 방법, 최저 속도와 같이 어떤 특정 기술적 지표를 이용해 설정하는 방법, 전형적인 인터넷 이용자의 합리적 기대를 충족시키는 수준으로 정하는 방법 등을 제시하고 이해당사자의 의견을 구하고 있다FCC, 2014, 문단 97-104.

차단 금지 규정의 개념이 바뀌면서 유선인터넷 접속사업자에게만 적용되는 2010년 인터넷 개방 규칙의 불합리한 차별 금지 규정no unreasonable discrimination 또한 상업적으로 불합리한 행위금지no commercially unreasonable practices 규정으로 수정되었다47 CFR §8.7. 이러한 변화는 인터넷 접속사업자를 통신사업자로 재분류하지 않고 인터넷의 개방성을 보호하려는 입장에서는 불가피한 것이었다. 이미 법원이 불합리한 차별 금지 규정이 정보사업자인 인터넷 접속사업자에게 공중통신사업자의 의무를 부과하는 통신법 위반인 것으로 판결했고, 또한 최소한의 인터넷 접속서비스 수준은 무차별적으로 보장하되 인터넷 접속사업자[ISP]와 콘텐츠 및 서비스 제공자[edge providers] 사이에 개별적 협상을 통해 차별적 요금에 차별적 인터넷 접속서비스 제공이 가능해지면서 이 조항의 개정이 불가피하게 된 것이었다. 연방통신위원회는 2014년 Verizon v. FCC 판결에서 법원이 제안한 것과 같이 사업자 간 개별적 협상을 허용하면서 단지 그러한 협상에 의한 계약행위가 상업적으로 합리적이어야 한다는 기준을 충족해야 한다고 함으로써 통신법 위반 논쟁을 비껴가면서 동시에 개방 인터넷 정신을 살리고자 한 것이다. 즉, 차단 금지 규정을 충족한 행위라 하더라도 상업적으로 불합리한 행위이면 규제를 받게 된다는 것이다. 연방통신위원회는 사업자 간 계약의 상업적 합리성 충족 여부를 판단하는 기준을 만들려고 하고 있으며, 고려하게 될 주요 변수로는 경쟁에 미치는 영향, 소비자 이익과 인터넷에서 표현의 자유에 미치는 영향, 기술적 요인, 신의성실[good will]에 의한 계약 여부 등이 거론되고 있다[FCC, 2014, 문단 122-135].

(3) 유럽의 인터넷 개방 정책

유럽은 전통적으로 인터넷 개방 정책을 추진하는 데 있어서 미국보다는 소극적 입장을 견지했었다[Eijk, 2014 ; Marsden, 2014 ; Trute ; 2014]. 그러나 앞서 소개한 것과 같이 유럽의회는 2014년 4월 초 미국보다 강한 망 중립성 규제내용을 담고 있는 법안을 통과시켰다. 앞으로 새로 형성될 유럽의회에서 재통과되어야 하고 28개 EU회원국의 개별적 승인을 얻어야 기속력 있는 법령으로 발효되나, 망 중립성 정책에서 미국에 뒤쳐져 있던 유럽이 한발 앞서 가는 전환점이 되었다는 평가를 받고 있다.[22]

유럽의 망 중립성 법안은 심의과정에서 초안보다 강화되었다. 주요 내용을 소개하면 우선, 망 중립성에 대한 정의를 명확히 내리고 있다. 망 중립성net neutrality 원칙은 트래픽이 발송자, 수신자, 종류, 내용, 기기, 서비스 또는 응용프로그램의 종류와 관계없이 차별, 제약, 간섭 없이 동등하게 처리되어야 한다는 것이다.[23] 이 정의는 미국의 2010년 개방 인터넷 규칙의 차단 금지 및 불합리한 차별 금지를 모두 포함하는 규정으로 이해할 수 있다. 이러한 강한 망 중립성 규정의 도입은 2012년 BERECBody of European Regulators for Electronic Communications가 유럽 인터넷 접속사업자들의 트래픽 관리 현황에 대한 조사보고서를 통해서 유럽 내에 트래픽 차단 및 속도저하 사례가 상당 수준 존재한다고 보고하면서 촉발되었다BEREC, 2012 ; EC, 2013, 문단 45. 둘째, 인터넷 이용자end users는 인터넷 접속사업자, 콘텐츠 및 서비스 제공자들과 일반 인터넷보다 우수한 품질enhanced 또는 품질이 보장된assured service quality 서비스계약을 체결할 수 있다. 이 규정은 미국의 개정안에서 개별적 서비스계약 체결이 허용된 것과 유사하나 보다 까다로운 조건을 붙이고 있다. 우선, 인터넷 접속사업자는 이 경우 우수한 품질의 서비스 제공으로 일반 인터넷의 품

---

22. http://www.zdnet.com/eu-net-neutrality-passes-vote-7000027998/.
23. "The principle of "net neutrality" means that traffic should be treated equally, without discrimination, restriction or interference, independent of the sender, receiver, type, content, device, service or application." (Source : http://www.europarl.europa.eu/sides/getDoc.do?pubRef=-//EP//NONSGML+AMD+ A7-2014-0190+237- 244+DOC+PDF+V0//EN).

질이 침해받지 않도록 보장해야 하고, 또한 트래픽 관리에 있어서 서비스나 응용프로그램 사이에 차별을 해서는 안 된다고 규정하고 있다. 셋째, 미국의 개방 인터넷 규칙 수정안에서와 같이 콘텐츠 및 서비스 제공자edge providers와 인터넷 접속사업자 간에 유연한 차별적인 서비스계약을 체결할 수 있다. 단, 이와 같은 특별서비스 계약의 체결로 인하여 일반 인터넷 접속서비스의 품질이 침해받아서는 안 된다고 규정하고 있다 EC, 2013, 문단 50. 보다 구체적으로 특별서비스는 일반 인터넷 접속서비스 용량에 더하여 특별서비스를 제공하기에 충분한 만큼의 네트워크 용량이 존재하고, 일반 인터넷 서비스의 접속 품질이나 가용성을 해지치 않을 때만 제공될 수 있다고 규정하고 있다.

아울러 유럽은 미국의 개정안에서와는 다르게 특별서비스를 특정 콘텐츠, 응용프로그램이나 서비스, 또는 이들의 결합서비스를 위해 최적화된 전자통신서비스로 명시적으로 정의하면서, 동 서비스는 논리적으로 구분된 망의 용량logically distinct capacity을 이용해 제공되고, 엄격한 가입과정을 거치고, 단 대 단end to end에 걸쳐 향상된 품질의 데이터 전송기능을 제공하나, 일반 인터넷 접속서비스의 대체수단으로 사용되거나 판매되어서는 안 된다고 규정하고 있다.[24]

넷째, 유럽의 개방 인터넷 규정에서는 미국의 경우와 다르게 유무

24. "Specialised service means an electronic communications service optimised for specific content, applications or services, or a combination thereof, provided over logically distinct capacity, relying on strict admission control, offering functionality requiring enhanced quality from end to end and that is not marketed or usable as a substitute for internet access service." (Source : http://www.europarl.europa.eu/sides/getDoc.do?pubRef=-//EP//NONSGML+AMD+A7-2014-0190+237-244+DOC+PDF+V0//EN).

선 사업자를 구분하지 않고 망 중립성 규제를 적용하고 있다.

끝으로, 트래픽 관리 정보는 투명하게 공개되어야 하고, 비차별적이고 비례성을 충족해야 한다고 규정하고 있다. 트래픽 관리는 법원의 명령을 집행하고, 네트워크, 서비스와 단말장치의 안전을 보장하고, 일시적이고 예외적인 네트워크 혼잡을 완화하거나 방지하기 위해 필요할 때만 사용되어야 한다고 아주 제한적으로 규정하고 있다. 또한 트래픽 관리는 필요 이상으로 오래 사용돼서는 안 된다고 규정하고 있다.

6. 우리나라 인터넷 개방 정책 방향

우리나라의 경우에는 현재 망 중립성 정책과 관련하여 법적 기속력을 갖지 않고 선언적 의미만을 갖는 정책선언이 두 차례 있었다. 2011년 말 방송통신위원회는 '망 중립성 및 인터넷 트래픽 관리에 관한 가이드라인' 을 발표했고, 이 가이드라인에 미국의 2005년 인터넷 정책선언Internet Policy Statement과 2010년 개방 인터넷 규칙에 포함된 것과 유사한 이용자의 자유로운 이용권, 인터넷 트래픽 관리의 투명성, 차단 금지, 불합리한 차별 금지, 합리적 트래픽 관리에 관한 기본 원칙을 포함하였다. 이어 미래창조과학부는 2013년 말 '통신망의 합리적 트래픽 관리 · 이용과 트래픽 관리의 투명성에 관한 기준' 을 통해 인터넷 접속사업자의 트래픽 관리의 투명성 확보를 위한 좀 더 구체적 내용을 발표하였다방송통신위원회, 2011 ; 미래창조과학부, 2013. 정부는 가이드라인을 통해 "개방적이고 공정한 인터넷 이용환경을 조성하고 ICT 생태계의 건전하고 지속 가능한 발전을 도모" 한다고 했으나, 가이드라인의 기본 원칙과 관리형 서비스 허용 정책이 가이드라인의 목적 달성에 어떻게 기여할 것인지에 대한 설명을 전혀 제공하지 않고 있다. 즉, 개별 원칙이 어떤 과정을 거쳐서 가이드라인의 목적 달성에 기여할 것인지에 대한 논리적 설명이 제공되지 않았고 2013년 발표된 문건에서도 마찬가지이다. 우리나라 정책형성 과정의 후진성을 보여주는 단적인 예라고 할 수 있다.

이제 외국의 경우와 비교해 우리나라 인터넷 개방 정책의 방향을 제안하면 다섯 가지를 제안할 수 있다.

첫째, 미국은 이미 2010년 개방 인터넷 규칙을 제정해 통신법 체계 속에 포함시켰고, 유럽의회는 유럽을 상호 연계된 단일 통신시장으로 묶기 위한 법령을 만들면서 2014년 망 중립성 정책을 입법하였다. 그러나 우리나라는 전 세계적으로 유무선인터넷의 시설과 활용에 있어서 앞서 있다고 자부함에도 불구하고 인터넷 개방성 보호 및 향상을 위한 법제화 논의는 전혀 없다고 할 수 있다. 인터넷 이용자 시장이 포화된 상태에서 매출 정체에 빠져 있는 인터넷 접속사업자들은 성장을 위해 콘텐츠 시장으로 진출하려 하고, 새로운 수익원을 찾고 있기 때문에 인터넷을 접속사업자의 이윤증대를 위한 지렛대로 이용할 유인을 충분히 갖고 있다. 즉, 우리나라도 인터넷 개방성 보호 및 향상을 위해 보다 적극적으로 법제화하는 논의를 시작할 필요가 있다. 특히, 미국과 유럽에서 시작된 인터넷 개방성 법제화의 논리적 근거는 인터넷 생태계는 이용자가 콘텐츠, 응용프로그램, 서비스를 자유로이 선택할 수 있을 때 번창한다는 것으로서 일반적으로 받아들여지는 논리이다. 우리나라에서도 인터넷 접속사업자가 이미 특정 트래픽이나 기기의 접속차단 사례가 있었음을 고려할 때, 단순히 전기통신사업법령상 초고속인터넷서비스가 기간통신서비스로 분류되었기 때문에 문제될 것이 없다고 방치하지 말고 인터넷의 개방성을 보호하기 위해 법령에 적극적으로 법제화하고 처벌 규정을 도입해 선언적인 수준에 머물고 있는 망 중립성 기준의 법적 실효성을 서둘러 확보할 필요가 있다.

둘째, 우리나라의 규제기관은 단순히 망 중립성 기준과 보충적인 투명성에 관한 기준을 발표하였을 뿐, 왜 이러한 기준을 제정해야 하는지, 법제화는 필요한 것인지와 같은 근본적인 이유를 설명하지 않고 있다. 단지 "망 자원의 합리적이고 효율적인 이용환경을 조성하여 ICT 생태계의 건전하고 지속 가능한 발전을 도모" 한다고 기술하고 있으나, 어떤 과정을 통해 그러한 목적이 달성되는지에 대한 설명이 없다. 인터넷 생태계 참여자들의 행태를 결정하는 유인체계에 대한 뚜렷한 논리구조 없이는 일관성 있는 인터넷 개방 정책의 수립이 불가능하고 단지 외국의 사례를 모방하는 수준에 머물 수밖에 없다. 즉, 모방 단계에 머물고 있는 개방 인터넷 정책을 독창적이고 선도적인 정책으로 전환하기 위한 노력이 필요하다.

셋째, 미국의 인터넷 개방성 논의에서 거론된 것과 같이 관리형 서비스는 인터넷 접속사업자의 수익 향상에 기여할 것이고, 자연히 인터넷 접속사업자는 일반 인터넷 접속서비스의 질을 저하시킬 유인을 가질 수 있기 때문에 인터넷 개방성을 침해할 가장 큰 위협요인이다. 따라서 우리나라의 망 중립성 기준에서 방치된 수준에 머물고 있는 관리형 서비스에 대해서 보다 상세한 규정이 마련되어야 한다. 인터넷 개방 정책의 핵심 사항의 하나가 관리형 서비스와 일반 인터넷 접속서비스의 관계에 관한 것으로 우리나라의 망 중립성 기준에서는 일반 인터넷 접속서비스최선형 인터넷의 품질이 적정 수준 이하로 저하되지 않는 범위 내에서 제공할 수 있다고만 규정되어 있다. 문제는 일반 인터넷 접속서비스의 품질의 적정 수준을 어떻게 판단하고 누가 판단할 것인가에 대한 규정이 전혀 없기 때문에 사실상 관리형 서비스에 대한 실효성 있는 규제가 불가능한 상태이다. 또한 관리형 서비스는 투명성에 관한 기준은 적용되지 않는다고 규정하고 있기 때문에 정보공개의 대상에서 제외되어 있는 것으로 판단된다. 그러나 일반 인터넷 접속서비스와 관리형 서비스가 인터넷의 대역폭용량을 공유하기 때문에 두 서비스 사이에 어떻게 인터넷 용량이 배분되고 있는지에 관한 정보도 공개되어야 한다. 관리형 서비스의 정의를 좀 더 구체화하고 일반 인터넷 접속서비스가 우선적으로 제공되고, 관리형 서비스는 여유 대역폭을 활용해 제공되는 보충적 서비스여야 한다는 것을 규정해 관리형 서비스가 일반 인터넷 접속서비스를 대체하지 않도록 해야 한다.

넷째, 미국의 경우와 같이 명시적으로 종량요금제를 허용하고 있는 사례도 있고, 트래픽이 폭증하는 현재의 상태를 고려할 때 우리나라의 경우도 유선인터넷의 정액요금제를 종량요금제로 전환할 필요성이 있다. 특히 종량요금제는 이용자가 주체가 되어 트래픽을 경제적으로 관리하는 수단이므로 유선인터넷에도 허용하는 방안을 추진할 필요성이 있다. 다만, 종량제의 도입으로 저소득층이 인터넷 이용에서 배제되지 않도록 일정한 시간 또는 양의 초고속인터넷 사용은 모든 국민 또는 일정 기준을 충족한 저소득층에게 보편적 서비스로서 보장하는 정책을 보완적으로 사용해야 한다.

다섯째, 미국과 우리나라의 경우 유무선인터넷에 대해 다른 수준의 규제를 적용하고 있으나, 유럽의 경우에는 유무선인터넷을 분리해 규제하는 개방 인터넷 규정을 마련하지 않고 있다. 유무선 통합으로 양자의 구분이 사라지고 있으므로 유무선인터넷을 구분해 차별적으로 규제할 필요는 없다고 본다.

7. 미래 인터넷과 인터넷의 개방성

미국과 유럽이 인터넷 개방 정책을 강화해 나가고 있음을 고려할 때 미래 인터넷의 생태계는 개방성을 기반으로 더욱 풍성해질 것이다. 다만, 인터넷 접속사업자들은 접속서비스 시장이 성숙된 상태에서 매출성장의 한계에 직면해 있기 때문에 새로운 성장의 돌파구를 찾기 위해 인터넷 생태계에 대한 지배력을 강화하고자 노력할 것이다. 즉, 여전히 인터넷의 개방성을 둘러싼 찬반 논쟁이 지속될 것이고, 상충된 이해관계를 생산적으로 해결하기 위해서는 현재 인터넷 접속서비스 산업의 구조를 근본적으로 바꾸어야 한다.

많은 국가에서 초고속인터넷 접속서비스는 민간 사업자에 의해 제한적이지만 경쟁을 통해 제공되고 있다. 우리나라의 경우에도 전국 망을 보유하고 초고속인터넷서비스를 제공하는 사업자가 3개 있고, 지역별로 초고속인터넷서비스를 제공하는 케이블 사업자가 있다. 네트워크에 대한 중복투자가 많은 것이다. 또한 무선인터넷 접속서비스에 있어서 제한된 주파수를 3개 사업자가 나누어 쓰면서 주파수의 부족 문제는 더욱 심각해지고 있다. 이러한 환경변화를 고려할 때 경쟁적 인터넷 접속서비스 제공방식에 대한 근본적인 성찰이 필요한 시점이다.

어느 나라도 복수의 사업자가 중복해 고속도로를 건설해 서비스를 제공하지 않는다. 복수의 사업자가 도시가스 서비스를 제공하기 위해 가스관을 중복해 포설하지도 않는다. 그러나 유독 인터넷 사업과 무선통신서비스 산업에서만 설비경쟁이 유지되고 있다. 이제는 인터넷 접속서비스 산업에서도 독점사업이 필요한 시점이 되었다고 할 수 있다. 전국 망을 가진 사업자가 3개 존재하고 케이블사업자도 있음을 고려할 때 많은 네트워크 시설의 중복이 우리나라에 존재하는 것이다. 특히, 무선인터넷에 반드시 필요한 주파수도 3개 사업자가 쪼개어 사용하면서 비효율적으로 활용되고 있다. 초고속인터넷서비스가 이제 모든 국민이 일상생활에서 반드시 이용해야 하는 필수 서비스가 되었다는 점을 고려할 때, 미래에는 인터넷 접속서비스가 민간 서비스에서 공공서비스로 전환되어 갈 것이다. 그러면 인터넷 망도 중복해서 존재할 이유가 없다. 오히려 독점으로 전환해야 망 투자비용도 절약하고 제한된 주파수도 훨씬 효율적으로 이용할 수 있게 된다. 만약 동시에 경쟁의 장점도 살리고자 한다면, 인터넷 망의 관리와 투자는 공공 독점사업자에게 맡기고 민간 사업자에게 인터넷 접속 소매서비스를 맡기면 된다. 마치 이동전화 시장에서 네트워크 없이 도매로 무선통신 용량을 구매해 소비자에게 소매하는 가상이동통신서비스MVNO와 같이 서비스 부문에만 경쟁을 도입하면 된다.

이러한 인터넷 독점 도매사업자제도는 실제 호주에서 유선부문의 경우 이미 시행되고 있다. 즉, 호주의 경우 국가초고속인터넷기업national broadband network co.이 독점적으로 초고속인터넷서비스를 도매 제공하고 있고, 민간기업은 소매 서비스 사업자로서 서비스 기반 경쟁을 하는 것이다. 이렇게 되면 인터넷의 개방성은 자연스럽게 확보된다. 이는 독점 네트워크 사업자는 소매나 콘텐츠 제공 사업을 하지 않기 때문에 차별적으로 서비스를 제공할 유인이 없고, 또한 독점 사업자이기 때문에 접속 요금의 산정에 있어서뿐만 아니라 차단 금지 및 비차별적 서비스 제공을 위한 정부의 규제도 받게 되어 지나친 이윤추구 행위를 할 수 없게 된다.

이제는 우리나라도 인터넷 인프라 정책을 근본적으로 재검토해 미래지향적으로 혁신을 해나가야 할 시점이다. 우리나라의 많은 정책 영역에서 추격형 전략을 버리고 탈 추격형 발전전략을 선택해 신기술 개발 및 새로운 정책 개발을 추진해 나가고 있다. 그러나 유독 인터넷 정책분야에 있어서는 아직까지 선진국 모방 전략에서 벗어나지 못하고 있다. 우리나라의 우수한 네트워크 기반과 앞서가는 인터넷 활용수준을 감안할 때 우리의 강점인 우수한 인터넷 기반을 창의적 · 생산적으로 활용하기 위한 혁신적인 인터넷 전략을 통해 인터넷 생태계를 풍성하게 할 수 있음에 불구하고 그러지 못하고 있는 것이다. 특히, 인터넷은 경제활동에 있어서나 일상생활에 있어서 반드시 필요한 범용 인프라가 되었다. 현재는 인터넷을 창의적 · 생산적으로 활용하기 위한 국제 경쟁에서 뒤처지면 경제발전에서 뒤처지는 시대이다. 혁신적인 인터넷 인프라 정책을 통해 우리나라가 인터넷 콘텐츠 계층에 중점을 둔 미래지향적 인터넷 정책을 선도해 나가기를 바라며 이 글을 마친다.

[참고문헌]

권영선 (2008),「망 중립성 확산과 방송 산업의 구조변화 예측: 미국 700 MHz 대역 경매사례를 중심으로」,「방송채널로서의 전자통신망 : 융합미디어 시대의 네트워크 정책」, 그 진단과 모색, 방송학회 학술 세미나 (2008.5.30., 방송회관).

______(2014),「인터넷 개방성 : 왜 보호하고 어떻게 보호할 것인가?」,『텔코저널』, 2 : 9 ~ 40.

미래창조과학부 (2013),『통신망의 합리적 관리 · 이용과 트래픽 관리의 투명성에 관한 기준』.

방송통신위원회 (2011),『망 중립성 및 인터넷 트래픽 관리에 관한 가이드라인』.

차동완 · 정용주 · 윤문길 (2004),『개념으로 풀어본 인터넷정보기술』, 서울 : 홍릉출판사.

최영 · 황상재 (2007),「네트워크 중립성의 쟁점과 정책적 함의 : 균형점을 찾아서」,『사이버커뮤니케이션학보』, 24 : 117 ~ 148.

한국인터넷진흥원 (2014), 2014년 인터넷이용실태조사.

허영준 · 전수연 (2008),「미국 700MHz 주파수 경매결과」,『정보통신정책』, 20(6) : 1-23.

Badamsuren, B., Y. Kwon and J. J. Rho (2014), "Measuring the effects of policy reform in the Mongolian mobile communications industry," *Asian Journal of Information and Communications*, 6 : 38-54.

Bauer, J. M. and S. S. Wildman. (2007), "700 MHz auction design : A critical juncture for U.S. communications," *Quello Center Policy Commentary* 02-07, 2007, http://quello.msu.edu/

commentary/qcpc-0207.pdf.

Benjamin, S. M., D. G. Lichtman, H. Shelanski, and P. J. Weiser, (2006), *Telecommunications law and policy*, 2/E. Durham, NC, Carolina Academic Press.

BEREC, Overview of BEREC approach to net neutrality, BoR(12)146, 2012a, http://berec.europa.eu/files/document_register_store/2012/12/BoR_(12)_140_Overview+of+BEREC+approach+to+NN_2012.11.27.pdf.

______, Summary of BEREC positions on net neutrality, BoR(12)146, 2012b, http://berec.europa.eu/files/document_register_store/2012/12/BoR_(12)_146_Summary_of_BEREC_positions_on_net_neutrality2.pdf.

______, Findings on traffic management practices in Europe, BoR(12)30, 2012c, http://berec.europa.eu/eng/document_register/subject_matter/berec/reports/45-berec-findings-on-traffic-management-practices-in-europe.

Brock, G. W. (2002), "Historical overview," in M.E. Cave, S.K. Majumdar, & I. Vogelsang(Eds.), *Handbook of Telecommunications Economics I*, 43-74. Amsterdam, Netherlands, Elsevier : 2002.

EC, Proposal for a regulation of the European Parliament and of the Council laying down measures concerning the European single market for electronic communications and to achieve a Connected Continent, and amending Directives 2002/20/EC, 2002/21/EC and 2002/22/EC and Regulations (EC) No 1211/

2009 and(EU) No 531/2012, 2013.

Eijk, N. van (2014) "Net neutrality in the Netherlands", *Journal of Law & Economic Regulation*, 7 : 146-162.

FCC. (2005), "Appropriate framework for broadband access to the Internet over wireline facilities," *Policy Statement* (CC Docket No. 02-33).

____, "FCC revises 700 MHz rules to advance interoperable public safety communications and promote wireless broadband deployment," News Release, 2007a, http://hraunfoss.fcc.gov/edocs_public/attachmatch/DOC-275669A1.pdf.

____, "Service Rules for the 698-746, 747-762 and 777-792 MHz Bands", Second Report and Order : FCC 07-132, 2007b, http://hraunfoss.fcc.gov/edocs_public/ attachmatch/FCC-07-132A1.pdf.

____, Auction of 700 MHz band licenses closes., Public Notice : DA 08-595, 2008.

____, "Preserving the open Internet." Report and Order (GN Docket No. 09-191). 2010.

_____(2014), "Protecting and promoting the open Internet," Notice of Proposed Rulemaking (GN Docket No. 14-28).

Han, J. (2012), *Networked information technologies, elections, and politics: Korea and the United States*. New York : The Lexington Books.

Hass, D. A. (2007), "The Never-Was-Neutral net and why informed end users can end the net neutrality debates Berkeley",

Technology Law Journal, 22 : 1563–1633.

ITU (2014), "ICT facts and figures 2014". http://www.itu.int/en/ITU-D/Statistics/Pages/stat/default.aspx.

Kim, Y. K. (2014), "Net neutrality regulation and management of Internet traffic of Korea : Issues and evaluation," *Journal of Law & Economic Regulation*, 7 : 7–26.

Kim, Y. and H. Ahn (2012), "A literature survey on network neutrality," *Telecommunications Review*, 22 : 18–31.

Kwon, Y. (2008), "What is missing in spectrum management regime debates? Owning versus leasing". in Ramakistaiah Jilla(Ed.), *Spectrum Law and Governance*, 120–135. Hyderabad, India, Icfai University Press. 2008.

__________(2014), "Economies of scale and diversification : Understanding the evolution of the mobile telecommunica-tions market," *The Korean Journal of the Information Society*, 15 : 1–24.

Kwon, Y. and B. Kim (2012), "Royalties vs. upfront lump-sum fees in data communication environments," *Telecommunications Policy*, 36 : 127–139.

Kwon, Y. and C. Nam. (2004), "Changing economic nature of network resources due to Network Convergence," The 32nd Research Conference on Communication, Information and Internet Policy(TPRC 2004), George Mason University, Arlington, Virginia, U.S.A.

Litan, R. E., and H. J. Singer (2007), "Unintended consequences of net neutrality regulation," *Journal on Telecommunications and High Technology Law*, 5(3) : 533–572.

Marsden, C. (2014), "Net neutrality regulation in the UK : More transparency and switching," *Journal of Law & Economic Regulation*, 7 : 44–68.

Schewick, B. V. (2007), "Towards an economic framework for network neutrality regulation," *Journal on Telecommunications and High Technology Law*, 5(2) : 329–392.

Speta, J. B. (2014), "The United States' uncertain approach to network neutrality," *Journal of Law & Economic Regulation*, 7 : 27–43.

Trute, H. H. (2014), "Net neutrality in Europe and Germany," *Journal of Law & Economic Regulation*, 7 : 97–112.

Wilkie, S. (2007), "Open access for the 700 MHz auction : Wholesale access licensing promotes competition and could increase auction revenue," *Issue Brief* #21 :, New America Foundation.

Wu, T. (2003), "Network neutrality, broadband discrimination," *Journal on Telecommunications and High Technology Law*, 2 : 141–176.

_______(2008), Network neutrality FAQ. http://timwu.org/network_neutrality.html.

Yoo, C. S. (2004), "Would mandating broadband network neutrality help or hurt competition? A comment on the end-to-end debate," *Journal on Telecommunications and High Technology Law*, 3 : 23–68.

제5장

ICT산업과 공정경쟁

권남훈(건국대학교 경제학과 교수)

공정한 경쟁의 환경을 조성하는 것은 ICT산업뿐 아니라 모든 산업의 발전에 있어서 중요한 전제조건이다. 하지만 ICT산업의 기반이 되는 통신산업은 오랜 동안 규제독점적 산업구조를 유지하다가 민영화 및 경쟁 도입의 과정을 거치며 경쟁적 과점산업의 구조로 이행하였다는 점에서 공정경쟁 규제에 대한 이해의 필요성이 더욱 크다. 본 장에서는 이러한 관점에서 ICT산업의 공정경쟁 규제에 대한 이해를 높이고자 하였다. 구체적으로는 먼저 시장지배력의 판단과 시장획정, 기업결합 심사, 시장지배적 지위 남용 판단, 부당한 공동행위 및 불공정거래행위 규제 등 전통적인 공정거래 규제의 일반요소들을 살펴보고, 이를 ICT산업의 특성과 그와 관련된 이슈들을 중심으로 살펴보았다. 다음으로는 몇 가지 ICT산업에 있어서 특히 쟁점이 되었던 주요 이슈들에 대해 살펴보았는데, 그 내용은 다음과 같다. 첫째, ICT산업은 동태적 혁신성으로 인해 집행오류의 비용이 높고, 실무적 한계도 크다는 점에서 경쟁법 적용이 신중해질 필요가 있다. 둘째, 통신산업은 전통적으로 필수설비에 대한 거래 거절 행위가 중요한 규제대상이었으나 산업기술환경의 변화에 적응할 필요도 있다. 셋째, ICT의 발전과 함께 결합판매와 끼워팔기는 가장 주된 사업모델이자 경쟁제한 가능성이 높은 영역으로 떠오르고 있다. 넷째, 지식재산권의 중요성이 높아지면서 특허풀, 표준필수특허와 FRAND, 특허전문관리회사 등의 역할이 커지고 있으며, 이를 이용한 경쟁제한행위에 대한 관심도 커지고 있다. 마지막으로 본 장은 산업별 특수규제와 일반규제, 사전규제와 사후규제의 조화라는 관점에서 공정경쟁 규제의 역할을 살펴보는 것으로 마무리하였다.

1. 서론

공정한 경쟁의 환경을 조성하는 것은 ICT산업뿐 아니라 어떤 산업의 발전에 있어서도 중요한 전제조건이다. 하지만 오늘날 ICT산업에서 특히 공정경쟁 규제에 대해 관심을 기울여야 하는 이유 역시 분명하다.

ICT산업의 기반이 되는 통신산업은 오랜 동안 규제독점적 산업구조를 유지하다가 민영화 및 경쟁 도입의 과정을 거치며 경쟁적 과점산업의 구조로 이행하였다. 그 과정에서 통신산업에 특수한 규제환경들 역시 일반 산업들에 적용되는 공정경쟁 규제환경과 유사한 방향으로 점차 변화해 가는 중이다. 하지만 여전히 산업 특유적인 규제가 상당 부분 남아 있으며, 별도의 규제당국도 유지되고 있는 것도 현실이다. 과거 전적으로 산업별 특수규제의 대상이 되었던 산업이 특수규제와 일반규제를 함께 받는 산업으로 변화함에 따라 서로 다른 규제철학으로 인한 충돌 가능성은 분명히 존재한다. 따라서 이를 어떻게 조화해 나갈 것인지를 고민하는 것은 매우 중요한 일이라 볼 수 있다.

ICT산업의 경쟁이 확대됨에 따라서 일반적 공정규제의 틀을 적극적으로 도입한 사례로는 EU를 들 수 있다. EU는 2003년에 통신산업의 규제 틀을 크게 변화시키면서 경쟁법적 분석의 방법론을 대폭 도입하였다. 예를 들어 EU가 ICT산업의 사전적 규제를 부과하기 위해서 실시하는 경쟁상황평가 절차는 다음의 4단계로 이루어진다이상규 외, 2004.

① 관련 시장의 획정
② 시장에서의 유효경쟁 존재 여부 평가
③ 유효경쟁이 존재하지 않는 경우 어떤 기업이 시장지배력을 갖고 있는지를 평가
④ 유효경쟁을 저해하고 있는 기업에 대한 적절한 규제수준을 결정

이때 유효경쟁 상태의 판단과 시장지배력을 가진 기업의 인식은 사

실상 동시에 이루어지는 것이기 때문에 실질적으로는 3단계의 과정이라고 볼 수 있다. 그런데, 이와 같은 절차는 경쟁법 상에서 시장지배력 남용을 판단함에 있어 수행되는 절차와 다른 점이 없다. EU는 이후에도 지속적인 평가를 통하여 사전적 규제의 대상을 점차 축소해 왔다.

본 장에서는 ICT산업의 발전과 경쟁 확산에 따라 궁극적으로는 경쟁법적 규제환경으로의 이행이 이루어질 것이라는 예상 하에서 ICT산업의 공정경쟁 규제에 대한 이해를 높이고자 하였다. 구체적으로 공정경쟁 법적용의 일반요소로부터 출발하여 ICT산업의 특성과 그와 관련된 공정경쟁 이슈를 짚어보고, 나아가 최근에 특히 쟁점이 되었던 몇 가지 주요 이슈들에 대해 좀 더 자세히 살펴보고자 한다.

2. 공정경쟁 법적용의 일반요소

먼저 일반적인 공정경쟁 법적용에 있어 주요 요소들에 대해서 간단히 살펴보자. 경쟁법의 주요 규제대상은 시장지배력을 크게 높이는 인수·합병, 시장지배적 지위의 남용행위, 담합행위 및 불공정경쟁행위 등이다. 그리고 이들 대부분에 대하여 시장지배력의 보유 여부를 판단하는 과정이 선행된다. 이를 순서대로 살펴보도록 하자.

(1) 시장지배력의 판단과 시장획정

대부분의 경쟁법 위반혐의 사건들에서는 관련 기업들이 시장지배력을 갖고 있거나, 갖게 될 것으로 예상되는지의 여부를 판단하는 것이 핵심이 된다. 시장지배력은 말 그대로 시장을 지배할 수 있는 힘이라고 이해될 수 있다. 학문적 접근이나 정책적 적용을 위해서는 좀 더 구체적인 정의가 필요한데, 가격을 생산비정확하게는 1단위를 더 생산하는 데 드는 한계생산비용에 비해 더 올릴 수 있는 정도의 크기라고 보면 된다.

그런데, 이렇게 구체적으로 정의하더라도 시장지배력을 실제로 어떻게 측정할 것인지를 알아내는 것은 매우 어렵다. 이에 대해서는 그동안 다양한 방법론이 제시되어 왔으나 적용이 비교적 쉬우면서 광범위한 동의를 얻을 수 있는 경우는 많지 않았다. 따라서 여전히 많은 경우 경쟁당국은 한 기업이 차지하는 시장점유율을 바탕으로 하여 그 기업의 시장지배력을 측정하게 된다. 이때 시장획정, 즉 시장의 범위를 결정하는 문제는 매우 큰 현실적 중요성을 지니게 된다. 기업의 매출액이 주어진 상태에서 시장의 범위를 좁게 획정할 경우 시장점유율은 높게 측정되고, 시장의 범위를 넓게 획정할 경우 시장점유율은 낮게 측정될 것이기 때문이다.[1]

시장획정의 방법론은 지난 수십 년간 많은 발전을 해왔으며 그 과정에서 다양한 방법들이 제안되어 왔다. 이 중 가장 보편적으로 받아들여지는 원칙은 가상적 독점사업자 테스트hypothetical monopolist test 또는 SSNIPsmall but significant non-transitory increase in price 테스트로 불리는 방법론이다. 1982년 미국의 수평적 기업결합지침Horizontal Merger Guidelines에서 소개된 이 방법론은, 후보로 고려되는 시장에서 '가상적인' 독점사업

1. "시장지배력은 종종 시장점유율에 의하여 추론되기 때문에 시장획정을 어떻게 하느냐는 대개 판결의 내용을 결정한다." Eastman Kodak Co. v. Image Technical Service., Inc. 505 U.S. 451, 470 n. 15 (1992) 판결문 인용.

자가 나타난다면 이 기업이 시장지배력을 확보할 수 있을지의 여부를 묻는다. 즉, 가상의 독점기업이 나타나 작지만 의미 있고 일시적이지 않은 수준의 가격인상을 단행하려면, 최소한 어느 정도의 상품 또는 상품군을 통제하고 있어야 하는지를 묻는 것이다. 이러한 접근은 의미 있는 힘을 발휘할 수 있는 경쟁자들, 즉 한 기업이 가격인상을 시도할 때 이를 좌절시킬 수 있는 능력을 갖춘 경쟁사업자들을 파악하는 데 유용하다. 이러한 접근은 대부분의 경쟁당국들이 명시적 또는 암묵적으로 받아들여서 사용하고 있다.

(2) 기업결합 심사

기업결합 또는 M&A가 이루어지면 그동안 각각 독립적으로 경쟁하던 기업들이 하나의 주체가 되어 가격이나 생산량에 대한 의사결정을 내리게 된다. 이 경우 당연히 시장 전체에 경쟁이 줄어들고 가격이 상승될 수 있는 여건이 조성된다. 하지만 이러한 가격상승의 압력은 결합의 당사자가 되는 기업들의 규모나 행태, 산업의 특성에 따라 그 정도가 다를 것이다. 한편, 기업결합은 규모의 경제 효과를 통해 생산비용을 낮추는 등 효율성을 제고할 수도 있기 때문에 경쟁이 줄어드는 효과에만 집중해서도 곤란하다. 따라서 기업결합이 발생할 경우 당국에서는 그로 인한 경쟁제한성 효과와 효율성 제고 효과를 비교하여 결합의 허가 여부를 심사하게 된다.[2]

---

2. 효율성 제고 효과 이외에도 회생 불가능 기업이면서 결합대상기업 이외에 다른 구매자를 찾는 것이 불가능한 경우에도 결합이 허용될 수 있다(failing firm defense).

공정거래법 및 기업결합 심사 지침에서는 기업결합 당사자의 시장점유율의 합계가 시장지배적 사업자의 추정요건1위 업체의 시장점유율이 50% 이상, 또는 상위 3사 시장점유율의 합계가 75% 이상에 해당하고, 시장점유율 합계가 1위에 해당하며, 2위 사업자와의 시장점유율 차이가 25% 이상 나는 경우즉, 2위 시장점유율의 1.33배 이상인 경우에는 경쟁제한적 기업결합으로 추정한다고 규정하고 있다. 쉽게 말하면 기업결합을 통해 시장점유율 50% 이상의 1위 기업이 탄생하거나, 50%는 넘지 않더라도 40 : 20 : 20과 같이 소수과점 상태의 1위 기업이 될 경우에는 경쟁제한적인 것으로 간주한다는 뜻이다. 한편, 반대로 시장이 충분히 경쟁적이고 기업결합으로 인한 변화가 작은 경우는 안전영역safe harbor으로 규정하여 사실상 허용한다. 이 기준은 기업결합 이후의 시장의 HHI[3]지수 값이 1,200 미만이거나, 1200이상 2,500 미만이면서 기업결합으로 인한 증가분이 250 이하인 경우, 2,500 이상이면서 증가분이 150 이하인 경우에 해당한다. 만일 동등한 크기의 기업 10개가 존재하는 경우 HHI지수가 1,000이 된다는 점을 고려하면 이 기준들이 의미하는 바를 어느 정도 알 수 있다.

안전지대에 해당하는 기업결합을 제외하면 설령 경쟁제한 효과가 추정되는 경우라 하더라도 효율성 증대 효과와 비교하여 기업결합 승인 여부를 결정하도록 되어 있다. 하지만 현실적으로 기업결합을 통해 이룰 수 있는 효율성 증대 효과란 추상적이고 장기적인 형태인 경우가 많아서 경쟁제한 효과와 크기를 비교하기가 쉽지 않은 것이 사실이다. 따라서 그동안 공정거래위원회의 집행실적을 보더라도 경쟁제한성이 상

3. Hirschman Herfindahl Index를 의미하며, 각 기업들의 시장점유율의 제곱을 모두 합한 숫자를 나타낸다. 독점기업이 존재하는 경우에 100^2 = 10,000이 되어 최대값을 갖는다.

당한 크기로 인정되는 경우에는 효율성 증대 효과를 인정받아 기업결합이 허용되는 것은 거의 불가능하다고 보아야 한다. 반면, 경쟁제한성의 추정 기준에 부합하거나 최소한 기업결합을 통해 1위 사업자가 되는 경우가 아니라면 기업결합이 저지된 사례는 드문 편이다. 오히려 강력한 2위 이하 사업자가 탄생함으로써 경쟁이 더 활성화되는 측면도 있기 때문이다. 경쟁제한 효과가 추정됨에도 불구하고 효율성 증대 효과를 내세워 결합을 허용한 매우 드문 예로는 1999년에 이루어진 현대차-기아차 기업결합, SK텔레콤-신세기통신 기업결합 등이 있는데, IMF외환위기 직후의 예외적 경제상황에서 내려진 결정이었음에도 불구하고 이후에 지속적 비판의 대상이 되었다.

(3) 시장지배적 지위 남용행위

시장지배적 지위 남용행위는 시장에서 지배적 위치를 차지하고 있는 사업자가 자신의 지위를 이용하여 경쟁을 제한하는 행위이다. 경쟁법은 시장지배적 지위를 획득하거나 유지하는 것 그 자체를 징벌하지는 않지만, 그러한 사업자가 자신의 지배적 위치를 유지하거나 더 공고히 하려는 목적으로 정당한 경쟁이 아닌 수단을 활용하는 경우에는 이를 제재한다. 공정거래법에서 정한 시장지배적 지위 남용행위의 유형으로는 가격 남용, 출고조절, 사업 활동 방해, 진입제한, 경쟁사업자 배제 및 소비자이익저해 등이 있다. 가격 남용이나 출고조절 행위는 지배적 사업자가 정당한 이유 없이 가격이나 용량을 현저히 변화시키는 행위를 의미한다. 타 사업자의 활동을 방해하거나 시장진입을 제한하는 행위,

경쟁사업자를 배제하기 위한 전속 구매계약이나 거래 거절 행위, 거래 조건의 일방적 설정으로 소비자의 이익을 현저하게 침해하는 행위 등도 그 자체로 의미가 쉽게 다가오는 것들이다.

그런데, 좀 더 깊게 들여다보면 경쟁법 집행에 있어 시장지배적 남용행위만큼 논쟁을 불러일으키는 것도 없다. 시장지배적 지위를 남용하려면 첫째, 해당 사업자가 시장지배적 지위를 갖고 있어야 하고, 둘째, 지위를 '남용' 하려는 의도와 수단이 갖춰져야 한다. 하지만 현실에서는 이러한 요건들이 갖춰져 있지 않거나 불분명한 경우가 많다. 이미 언급한 바와 같이 시장지배력의 척도로 가장 흔히 사용되는 것은 해당 기업의 시장점유율이다. 하지만 시장점유율이 높다고 해서 그 기업이 실제로 가격을 좌지우지할 만한 힘을 갖추고 있으라는 보장은 없다. ICT기업의 경우 특히 이러한 상황에 흔히 직면하는데, 특정 시점에서는 시장을 석권하는 듯이 보이는 기업이라 하더라도 끊임없는 도전과 상황 변화에 직면하고 있으며, 조금의 실수만으로도 삽시간에 몰락하는 경우가 흔하다.[4]

한편, 시장지배력의 '정당한' 행사와 '남용' 간의 구분도 쉽지 않은 일이다. 일반적으로 문제시되는 행위들 중에서는 그로 인해 사업자가 이윤추구 기회를 잃게 되는 결과로 이어지는 경우가 많다. 이윤을 희생해서까지 남용행위에 나설 이유가 없다는 점을 감안하면 행위의 성격을 오해하였을 가능성도 충분히 존재한다. 예를 들어 가격을 이윤극대화 수준 이상으로 급격히 상승시키거나 반대로 하락시킨다면 사업자의

4. ICT산업의 동태적 경쟁에 대해서는 3절에서 더 자세히 다루도록 한다.

이윤도 줄어들 수밖에 없다. 따라서 그럼에도 불구하고 급격한 가격인상이나 인하를 하는 이유는 비용요인 등 여러 가지 시장상황 변화로 인한 자연스러운 반응이거나, 아니면 당장의 이윤저하에도 불구하고 경쟁자의 퇴출 등 장기적인 이득을 염두에 둔 고도의 전략적 행위일 수도 있다. 전자의 경우라면 기업의 정당한 이윤추구행위라고 보아야 하며, 후자의 경우라면 가설을 입증하기 위해 행위에 따른 장기적인 이득이 존재하는지의 여부를 밝힐 증거가 갖춰져야 할 것이다.

이러한 이유로 인하여 경제학에서는 시장지배력 남용행위의 인정범위를 비교적 좁게 설정하는 편이며, 입증요건도 까다롭게 요구한다. 다만 경제학의 발전에 따라서 과거에는 중요하게 생각되던 남용행위가 혐의를 벗거나, 새로운 유형의 행위가 제시되는 등 변화도 큰 편이다. 전통적으로 시장지배력 남용행위의 범주로 흔히 검토되는 행위들로는 거래 거절, 끼워팔기와 묶음판매 등이 대표적이며, 약탈적 가격책정은 입증의 어려움으로 인하여 상대적 중요성이 낮아진 편이다. 최근에는 ICT산업을 중심으로 충성할인royalty rebates과 같은 가격정책이나 양면시장에서의 플랫폼 지배력 행사, 지식재산권의 남용행위 등도 상당한 주목을 받고 있다.

국내에서 시장지배적 지위 남용행위에 대한 법집행의 역사는 그리 길지 않다. 2001년 포스코의 거래 거절 사건[5]이 사실상 공정거래위원회의 본격적인 첫 심결이라고 할 수 있다. 이 사건은 대법원까지 상고되어 2007년에 최종판결이 이루어졌으며, 시장지배적 지위 남용행위와

---

5. 공정거래위원회 전원회의 의결 제2001-068호. 경촉0389 "포항종합제철(주)의 시장지배적 지위 남용행위에 대한 건"

관련된 판단기준을 제시한 매우 중요한 사건이 되었다. 한편, 끼워팔기와 관련되어 세계적으로 유명해진 사건으로는 마이크로소프트와 관련된 일련의 사건들이 있다인터넷 익스플로러, 인터넷 메신저, 미디어 플레이어.[6] 최근 주목을 받은 사건으로는 퀄컴이 자사 제조 칩셋의 대량구매 할인을 통해서 경쟁자의 시장진입을 사실상 배제하는 효과를 거두었다고 본 이른바 충성할인[7] 제재사건과, 대형 포털이 검색서비스를 제공하면서 자사가 제공하는 서비스를 우대하거나 광고와의 구분을 모호하게 하는 등을 통해 경쟁자의 사업활동방해 행위를 한 사건 등이 있다.[8] 이처럼 최근 시장지배적 지위 남용행위 사건은 주로 ICT사업자들에게 집중되는 측면이 있다는 점에서도 관심이 필요하다고 볼 수 있다.

(4) 부당한 공동행위

부당한 공동행위는 기업들이 명시적이거나 암묵적 공모를 통해 부

6. 인터넷 익스플로러 관련 소송에 대해서는 Rubinfeld, D. L.(2001) 참조. 메신저와 미디어 플레이어 관련해서는 EC의 Commission Decision of 24 March 2004 relating to a proceeding under Artilce 82 of the EC Treaty(Case COMP/C-3/37.792 Microsoft)와 공정거래위원회 전원회의 의결 제2006-042호, 2002경촉0453, 2005경촉0375 "마이크로소프트 코퍼레이션 및 한국마이크로소프트 유한회사의 시장지배적 지위 남용행위 등에 대한 건" 참조.
7. 공정거래위원회 전원회의 의결 제2009-281호(2009) "퀄컴 인코포레이티드, 한국퀄컴(주), 퀄컴 씨디엠에이테크놀로지코리아의 시장지배적 지위 남용행위 등에 대한 건".
8. 공정거래위원회 전원회의 의결 제2014-103호 2014서감0595, 2014서감0596(병합) "네이버(주) 및 네이버비즈니스플랫폼(주)의 시장지배적 지위 남용행위 등에 대한 건 관련 동의의결에 대한 건" 및 의결 제2014-104호 2014서감0594 "(주)다음커뮤니케이션의 시장지배적 지위 남용행위 등에 대한 건 관련 동의의결에 대한 건" 참조.

당이득을 얻는 행위를 의미하며, 흔히 쓰이는 용어로는 담합collusion 또는 카르텔이 있다. 부당한 공동행위는 경쟁법 위반행위 중에서 가장 심각한 것으로 간주되며, 대개 위법의 판단여지가 분명한 행위들이기도 하다. 기본적으로 경쟁법이 정당한 경쟁을 통하여 시장의 효율성과 소비자 후생을 제고하는 것이 목적이라고 할 때, 경쟁을 인위적으로 제한하기 위한 공모행위에 대해서 가장 엄격한 잣대를 적용하는 것은 당연하다고 볼 수 있다. 부당한 공동행위의 유형으로는 가격담합price fixing, 공동의 거래조건 결정, 공동의 공급제한, 시장분할, 설비의 신설 및 증설 제한, 상품의 종류 및 규격제한, 공동 영업 및 관리, 입찰담합 등이 있다.

부당한 공동행위 중에서도 가격제한, 물량제한, 입찰담합 등의 행위는 폐해가 특히 크다고 하여 경성 카르텔hard-core cartel이라고 불린다. 이들의 행위에 대해서는 사업자들의 합의가 있었다는 증거만으로도 불법으로 간주된다는 의미에서 많은 국가에서 당연위법per se illegal이 되기도 한다.[9] 반면, 산업합리화, 연구 및 기술개발, 불황극복, 구조조정, 중소기업 경쟁력 향상 등 특별한 사유가 있는 경우 예외적으로 허용되는 공동행위도 있다. 하지만 이런 경우에는 허용을 통한 긍정적 효과와 부정적 효과를 비교하여 전자가 더 커야만 한다. 경성 카르텔과 구분하여 연성 카르텔soft-core cartel이라고 부르기도 한다.

부당한 공동행위는 비교적 적용 사례가 분명하고 ICT산업의 특수

9. 우리나라의 공정거래법에서도 경성 카르텔을 당연위법이라고 보고 있는지에 대해서는 여러 논쟁이 있어왔다. 최근의 대법원 판결에서는 부당한 공동행위에 대해서도 합의사실 만으로 위법인정을 하지 않고, 시장획정을 비롯한 경제분석을 요구하고 있어 사실상 합리의 원칙(rule of reason)이 적용되고 있다고 보는 게 더 적절할 것이다.

성도 크다고 보기는 어렵다. 다만, ICT산업이 과거 규제독점적 환경에서 진화하였고, 여전히 산업별 특수규제 행정기관의 영향력이 크다는 점은 중요한 시사점을 갖는다. 공정거래법 제58조는 사업자 또는 사업자 단체가 다른 법률에 의해 행하는 정당한 행위는 면책사유가 됨을 밝히고 있다. 이는 만약 정부의 행정지도에 의해 공동행위가 발생할 경우 경쟁법 위반이 아님을 의미한다. 오늘날 정부가 법률에 근거하여 사업자들에게 공동행위를 유도하는 경우는 찾아보기 어렵다. 하지만 현실적으로는 법률에 근거가 없음에도 불구하고 종종 산업발전이라는 명목으로 명시적, 암묵적 행정지도가 이루어지고, 이를 기화로 사업자들이 실질적으로 공동행위를 하는 경우들이 있었다.

예를 들어 2005년 당시 정보통신부는 KT가 시외전화 맞춤형 정액요금제를 출시하게 되면 후발사업자들의 접속료 부담문제가 발생할 수 있으니 KT가 접속료 감면 등으로 그 부담을 해소해 주어야 한다고 권고하였다. 이를 계기로 사업자들은 합의를 통해 '시외전화 맞춤형 정액요금제 상품'을 출시하였는데, 공정거래위원회는 이들의 합의가 행정지도와는 별개의 내용이라고 제재하였다. 대법원까지 간 소송에서도 이 결정은 그대로 유지되었다.[10] 이는 ICT산업이 경쟁산업으로 이행하는 과정에서 어떠한 충돌이 발생할 수 있는지를 보여주는 좋은 사례라고 할 것이다.

---

10. 공정거래위원회 전원회의 의결 제2005-331호, 2005.12.16., 대법원 2008. 12. 24. 선고 2007두19584 참조.

(5) 불공정거래행위

불공정거래행위는 경쟁법에서 독특한 위치를 차지하고 있다. 앞서 살펴본 기업결합, 시장지배적 지위 남용, 부당한 공동행위에 대한 법집행이 경쟁법의 3대 축이라고 한다면 불공정거래행위는 이에 포함되지 않으면서 직간접적으로 문제가 될 수 있는 행위들을 대부분 망라한다. 특히, 불공정거래행위는 단독적으로 행사되는 경우가 많아서 행위의 유형상 시장지배적 지위 남용과 유사한 면이 많다. 예를 들어 불공정거래행위를 규정하고 있는 공정거래법 제23조에 열거된 유형에는 거래 거절, 부당염매, 끼워팔기, 배타조건부 거래 등 시장지배적 지위 남용행위와 사실상 동일한 것들이 상당수 포함되어 있다. 물론 가격차별, 부당한 고객유인, 사원판매 등 거래강제, 판매목표 강제, 경영간섭, 기술 및 인력의 부당유인, 부당한 지원행위 등 고유한 것들도 포함되어 있다. 하지만 후자에 해당하는 것들은 경제학적인 관점에서는 경쟁에 미치는 영향이 모호한 측면이 있다. 이들 행위들은 경쟁수단이나 거래내용이 '불공정' 하거나 경제력 집중을 확대시킨다는 이유가 제재의 근거가 된다고 볼 수 있다.

하지만 불공정거래행위 중 시장지배적 지위 남용행위와 유사한 것들은 결국 차이점이 행위자의 시장지배력 유무밖에는 없는 것이 된다. 그런데 시장지배력을 보유하지 않는 사업자가 이러한 행위들을 하였을 때 과연 의미가 있는 수준의 폐해가 발생할지 의문이 제기될 수 있다. 실제로 공정거래위원회가 이들 행위를 제재할 때 시장지배적 지위 남용과 불공정거래행위를 동시에 적용하는 경우가 매우 흔하다. 이는 시장지배적 지위 남용행위로도 충분하고 불공정거래행위를 별도로 규정할 필요가 없다는 비판으로 이어질 수 있다. 한편, 경쟁수단이나 거래내용의 불공정성만을 문제 삼는 행위들이 갖는 문제점도 분명하다. 이들은 경쟁활성화라는 경쟁법의 본래 목표에서 벗어나는 목적을 추구하고 있다고 볼 수 있기 때문이다. 제재근거가 확실하지 않으면 자칫 불공정하니까 불공정거래행위로 제재한다는 식의 동어반복적인 상황이 될 우려도 있다.

그럼에도 불구하고 사회경제적 관점에서 볼 때 불공정거래행위 유형을 제재대상에서 제외하기는 어려운 것도 사실이다. 경쟁제한성 여부에 대한 확실한 근거가 없다는 이유로 제재를 하지 않을 경우 시장거래의 건전성이 훼손될 우려도 실체적으로 존재하기 때문이다. 다만, 불공정거래행위의 범위를 지나치게 확대하여 해석하거나 자의적 적용이 개입될 가능성에 대해서는 충분한 고려가 이루어져야 한다는 점은 분명하다.

3. ICT산업의 특성과 공정경쟁

(1) 규모 및 범위의 경제

규모의 경제economies of scale는 평균생산비용, 즉 생산품 1개당 들어가는 비용이 지속적으로 하락하는 상황을 의미한다. 예를 들어 만일 시장에서 상품을 판매함으로써 받을 수 있는 가격이 일정하다면, 규모의 경제 하에서는 생산을 많이 하면 할수록 이윤이 늘어나게 된다. 규모의 경제가 일어나는 이유는 다양할 수 있지만, 고정비용이 큰 장치산업이 이러한 속성을 보이는 경우가 많다. 대개 규모의 경제 효과는 생산량이 일정 수준을 넘게 되면 줄어들어 없어지지만, 경우에 따라서는 하나의 기업이 전 산업의 수요를 모두 충족시키는 수준, 즉 독점기업이 나타날 정도로까지 지속될 수 있는데, 이를 자연독점natural monopoly 상황이라고 부른다.

이 경우 생산의 효율성 측면에서는 독점기업이 생산을 하는 것이 바람직하지만, 이 역할을 민간기업에 맡길 경우 독점적 행동으로 인한 비효율성이 발생하기 때문에 정부가 강력한 규제를 바탕으로 통제하게 된다. 서비스 개시를 위해서는 대규모의 네트워크 투자가 필수적인 통신산업의 경우 전통적으로 규모의 경제와 자연독점 성향이 존재한다고 간주되어 왔다. 따라서 이는 통신시장에 대한 사전적 규제의 필요성에 대한 주요 근거가 되었다.

하지만 규모의 경제 효과가 불변인 것은 아니고, 기술의 발전이나 시장규모가 확대되는 등 경제여건의 변화에 따라서 상황이 얼마든지 변화할 수 있다는 것도 명심해야 한다. 통신시장에서의 경쟁 도입의 역사는 기술의 발전에 따라 규모의 경제 효과에 비해 경쟁 도입의 이익이 더 커졌기 때문에 이루어진 자연스러운 결과였다. 뿐만 아니라 ICT의 발전은 소규모 다품종 생산에 드는 비용을 줄이기 때문에 전 산업에 걸쳐 규모의 경제 효과를 더욱 약화시키는 측면이 있다.

(2) 네트워크 외부성

네트워크 효과는 망에 접속한 사람의 수가 늘어날수록 접속자 개개인에 대한 혜택이 커지고, 이에 따라 다시 망 접속유인이 커지는 현상을 의미한다. 예컨대 전화망의 경우 더 많은 사람에게 전화를 걸 수 있을수록 전화가입 혜택이 늘어난다는 점에서 네트워크 효과의 고전적 예가 된다. 망이 커질수록 망에 대한 수요가 늘어난다는 점에서 네트워크 효과는 '수요측면의 규모의 경제' 라고도 불린다.

따라서 네트워크 효과는 생산에 있어서의 규모의 경제와 비슷한 효과를 나타낼 수 있는데, 후자가 기술의 발전에 따라 점차 줄어들 수 있는 성격임에 반해 네트워크 효과는 그럴 이유가 없다는 점에서 오늘날의 정보통신산업을 설명하는 데 있어서는 더욱 중요한 요소로 간주될 수 있다. 특히 신규 산업의 경우 네트워크 효과가 일종의 자연독점화, 즉 쏠림tipping 현상의 주요 원인으로 지목되면서 강한 규제의 필요성이 제기되기도 하였다.

호환성 여부 및 수준의 결정이 주요한 전략이 될 수 있다는 점은 네트워크 외부성이 존재하는 산업의 일반적 특성이다. 일반적으로 큰 네트워크를 보유하고 있는 사업자의 경우 네트워크의 규모 자체가 경쟁력이 되기 때문에 타 사업자와의 호환성 개방을 달갑게 생각하지 않는다. 반면, 작은 네트워크를 보유하고 있는 사업자의 경우 큰 사업자와의 호환성 확보를 통해 네트워크 규모를 크게 늘릴 수 있기 때문에 호환성을 추구하게 된다.

(3) 양면시장

ICT 및 인터넷 산업 중에는 플랫폼platform 형태의 비즈니스로 영위되는 경우가 많다. 흔히 ICT산업의 가치사슬을 Contents-Platform-Network-Device로 구성되어 있다고 하여 CPND로 부르기도 하는데, 바로 P에 해당하는 부분이 플랫폼이다. 대표적으로는 인터넷 포털이나 PC나 모바일 기기의 OS등으로부터 출발하여 앱스토어와 같은 거래 플랫폼, 소셜미디어 플랫폼, 광고 플랫폼 등 다양한 형태가 존재한다.

이러한 플랫폼 사업의 가장 큰 특징은 양면성two-sided 또는 다면성multi-sided이라고 불리는 형태를 지니고 있다는 점이다. 양면시장이라고 불리는 이러한 시장의 특성은 첫째, 서로를 필요로 하는 두 부류의 서로 다른 고객들이 플랫폼을 매개로 연결되어 상호작용을 하고, 둘째, 한쪽 면의 고객들의 행동이 다른 면의 고객들이 인식하는 가치에 영향을 주는 이른바 교차 외부효과cross externalities가 존재한다는 것이다.

양면시장에서 플랫폼 기업이 택할 수 있는 전략 중 가장 중요한 것들은 양 측면에서의 가격수준 및 개방수준의 설정이다.[11] 먼저, 가격수준에 대해서는 특히 양 측면의 비대칭성과 관련하여 많은 연구가 이루어져 왔다. 양면시장의 가장 큰 특징은 간접적 네트워크 효과가 존재한다는 것이다. 간접적 네트워크 효과가 존재하는 상황에서는 가격 설정 시에 한 쪽 측면의 소비자들의 수요와 공급에 소요되는 비용만을 고려하는 것이 아니라, 그로 인하여 다른 쪽 측면의 소비자들이 느끼는 가치

11. Rysman(2009).

와 이윤 획득 가능성에 미치는 영향도 고려해야 한다. 이는 한 쪽 측면만을 고려하여 설정한 최적가격이 양쪽 측면을 모두 고려한 가격과 다를 수 있음을 의미하며, 한 쪽 측면에서는 한계비용 이하의 가격, 심지어는 음negative의 가격이 매겨지는 경우도 쉽게 발생할 수 있다. 예를 들어 포털과 검색엔진을 비롯한 많은 인터넷 서비스들은 사용자에게 영zero의 가격을 매기고 있으며, 서비스에 따라서는 각종 혜택이나 마일리지 등을 통해 사실상 음(-)의 가격을 매기는 경우도 있다. 이는 가격에 민감한 측면의 사용자들에 대해서는 설령 손해를 보는 수준의 낮은 가격을 매긴다 하더라도 이를 통해 사용자의 규모를 확대함으로써 다른 측면의 고객들이 느끼는 가치를 높이고 이것이 높은 가격으로 이어진다면 전체적으로는 이윤을 극대화할 수 있기 때문이다.

이와 같은 양면시장에서의 비대칭적 가격설정은 플랫폼들 간의 경쟁이 존재하고, 고객들이 멀티호밍multi-homing을 할 수 있는 경우 더욱 복잡한 양상으로 진행된다. 우선, 일반적으로 플랫폼 경쟁이 존재하는 경우 한 쪽 측면에서의 고객의 탈취는 그 면뿐 아니라 다른 면에 연결되어 있는 고객들에게까지 영향을 미치기 때문에 경쟁의 양상이 더욱 격화되는 면이 있다. 둘째, 한 쪽 측면의 고객은 하나의 플랫폼에만 접속되어 있고single-homing, 다른 측면의 고객은 여러 플랫폼을 접속하는 것multi-homing이 일반적일 경우 플랫폼들은 싱글호밍을 하는 측면의 고객들을 유치하기 위해 더욱 적극적인 전략을 사용하게 된다.

그런가 하면 기업들의 가격차별화나 상품 디자인 전략 등도 양면시장적 특성에 의해 많은 영향을 받는다. 예를 들어 고객들 중에서도 다른 측면의 시장에 미치는 영향이 큰 고객들에게 더 적극적인 혜택을 부여하고자 할 유인이 발생하며, 이는 특정 고객에 대한 차별대우처럼 보이는 가격설정으로 이어지게 된다. 기본 상품에 대한 가격은 매우 낮게 책정하고 대신에 전문화된 서비스나 상품으로부터 이윤을 얻는다거나, 제품 사이클의 초기에 낮은 가격을 책정하고 일정 고객 기반이 형성된 이후에 가격을 높여 받는다든가 하는 식의 전략도 흔히 나타나게 된다.

다음으로, 개방수준의 설정에 대해서 고려해 보자. 양면시장에서의 개방수준의 설정은 첫째, 얼마나 많은 측면을 상대하는 플랫폼이 될 것인가의 여부와 둘째, 경쟁 플랫폼과의 호환성compatibility을 어느 정도 제공할 것인지의 여부로 결정된다. 예를 들어 애플과 마이크로소프트와 구글의 운영체제와 관련한 전략은 얼마나 많은 측면을 개방할 것인가의 전략을 나타내는 사례로 볼 수 있다. 애플의 경우 아이폰iPhone에서 볼 수 있는 것처럼 기기와 OS, 일부 주요 소프트웨어들을 스스로 개발하고, 그 밖의 애플리케이션들에 대해서는 외부 개발자들에게 개방하고 있다. 마이크로소프트의 경우 여기에 추가하여 적어도 지금까지는 기기 생산도 외부에 맡기고 있어 좀 더 개방된 전략을 취하고 있다고 볼 수 있다. 구글의 경우에는 한 걸음 더 나아가서 안드로이드 OS조차도 오픈 소스화하여 통제를 하지 않고 있으며, 검색엔진을 비롯하여 자신이 개발한 일부 주요 애플리케이션들만 컨트롤하고 있어 가장 개방적인 전략을 취하고 있다고 볼 수 있다. 이와 같은 개방의 이슈는 수직계열화의 정도로 해석될 수도 있지만, 양면 혹은 다면 플랫폼 전략의 일환으로 해석될 수도 있다. 스스로 공급하는 것보다는 개방전략을 취하는 것이 간접적 네트워크 외부효과를 더 확보할 수 있는 대신에 개별 시장에 대한 이윤 추구 기회 및 통제 가능성은 줄어든다는 점에서 중요한 전략적 선택변수가 되는 것이다.

양면시장에 대한 경쟁정책의 적용이 일반 시장에 비하여 여러 가지 복잡한 문제를 야기한다는 점은 일찍부터 인식되었다. 특히 가장 문제가 되는 것은 시장획정의 단계이다. 시장 획정 시에 만일 양면 시장 중에서 한쪽 측면만을 고려할 경우, 특히 가격에 더 민감한 측면을 중심으로 시장을 획정할 경우에는 지나치게 좁은 시장획정이 이루어질 가능성이 크다. 양면시장에서 한 측면에서의 가격 인상은 해당 측면의 수요 감소뿐 아니라 다른 측면의 수요도 감소시키고, 이를 함께 고려하면 가상적 독점기업은 가격인상을 통해서 이윤을 증가시키지 못할 수도 있다는 점을 감안하지 못하기 때문이다.

(4) 표준화의 중요성

앞에서 살펴본 네트워크 외부성이나 양면시장 등의 특성이 존재하는 상황에서는 연결된 네트워크의 규모가 커질수록 가치도 상승한다는 것이 공통점이다. 이러한 경우 네트워크 간 연결과 표준화의 확보가 중요한 전략적 선택이 된다. 이미 언급한 바와 같이 시장에서 주도적 위치를 차지한 기업은 네트워크의 연결이나 표준화에 나서지 않으려는 경향이 있다. 경쟁기업이나 신규 진입 기업들에게 시장을 내주거나 무임승차의 우려가 있다고 판단하기 때문이다. 19세기 말 전화가 최초로 상용화되던 시절의 벨Bell 사는 자사의 장거리 전화 네트워크에 다른 사업자가 연결하는 것조차 거부하였다. 벨 사의 전화를 쓰지 않으면 요금과 상관없이 장거리 전화를 못 쓰게 만든 것이다. 다른 사업자들이 스스로 네트워크를 구축할 자금이나 유인이 부족하다면 이러한 전략이 독점적 위치를 확보하거나 지켜내는 데 더 유용할 것임은 당연하다.[12]

한편, 표준화된 부품이나 주변장치 등을 사용하지 않음으로써 사후 서비스나 관련 기기 시장을 장악하고자 하는 유인도 존재한다. 예를 들어 애플은 과거 아이폰, 아이패드iPad를 비롯한 자사 제품의 입출력 및 충전을 위해 자사만의 규격인 30핀 연결장치를 썼는데 이 장치와 호환이 되면서 애플의 인증을 받지 않은 다른 사업자들의 제품이 널리 생산되자, 5세대 아이폰부터는 다시 8핀으로 규격을 바꾸었을 뿐 아니라 IC 인증칩을 삽입한 케이블만 사용하도록 하였다. 이 칩은 케이블의 안정성을 향상시키는 등 품질을 향상하는 측면도 있었으나 애플의 인증을 받지 않은 제3자 주변기기의 연결을 막을 뿐 아니라 인증을 위해 애플에 지불하는 로열티도 사실상 인상하는 효과로 이어졌다.

이처럼 주도적인 기업들일수록 소극적일 수 있음에도 불구하고 네트워크의 호환성 제공이나 표준화가 중요한 전략이 될 수 있는 이유는 시장의 규모확대 효과가 시장잠식 효과보다 더 클 수 있기 때문이다. 경제학자인 샤피로와 베리안은[13] 이를 다음의 간단한 식을 이용해 설명한다.

개별 기업이 얻는 가치 = 해당 기업의 시장점유율 × 전체 산업이 얻는 가치

12. 이 이슈는 상호접속에 대한 규제의 필요성과 관련이 깊지만 본 글의 주제에는 벗어나므로 더 다루지는 않는다.

13. C. Shapiro and H. Varian(1998).

호환성 제공이나 표준화는 자신의 시장점유율을 감소시킬 우려는 있으나 만일 그로 인해 전체 산업이 얻는 가치가 더 빠르게 증가한다면, 자신에게도 최종적으로 더 이익이 될 수 있다. 표준화가 이루어지게 되면 네트워크 외부성 효과 이외에도 표준화된 부품의 경우 생산에 있어서의 규모의 경제 효과로 인해 비용의 절감 효과도 기대할 수 있다. 이와 같은 표준화의 효과는 제품개발 초기에 있어서 더욱 두드러지게 나타나는데, 그 과정에서 전체 기업이 아닌 일부 기업들 간의 연합을 통해 사실상의 표준de facto standard 지위를 획득하기 위한 경쟁도 치열하게 일어난다.

과거 비디오 녹화 및 재생장치의 표준을 둘러싼 소니의 베타맥스betamax 방식과 JVC의 VHS 방식 간의 경쟁은 표준화 전략 및 경쟁의 가장 유명한 사례다. 베타맥스 방식은 소니가 1975년에 최초로 상용화한 개인용 비디오 플레이어의 기술방식이고, VHS는 그보다 1년 반 정도 후에 JVC가 출시한 경쟁제품의 기술방식이다. 소니의 베타맥스는 선발자인 동시에 기술력, 화질 등에서 더 앞선다는 평가를 받았으나 수년간의 경쟁 끝에 VHS방식에 완전히 패배하고 시장에서 사라지게 되었다. 그 이유에 대해서는 여러 설명이 제시되었으나 소니가 라이선싱을 통해서 기술을 판매하고자 했던 반면, JVC는 파나소닉, 히타치, 미쓰비시, 샤프 등 경쟁사와 VHS방식의 기술을 무료로 공유하여 급속히 확산시킴으로써 업계의 사실상 표준으로 자리 잡을 수 있었기 때문이라는 설명이 유력하다.

이처럼 많은 경우 ICT산업에서의 호환성과 표준화는 산업의 판도를 좌우할 수도 있는 중요한 전략적 선택이기 때문에 이를 둘러싼 공정경쟁 이슈들에 대한 관심도 높은 편이다. 특히 최근에는 산업 전체의 발전을 위해 결성되는 표준화기구의 활동 과정에서 발생하는 공정경쟁 이슈들이 주목을 받고 있다.

4. ICT산업에서의 주요 공정경쟁 이슈

(1) ICT산업의 동태적 혁신성과 시사점

많은 학자들과 경쟁당국자들은 ICT산업과 같이 동태적 기술혁신이 활발한 시장에 대해서는 경쟁법의 집행을 특히 신중하게 할 필요가 있다는 지적을 해왔다. 이의 이유를 요약해 보면 다음과 같다. 첫째, 경쟁법의 목표는 가격이나 수량을 통한 경쟁 못지않게 혁신을 통한 경쟁이 활발히 일어날 수 있도록 하는 것이며, 따라서 경쟁법적 개입으로 인해 자칫 혁신활동이 저해되는 일이 없도록 주의해야 한다. 둘째, 동태적 혁신이 활발히 일어나는 산업에서는 경쟁법 집행과정에서 발생하는 오류의 가능성과 폐해가 더 커지는 측면이 있다. 셋째, 실무적인 관점에서 보더라도 시장획정과 시장지배력 판단 등 경쟁정책 집행 단계에서 사용되는 판단기준들은 동태적 혁신이 활발하게 일어나는 산업에 적용하기가 적절하지 않은 경우가 많다. 이하에서는 이상의 세 가지 측면에서 동태적 기술혁신 시장에 대한 경쟁법 집행 시의 고려사항에 대해 살펴보기로 한다.

1) 경쟁정책의 목표와 혁신 증진을 위한 장기적 시각의 필요성

경쟁법의 목표를 단 한 가지로 표현하자면 경쟁제한적 요소를 제거함으로써 경쟁을 촉진하는 것이며, 그 이유는 경쟁의 확대를 통해 가격이 낮아지거나 상품의 품질이 높아짐으로써 소비자들에게 혜택이 돌아갈 것으로 기대하기 때문이다. 그런데, 기업들은 연구개발 투자를 하여 새로운 제품이나 서비스를 개발하거나 생산비용을 낮추는 방식으로도 소비자에게 많은 혜택을 줄 수 있다. 따라서 궁극적인 목표가 동일하다는 측면에서 본다면 혁신이 활발히 일어날 수 있는 환경을 조성하는 것 역시 경쟁법 집행자가 중요하게 고려하여야 할 목표의 하나일 것이다.

이미 오래 전부터 경쟁법의 집행자들은 가격경쟁으로 대변되는 단순한 형태의 경쟁촉진만을 추구해서는 안 된다는 점을 언급해 왔다. 예를 들어 미국 경제법 확립에 핵심적 역할을 한 러니드 핸드 판사는 이미 1916년에 "장기적인 관점에서 본다면 가격의 즉각적 하락은 소비자의 이익증진 방향과는 상당한 괴리가 있다" 라고 지적한 바 있다. 혁신을 통한 경쟁은 단기적 경쟁과는 양상이 다른 경우가 많으며, 이들은 때로는 상충된 것처럼 보이기도 한다. 동태적 혁신 시장에서 경쟁은 흔히 혁신의 순환cycle of innovations 과정을 통해 일어난다. 이러한 시장에서 기업들은 혁신적인 기술이나 상품을 출시함으로써 종종 시장을 석권하는 위치에까지 오르지만, 그 지위는 대개 오래 가지 않는다. 다른 기업들 역시 혁신활동에 매진함으로써 더 우수한 상품과 기술을 개발하고, 기존의 기업을 끌어내리곤 하기 때문이다. 따라서 동태적 혁신 시장에서 기업들은 같은 시점에서 시장 점유율을 놓고 경쟁competition in the market하는 것이 아니라 시장 전체를 얻기 위해 순차적으로 경쟁competition for the market한다고도 볼 수 있다.[14]

이와 같은 경쟁방식의 존재는 만일 경쟁법의 집행당국이 현 시점에서 드러나는 상황에 따른 경쟁제한성 분석결과에만 의존할 경우, 자칫 해당 시장의 성과를 결정짓는 진정한 힘이 혁신이라는 점을 간과할 수도 있음을 시사한다. 따라서 동태적 혁신 시장에 대한 선부른 개입은 기업의 연구개발 투자유인을 감소시키거나 혁신을 방해하는 의도하지 않은 결과로 이어질 수 있다.

2) 집행오류 비용의 최소화와 동태적 혁신 시장

이스터브룩1984은 경쟁당국이나 법원이 법집행 과정에서 저지를 수 있는 실수들과, 이의 비용을 최소화하기 위한 '오류비용error-cost' 분석 틀을 제시하였다.[15] 그는 우선 어떤 행위가 반경쟁적인지 아니면 경쟁촉진적인지를 확실하게 분간하는 것은 근본적으로 불가능하며, 경쟁법 적용에 있어 일부 오류가 발생하는 것은 불가피하다고 지적한다. 따라서 바람직한 경쟁법 적용을 설계함에 있어서는 오류로 인해 발생하는 비용을 최소화하여야 한다고 본다.

오류비용 분석에서는 경쟁당국이나 법원이 실제로는 경쟁제한 효과가 없거나 미미한 행위임에도 이를 위법으로 판단하는 오류를 '위법오판false positive' 이라고 부르고, 반대로 경쟁제한 효과가 큼에도 불구하

14. David S. Evans & Richard Schmalensee(2002).
15. Frank Easterbrook(1984).

고 이를 제재하지 못하여 발생하는 오류를 '합법오판false negative' 이라고 부른다. 이러한 분류는 사실 학자들이 보통 제1종의 오류Type I error와 제2종 오류Type II error라고 부르는 분석 체계와도 유사하며, 이를 표로 간단히 나타내면 다음과 같다.

표 5-1 **합법 오판과 위법 오판**

경쟁에 미치는 효과	위법으로 판단	합법으로 판단
경쟁제한적	실제 반경쟁적 행위에 대하여 위법 제재 (적절한 조치)	실지 반경쟁적 행위임에도 합법으로 판단 (합법오판 : "false negative")
경쟁제한적이 아님	반경쟁적이지 않은 행위임에도 위법 제재 (위법오판 : "false positive")	반경쟁적이지 않은 행위에 대하여 합법으로 판단 (적절한 조치)

특히 이스터브룩은 이와 같은 두 가지의 오류들 중에서도 위법오판의 가능성을 더 심각하게 생각하여야 한다고 역설하였다. 그에 따르면, 합법오판으로 인한 폐해는 시장의 힘에 의해 자연적으로 치유될 가능성이 큰 반면, 위법오판의 경우 한 번 판례가 생기고 나면 이를 지속적으로 따르기 때문에 자동적으로 수정될 가능성이 없기 때문이다.

에반스와 파디야2005[16] 역시 위법오판으로 인한 사회적 비용이 더 크다고 믿을 이유는 분명히 있다고 지적한다. 이들에 의하면 역사상 한때 독점 또는 그에 가까운 시장지배력을 발휘한 기업이지만 경쟁의 힘에 의해 그 위치를 잃게 된 경우는 허다한데, 예를 들면 General Motors자

16. Evans, D. and J. Padilla(2005).

동차, IBM컴퓨터, RCATV수상기, Kodak카메라 필름, Xerox복사기, U.S. Steel철강, Harley-Davidson오토바이 등이 있다.

이처럼 오류비용의 최소화라는 시각에서 본다면 동태적 혁신산업에서의 판단 오류 가능성이나 그에 따른 비용은 매우 클 수 있으며, 특히 위법오판의 가능성에 대해서 더욱 주의하여야 할 필요가 있다는 점은 분명하다.

3) 동태적 혁신 시장에서 경쟁법 집행의 어려움

동태적 혁신이 활발한 시장에서는 실무적인 측면에서 보더라도 경쟁법을 집행하기 위한 판단기준을 적용하기가 쉽지 않다. 경쟁당국은 사건의 형태가 기업결합이든, 공동행위든, 아니면 시장지배적 지위 남용 등을 포함한 단독행위이든 간에 대개 관련 시장의 획정으로부터 출발하여 실질적, 잠재적 경쟁자들을 파악하고, 시장점유율 등을 바탕으로 시장 지배력을 평가하는 등의 단계적 분석을 통해 상황을 파악한다. 그런데, 동태적 혁신 시장에서는 이러한 각 단계의 수행 자체가 어려운 경우가 많다.

우선, 동태적 혁신이 활발한 상황에서 관련 시장을 획정하기가 어렵다는 점은 다수의 학자들에 의해 지적되어 왔다. 관련 시장을 획정하기 위해 보편적으로 쓰이는 방법은 대상 재화와 대체관계에 있는 재화들에 대해 범위를 넓혀 가면서 가상적 독점사업자가 있을 경우 '작지만 의미 있고 일시적이지 않은 가격인상small but significant and nontransitory increase in price ; SSNIP'을 단행할 것으로 예상되는 최소의 범위를 찾아내는 것이다. 그런데, 가상적 독점사업자 테스트hypothetical monopolist test 또는 SSNIP 테스트라고 불리는 이 방법은 정태적인 시장의 상황을 파악하는 데는 상당히 강력한 도구가 되지만, 미래의 동태적 변화까지 감안할 수 있는 방법론은 제공하지 않는다. 동태적 혁신 시장에서는 재화들 간의 대체관계 자체가 안정적이지 않기 때문이다. 예를 들어 디지털 융합이 급속히 진전되는 상황에서 현 시점에서 의미 있는 대체재라고 보기 어려운 상품이 가까운 미래에 강력한 대체재로 부상하는 경우는 흔하다.

그런가 하면 SSNIP 테스트는 가격의 인상을 전제로 이루어지는데, 동태적 혁신산업에서는 가격 자체는 별로 중요하지 않은 요소인 경우가 많다. 프리치카스와 티스2001[17]는 기술혁신이 빠른 산업의 경우에는 소비자들이 작은 가격의 변화보다는 성능에 민감하게 반응하며, 기업들도 가격인하보다는 성능을 발전시키기 위한 경쟁에 나설 가능성이 높다고 지적하였다. 예를 들어 CT스캐너와 MRI와 같은 최신 의료검사 장비 간의 경쟁에 있어 사용료의 5～10% 변화는 소비자에게 거의 의미가 없는 것으로 받아들여질 가능성이 크다. 경쟁당국을 더욱 난감하게 만드는 것은 혁신적 상품들 중에서는 소비자에게 '무료'로 제공되는 경우가 많다는 점이다. 이는 높은 R&D 투자와 낮은 변동비, 네트워크 효과의 중요성, 결합판매의 용이성, 양면시장적 특성 등 동태적 혁신산업의 특성에 따른 것이며, 전통적 SSNIP 테스트를 적용하는 데 있어서는 상당한 애로사항으로 작용한다.

시장획정 단계를 넘어서서 경쟁자를 파악하고 시장점유율을 계산

17. Chris Pleatsikas and David Teece(2001).

하는 단계에서도 문제점은 지속된다. 우선, 경쟁당국은 현재 시장에 참여하고 있는 실제 경쟁자actual competitors와 향후 시장에 진입 가능성이 있는 잠재적 경쟁자potential competitors를 파악하여야 한다. 그런데, 잠재적 경쟁자의 경우 단기간 안에 진입이 확실시되거나 가능성이 매우 높은 경우가 아니면 충분히 고려되기 어려운 것이 현실이다. 그런데 동태적 혁신 시장의 특성상 잠재적 경쟁자의 중요성은 실제 경쟁자보다 오히려 더 클 수도 있다. 그럼에도 불구하고 이들을 제대로 파악하는 것은 경쟁당국은 물론 당사자인 기업들에게조차 어려운 일이다. 한편, 시장 점유율의 상승이 아닌 시장 자체의 석권을 위해 혁신하는 동태적 경쟁이 일어나고 있다면, 시장점유율을 통해 해당 기업의 시장지배력을 평가하는 것 역시 근본적인 한계가 있을 수밖에 없다. 이러한 상황에서는 한 시점에서 특정 기업이 높은 시장점유율을 나타내고 있다는 사실 자체가 동태적 경쟁이 제대로 진행되고 있다는 반증일 수도 있기 때문이다.

그런가 하면, 단 몇 년, 심지어는 수개월 내에도 산업의 구도가 변화하기도 하는 동태적 혁신산업의 특성에 비해서, 경쟁당국의 법 집행 결정에 드는 시간은 매우 길고, 뒤늦게 부과되는 시정조치는 더 이상 적절하지 않을 가능성이 높다. 그렇다고 해서 경쟁당국이 섣부른 개입에 나설 경우 이는 필연적으로 오류의 가능성을 높이고 시장의 흐름을 인위적으로 바꾸는 결과가 되는 것은 물론이다.

결론적으로, 실무적인 관점에서 보더라도 동태적 혁신산업에 대한 시장획정, 경쟁자의 파악, 시장지배력의 측정 등을 통한 경쟁법 적용 자체가 힘들 뿐 아니라, 급변하는 산업 현실에 비해 법집행 과정에 소요되는 시간은 지나치게 길고 적절한 시정조치를 마련하기는 매우 어렵다.

(2) 필수설비와 거래 거절

필수설비 원칙essential facilities doctrine은 어떤 재화나 서비스를 제공하는 데 있어 반드시 필요한 설비를 독점적으로 소유 또는 통제하고 있는 사업자는, 다른 사업자가 해당 재화나 서비스를 제공하기 위하여 정당한 대가를 지급하고 그 설비를 이용하고자 할 경우에 이를 거절할 수 없다는 법 이론이다. 필수설비 원칙은 공정경쟁 규제에서 역사적으로 중요한 위치를 차지하고 있으며, 특히 통신 분야에서는 네트워크 설비에 대한 규제에 있어 핵심적 위치를 차지하고 있는 원칙이다. 하지만 필수설비 원칙은 설비보유자에게 일반적으로 보장되는 거래 거절의 자유를 부인한다는 점에서 헌법으로 보장되는 사유재산권 및 영업의 자유를 제한하는 원칙이기도 하다.

필수설비 원칙은 경쟁법상 주로 부당한 거래 거절refusal to deal의 일부로 다루어지고 있다. 미국에서 필수설비 원칙이 처음 적용된 사례는 1912년의 철도회사조합Terminal Railroad Association; XTRA사건이었다. XTRA는 세인트루이스를 출발하거나 도착하는 모든 연결선과 다리 등을 통제한 철도회사 조합이었다. 이들이 연결 서비스를 제공하지 않음으로써 타 회사는 세인트루이스 지역에서 출발하거나 도착하는 운송 서비스를 제공할 수 없었으며, 법원은 이를 부당한 거래제한으로 판결하였다. 필수설비가 되기 위해서는 보통 다음의 네 가지 요소가 필요하다. 첫째, 필수설비가 독점사업자에 의해 운용되어야 한다. 둘째, 경쟁자는 실질적으로 합리적인 수준에서 필수설비를 복제할 수 없어야 한다. 셋째, 설비에 대한 경쟁자의 접근이 거부되어야 한다. 이는 설비가 제공되더라도 지나칠 정도로 높은 가격이 부과되거나 차별적 가격이 적용되는 경우를 포함한다. 넷째, 접속이 기술적 · 경제적으로 가능하여야 한다.

우리나라의 경우 필수설비 원칙은 2002년에 시장지배적 지위 남용행위의 요소 중 하나로서 공정거래법에 삽입되었다. 시장지배적 지위 남용행위의 유형 및 기준을 제시한 공정거래법 시행령 제5조 3항과 4항에서는 '정당한 이유 없이 다른 사업자의 상품 또는 용역의 생산 · 공급 · 판매에 필수적인 요소의 사용 또는 접근을 거절 · 중단하거나 제한하는 행위' 를 명시하고 있다. 또한 심사기준에는 공정거래법상 필수요소의 구체적 요건을 자세히 제시하고 있는데, 내용은 미국이나 EU에서 판례를 통해 부과되는 기준과 유사하다.

통신산업에서 필수설비 원칙이 크게 주목받기 시작한 것은 미국 AT&T의 분할과정에서 내려진 일련의 판결 중 하나인 MCI[1983] 판례부터이다. MCI가 AT&T를 상대로 제기한 이 민사소송 판결에서 법원은 미국에서 규제독점 체제를 확립한 1934년 통신법의 존재가 경쟁법의 적용을 반드시 배제하는 것은 아니라는 점을 지적하면서 필수설비 원칙이 통신산업에 적용될 수 있음을 명확히 하였다. 이후 통신산업의 시내망 혹은 가입자망은 필수설비 원칙을 적용하기에 가장 부합하는 대상으로 간주되어 왔다. 특히 1996년 개정된 미국의 통신법The Telecommunications Act of 1996은 필수설비 원칙이 통신법에 도입되고, 재해석된 본격적 계기라고 볼 수 있다. 동 법에서 시내망 사업자의 독점권을 폐지하고 경쟁촉진을 천명함에 따라 필수설비를 보유하고 있는 시내망 사업자에 대한 규제 필요성이 제기되었다. 이에 따라 지역독점사업자ILEC들에게 세 가지 의무를 부과하였는데, 이는 다른 사업자의 요구가 있을 경우 ① 기술적으로 가능한 어떤 지점에서든 동등수준의 상호접속을 제공할 것, ② 기술적으로 가능한 수준에서 네트워크 요소를 분해하여 제공할 것Unbundled Network Elements ; UNE, ③ 소매로 판매 중인 통신서비스를 도매 형태로도 제공할 것 등이다.[18]

아울러 1996년 통신법에서는 필수설비 원칙을 확대 적용한 것으로 볼 수 있는 '손상 기준impairment standard'을 제시하였는데, 섹션 251(d)(2)에서 망 세분화 요소를 결정함에 있어 필수설비 여부와 함께 '해당 망 요소에 대한 접속 제공이 이루어지지 않는 경우 접속 요청자의 서비스 제공능력을 손상impair시키는지의 여부'를 고려해야 한다고 규정한 것이다.

통신법에서는 비록 필수설비 논리에 기반하고는 있지만 경쟁법에서 적용하는 원칙보다 광범위하고 비교적 자유롭게 규제수단을 적용하고 있다. 경쟁법은 문제가 일어났을 때 이를 교정하는 사후적 규제시각으로서 불개입적 태도를 취하는 반면, 산업적 특수성에 기초한 사전규제를 부과하는 통신규제당국의 입장에서는 더 과감하게 문제 가능성을 교정하게 된 것이라 볼 수 있다. 중단기적 시각에서의 경쟁환경 조성을 주 목표로 하는 경쟁법과는 달리 통신당국은 산업발전, 공익추구와 같은 추가적 목적을 갖고 있으며, 중장기적 산업환경에 대한 예측 등도 수행해야 하기 때문이다.

그럼에도 불구하고 통신법에서의 필수설비 논의 역시 많은 논란에 직면하고 있는 것이 사실이며, 그 이유는 다음과 같다. 첫째, 통신 분야

18. Telecommunications Act of 1996, Section 251.

의 경쟁이 도입됨에 따라 통신법 규제체계 자체를 경쟁법과 조화롭게 개편하고자 하는 노력이 계속되어 왔으며, 이에 따라 필수설비 규제 요건을 과거보다 명확하고 엄격하게 변화시키는 추세이다. 둘째, 통신과 방송의 융합 등 기술 및 산업환경이 변화함에 따라서 기존에 필수설비로 명확히 인식되던 설비들에 대한 재평가가 불가피하게 되었다. 셋째, 필수설비로 인식되어 온 통신망에 대한 업그레이드 투자의 필요성이 확대되면서 필수설비 규제가 사업자의 투자 인센티브를 지나치게 저하하고 있다는 문제제기가 있어 왔다.

(3) 결합판매와 끼워팔기

결합판매bundling는 별도로 판매 가능한 복수의 재화 또는 서비스를 동시에 구매하도록 강제적 혹은 비강제적 수단을 통해 묶어서 파는 행위이다. 한편, 끼워팔기tying는 결합판매의 한 형태로서 주상품tying product과 부상품tied product이 구분 가능하고, 주상품을 구입할 때 반드시 부상품을 같이 구매하도록 강제하는 경우를 지칭한다. 일반적으로는 결합판매는 긍정적, 부정적 의미를 모두 포함하는 용어이지만 끼워팔기는 경쟁저해 행위로서 부정적인 의미를 담고 있다.

일반적으로 결합판매는 효율성 제고나 가격차별화 목적으로 흔히 쓰이는 수단이지만 경쟁저해의 수단으로도 사용될 수 있기 때문에 문제가 된다. 예컨대 윈스턴1990[19]은 부상품 시장이 규모의 경제 등으로 인

19. Michael Whinston(1990).

한 과점적 구조이고, 주상품과 부상품 간에 강한 보완관계가 존재하지 않는다면 주상품의 지배적 사업자가 결합판매를 통해 부상품 시장의 독점화에 나설 수 있음을 보였다. 그런가 하면, 결합판매는 부상품 시장으로부터 주상품 시장으로의 진입위협을 사전에 차단하거나[20] 진입기업으로 하여금 두 시장에 동시에 진입해야 하도록 만듦으로써[21] 시장을 방어하는 수단이 되기도 한다. 한편, 주상품에 대한 가격규제를 받는 독점기업이 규제를 회피하기 위해서 결합판매를 실시하고 부상품의 가격을 올려 받을 가능성 역시 존재한다.

결합판매가 효율성을 증진시킬 수도, 반경쟁적일 수도 있다는 사실, 그리고 마이크로소프트와 관련된 최근 일련의 사례들에서 나타나는 것처럼 결합판매의 목적과 양상이 더욱 다양화되고 있다는 점 등은 규제의 방법과 수위를 결정하는 데 있어서 매우 어려운 과제가 되고 있다. 앞서 논의한 약탈적 가격설정과는 달리 과도한 규제의 가능성 못지않게 과소 규제의 가능성도 존재하기 때문에 규제완화의 방향이 무조건 옳다고 말할 수도 없다. 다만 경쟁법의 추이를 보면 과거에는 끼워팔기를 당연위법per se illegal으로 간주하였더라도 점차 합리성 원칙rule of reason의 범주에서 접근하는 것이 일반적인 경향인 것은 사실이다. 이러한 측면에서 본다면 결합판매와 관련해서는 사전규제보다는 사후규제의 틀을 적용하는 것이 좀 더 적절할 것으로 판단된다.

---

20. Dennis Carlton and Michael Waldman(2002).

21. J.P. Choi and C. Stefanadis(2001).

(4) 지식재산권과 공정경쟁[22]

경쟁법의 목표는 주로 경쟁제한적 요소를 제거함으로써 경쟁을 촉진하는 것이며, 그 결과는 대개 가격을 낮추는 방향으로 나타난다. 이와는 대조적으로, 지식재산권법은 권리 보유자에게 잠재적 경쟁자를 배제할 수 있는 권한을 부여하는데, 그 직접적 목적은 정부에 의해 한시적으로 부여된 이러한 권한을 이용해 가격을 높여 받는 형태로 보상함으로써 발명가, 투자자를 비롯하여 지식재산의 생산에 기여한 이들에게 적절한 동기부여를 하려는 것이다. 물론 배제권한이 있다고 해도 지식재산권을 침해하지 않는 대체재들이 존재할 수 있기 때문에 가격을 높이기 위한 시장지배력이 반드시 확보되는 것은 아니다. 하지만 시장지배력을 정당하게 획득할 수 있다는 '가능성'의 존재가 투자와 발명의 유인으로 작용한다.

궁극적으로는 지식재산권법도 신제품과 신기술의 개발 및 상업화 유인을 제고함으로써 경쟁을 촉진한다는 점에서 두 법의 지향점은 모순되지 않는다. 하지만 가격하락을 지향하는 경쟁법적 규제가 이루어질 경우 지식재산권법이 지향하는 동태적 효율성은 오히려 저해될 수 있다는 점에서 두 법의 적용과정에서 갈등이 발생할 수 있다. 따라서 공정거래법 제59조는 '이 법의 규정은 저작권법, 특허법, 실용신안법, 디자인보호법 또는 상표법에 의한 권리의 정당한 행사로 인정되는 행위에 대하여는 적용하지 아니한다'라고 하여 정당한 지식재산권의 행사에 대

22. 이 절의 내용은 권남훈(2014)을 주로 참고하였다.

해서는 공정거래법이 적용되지 않는다는 제외 조항을 두고 있다. 하지만 이러한 조항은 부당한 권리행사까지 보호하는 것은 아니기 때문에 경쟁법의 영역에서 남용행위의 여지가 있을 경우 이를 감시하고, 제재할 필요까지 배제하는 것은 아니다.

경쟁법과 지식재산권법 간의 이러한 미묘한 경계는 ICT산업에 있어 특히 이슈가 되고 있다. 그 이유는 기술집중적 특성을 가진 ICT산업에 있어 특허 등 지적재산권의 중요성이 점차 높아져 왔으며, 그 과정에서 다양한 형태의 사업자들 간 분정 및 경쟁법 의반 가능성이 제시되어 왔기 때문이다.

ICT산업과 관련된 지식재산권 이슈로 두드러진 특징으로는 과거부터 다른 산업에 비해 특허풀patent pool과 상호실시허락cross licensing이 널리 쓰였다는 점, 표준화 추진과정에서 실시허락 조건에 관한 FRAND 확약이 빈번히 이루어진다는 점, 최근 특허만 전문적으로 보유하고 실시함으로써 수익을 창출하는 특허전문관리회사들이 늘어나고 있다는 점 등을 지적할 수 있다. 이하에서는 이들과 관련한 공정경쟁 이슈들을 차례로 알아볼 것이다.

1) 특허풀patent pools과 상호실시 허락crcss licensing

특허기술들은 서로 보완적인 생산요소로서 기능하는 경우가 많다. 이때 다수의 특허권자들, 특히 많은 경우 서로 경쟁하는 제조업자들 간에 서로 협상을 통해 필요한 특허를 확보하는 일은 상당히 어려운 일이다. 보완적 생산요소를 지닌 사업자들이 각기 독점력을 행사할 경우에는 지나치게 높은 가격과 과소생산으로 인해 비효율성이 발생할 뿐만 아니라 사업자들 입장에서도 손해에 이르게 된다는 점은 경제학에서 널리 알려진 사실이다. 꾸르노의 보완요소 효과Cournot complements effect, 또는 이중 마진화double marginalisation라고도 불리는 이 효과는 특허 실시과정에도 나타나며, 그로 인해 제조업자들이 지불해야 하는 로열티가 지나치게 증가되는 현상을 '로열티 중첩royalty stacking' 이라고 부른다. 이러한 문제를 해결하기 위한 방안으로서 특허풀과 교차실시 허락 등이 흔히 사용되기도 한다.

특허풀은 다수의 기업들이 자신들이 갖고 있는 특허를 하나의 묶음으로 합쳐서 공동 실시계약을 맺는 것을 의미한다. 해당 기술들을 사용하고자 하는 기업들은 각각의 특허권자와 계약을 맺지 않고 특허풀 전체와 한 번에 패키지로 계약을 맺음으로써 로열티 중첩의 문제를 해결할 수 있다. 한편, 상호실시허락은 서로 보완적 특허들을 소유하고 있는 기업들 간에 서로의 기술들에 대해서 특허침해를 걱정하지 않고 자유롭게 관련 기술이나 신상품을 개발할 수 있도록 포괄적 계약을 맺는 것으로서 흔히 경쟁기업들 간에 체결되고, 특허분쟁을 종결하는 방식으로도 사용된다.

특허풀과 교차실시 허락은 로열티 중첩 문제 등 비효율성을 제거하는 효과가 있기 때문에 경쟁을 증진하는 것으로 평가되지만, 그 과정에서 경쟁제한적 공동행위의 도구로서 사용될 가능성도 있기 때문에 주의가 필요하다. 공정위의 지식재산권 지침2013에서는 특허풀이 부당한 공동행위나 사업자단체 금지행위의 도구로 간주되는 경우의 조항들을 제시해 놓고 있다. 이 중에서 특허의 성격에 비추어 특히 주목할 만한 조항은 2.가.(4)항으로서 "부당하게 특허풀에 무효인 특허 또는 공동실시에 필수적이지 않은 특허를 포함시켜 일괄실시를 강제하는 행위"를 금지하고 있다. 여기에서 중요한 부분은 '필수적이지 않은'과 '일괄실시를 강제'이다. 우선, 특허풀의 목적이 개별 특허권자가 배제권을 활용해 지나치게 높은 실시료를 추출해내는 것을 방지하기 위한 것임을 고려하자. 그런데 필수적이지 않은 특허들은 애초에 이러한 문제를 겪지도 않을 것이기 때문에 특허풀에 굳이 포함되어야 할 이유가 없다. 따라서 필수적이지 않은 특허를 특허풀에 포함시킨 것은 공동행위가 목적일 가능성을 의심해 볼 필요가 있다는 것이다.

한편, 어떤 특허가 필수적인지 아닌지를 제3자가 판단하기란 쉽지 않지만, 만일 특허풀에 포함된 특허를 개별적으로 실시 허락할 수 있도록 허용하면 이러한 문제를 상당 부분 보완할 수 있다. 필수적인 특허들로만 특허풀이 이루어져 있다면 개별 실시가 가능하더라도 특허풀을 이용할 것이고, 그렇지 않다면 수요자가 개별적으로 필요한 특허의 사용권만을 획득할 수 있기 때문에 불필요한 기술의 구입을 강제당하지 않을 것이기 때문이다.

2) 표준화와 FRAND 위반

표준은 경쟁을 통해 자연스럽게 결정되기도 하지만de facto standard 정부나 표준화기구에서의 논의를 통해 결정되기도 한다de jure standard. 그런데 이때 표준에 필수적으로 포함되는 특허standard essential patent ; SEP는 단지 표준화기구에 의해 선정되었다는 이유만으로 시장지배력이 크게 상승할 수 있다. 이러한 지배력의 남용을 막기 위해서 유럽통신표준기구The European Telecommunications Standards Institute ; ETSI와 같은 표준화기구는 흔히 표준선정에 참여하는 기술의 보유자들에게 FRANDFair, Reasonable And Non-Discriminatory 선언을 할 것을 요구하기도 한다. FRAND 선언은 특허권자가 합리적인 수준의 실시료를 누구에게나 비차별적으로 적용하겠다는 약속이다. 그런데, FRAND는 기본적으로는 민간 기구를 통한 자발적 선언의 성격을 지니고 있기 때문에, 이것이 법적 구속력이 있는지, FRAND 위반 시 경쟁제한성 혐의를 적용할 수 있는지 등에 대해서는 많은 논란이 있어 왔다.

경제학적으로 표준화 및 FRAND에 관심을 가져야 하는 근거 중 가장 설득력이 있는 것은 특허권 억류의 문제다. 특허권 억류는 특허를 이용한 상품을 통해 얻어지는 추가적 가치를 발명가와 제조업자가 나누는 과정에서 발생하는 혁신활동 및 투자유인 저하의 문제다. 만일 발생하는 가치의 대부분을 언제나 발명가가 가져간다면 제조업자의 입장에서는 투자할 유인이 없어지고, 반대로 제조업자가 대부분 가져간다면 발명가는 혁신활동의 유인이 없어진다. 이러한 문제는 표준화가 아니더라도 발생할 수 있지만, 표준화 과정이 특히 문제가 되는 이유는 특허가 표준에 포함됨으로써 특허권자의 협상력이 지나치게 커진다고 보기 때문이다. 이는 제조업자의 투자유인을 저해시키는 형태로 특허 억류 문제를 심화시킴으로써 효율성을 저해한다. 표준화 기구가 FRAND 조건을 부과하는 목적도 이를 막기 위한 것으로 해석 가능하다.

FRAND 위반행위에 대한 경쟁법 적용의 필요성 및 가능성에 대해서는 여전히 많은 논란이 지속되고 있다. 최근 이와 관련한 유명한 사례로는 애플과 삼성의 특허분쟁이 있다. 2011년 4월 애플은 삼성이 다수의 상용특허, 디자인특허, 상품외장trade dress 및 트레이드마크를 침해했다는 이유로 미국 법원에 소송을 제기하였다. 이에 대해 삼성은 오히려 애플이 삼성의 특허를 다수 침해했다며 즉각 반소하였고, 이후 양사의 분쟁은 2012년에는 독일, 네덜란드, 영국, 일본, 호주, 프랑스, 이탈리아, 스페인, 한국 등 10개국에 걸친 50개 이상의 국제적 소송전으로 확대되었다.[23] 애플과 삼성의 특허전쟁은 스마트폰 시대의 모바일 생태계 주도권 다툼이라는 측면에서도 흥미롭지만, 삼성이 FRAND 확약을 한 표준필수특허standard essential patents ; SEPs를 이용하여 소송을 제기하였다는 점에서 특히 주목을 끌었다. 애플은 삼성이 표준필수특허에 대해 침해소송을 제기한 것은 FRAND 조건을 위반하여 권리를 남용한 것이라는 주장을 제기했다. 미국 법원과 한국 법원은 이에 대해 다소 상반된 판결을 내렸다. 비록 직접적으로 결과가 상반된 경우는 1건에 불과하였으나 FRAND 선언이 적용되는 여러 특허들에 대해서 미국 법원의 배심원 평결은 애플의 손을, 한국 법원은 삼성전자의 손을 들어 주었다는 것이다.[24] 이와 같이 FRAND 선언에 대해서는 금지청구 소송권리를 포기한 것으로 보아야 한다는 입장과 제3자의 실시요청에 대해 성실하게 협상에 임할 의무는 있지만 불특정 제3자에게 당연히 라이선스를 제공해야 한다는 의미는 아니라는 입장이 여전히 팽팽하게 대립되어 있다.[25]

---

23. http://www.fosspatents.com/2012/04/list-of-50-apple-samsung-lawsuits-in-10.html 참조.

24. 관련 판례는 Apple, Inc. v. Samsung Electronics Co., Ltd., 2012 WL 3635337 (N.D.Cal. Aug 24, 2012) 및 서울중앙지방법원, 2011가합39522.

25. "특허권자가 FRAND 선언에 의하여 곧바로 불특정의 제3자에게 해당 특허에 대하여 실

하지만 적어도 FRAND 위반의 고의성이나 기만성이 인정될 경우에는 법원 또는 경쟁당국의 제제대상이 될 필요가 있다는 것은 지금까지의 정립된 견해다.[26] 예를 들어 2008년 램버스 사건에서는 램버스가 표준화기구의 표준설정 논의 시에는 해당 기술의 특허출원 사실을 숨기고 있다가 표준으로 채택된 이후에 특허침해소송을 제기한 것이 문제가 되었으며,[27] 2007년 브로드컴 대 퀄컴 사건에서는 퀄컴이 WCDMA 특허기술에 대해 FRAND 선언을 하고도 자신이 생산하지 않은 칩셋을 쓰는 회사들에게 차별적으로 높은 로열티를 요구함으로써 경쟁자를 배제하려 한 혐의가 제기되었다.[28] 2008년 엔데이터Negotiated Data Solution LLM 사건에서는 이더넷ethernet 표준기술을 갖고 있던 내셔널이 이미 FRAND 선언을 하였고, 엔데이터가 FRAND 선언 사실을 안 상태에서 내셔널로부터 기술을 입수하였으나 이를 무시하고 특허소송을 제기함으로써 로열티 수입을 극대화하려 한 사실이 문제가 되었다.[29]

일반적으로 경쟁당국은 표준화의 긍정적 측면들을 감안하여 표준화 기구의 활동을 허용하면서도 그 과정에서의 반경쟁적 행위가 일어날 가능성은 차단할 의무가 있다. 하지만 분명하지 않은 기준을 바탕으로

시권을 부여하기로 하는 것 또는 실시권 허여의 구속력 있는 확약에 해당한다거나, 해당 특허를 사용한 자 또는 사용하려는 자가 FRAND 선언에 의해 당연히 실시권을 취득하는 것으로 볼 수는 없다" 서울중앙지방법원, 2011가합39522 판결문 인용.

26. 홍대식 · 권남훈(2011).

27. FTC v. Rambus 522 F. 3d 456, D.C. Cir. 2008.

28. Broadcom Corp. v. Qualcomm Inc., 2006 WL 2528545, D. N. J. Aug 31, 2006 (NO. CIV A 05-3350 MLC), Broadcom Corp. v. Qualcomm Inc., 501 F. 3d 297, 3rd Cir. 2007. 한국에서도 유사한 사례로 공정위가 과징금을 부과하였으며(2009. 12. 30), 법원판결로 확정되었다(서울고법 2013. 6. 19. 선고 2010누3932).

29. In the Matter of Negotiated Data Solution LLC, FTC File No. 051-0094.

하여 과도한 개입이 일어날 경우에는 표준화 기구의 자율성을 제한하고 긍정적 기능을 약화시킬 수도 있으며, 과도한 개입은 기업들의 표준화 활동 참여 자체를 줄이는 부정적 결과로 이어질 수도 있다는 점도 충분히 고려해야 한다. 특허권의 보장이 혁신을 증진하기 위한 목적에서 도입된 제도임을 감안할 때 표준화를 통한 시장지배력의 상승 자체를 문제 삼기보다는 그로 인해 혁신활동이 어떤 영향을 받을 것인지를 종합적으로 고려해야 할 것이다.

3) 특허관리전문회사의 확산과 소송 남용

특허관리전문회사Non-Practicing Entities; NPE는 특허를 활용하여 실제 생산에 종사하거나 생산을 할 의사는 없으면서 법정소송 등을 이용하여 높은 실시로열티를 추출해 내는 데에만 관심이 있는 기업을 지칭한다. 특허관리전문회사는 특허괴물Patent Troll, 특허해적Patent Pirate, 특허행사기업Patent Assertion Entities, PAEs 등으로도 불리며, 2000년대 들어서 IT 분야를 중심으로 다수 출현하면서 관심의 대상이 되었다. 최근 전 세계 특허 관련 거래액의 75%가 특허관리전문회사에 의해 발생하고 있고, 2012년에 발생한 전체 특허소송의 62%가 특허관리전문회사와 관련되었다는 보고도 있다.[30] 하지만 특허를 이용하여 생산을 하지 않는 모든 기업이 반드시 실시로열티를 상승시키거나 경쟁을 제한할 것이라고 예단할 수는 없으며, 개인 발명자나 중소기업 등 특허권에 대한 정당한 행사가

30. RPX, "Tracking PAE Activity: A Post-Script to the DOJ Review," 2013 (http://www.rpxcorp.com/index.cfm?pageid=14&itemid=29) 참조.

어려운 주체들을 지원하는 역할을 할 수도 있기 때문에 특허관리전문회사를 반드시 부정적으로만 볼 것은 아니다.

특허관리전문회사가 주목을 받는 이유는 이들이 특허를 이용하여 생산을 하는 기업들operating company에 비해 높은 협상력을 가지며, 이를 통해서 특허침해 소송을 제기해 많은 보상을 요구하거나 높은 수준의 로열티를 얻어냄으로써 제조기업들의 비용부담을 높이게 된다는 점 때문이다. 한국지식재산보호협회2013[31]는 특허관리전문회사가 일반 제조업체들이 구사할 수 있는 특허 공격 및 방어 전략을 모두 사용할 수 있을 뿐 아니라, 특허관리전문회사만이 구사 가능한 다수의 추가적 공격 및 방어 전략을 동원함으로써 협상력을 높인다고 지적하고 있다. 첫째, 특허관리전문회사는 생산을 하지 않기 때문에 다른 경쟁업체의 특허 사용권을 확보해야 할 필요를 느끼지 않는다. 따라서 상호실시허락을 통한 문제해결 의사 없이 오로지 소송과 실시로열티 상승을 통한 수익극대화에 매진할 수 있다.

둘째, 최종소비자를 대상으로 직접 제품을 판매하는 제조업체의 입장에서는 특허권 침해소송에 휘말릴 경우 기업 이미지의 추락을 우려할 가능성이 높지만, 특허관리전문회사는 최종소비자를 대상으로 하지 않을 뿐 아니라 소규모 기업이기 때문에 이러한 우려로부터 비교적 자유로우며, 오히려 반대로 상습적 소송자로서 악화된 이미지를 구축하는 것이 추후에 타 기업과의 협상에 도움이 된다.

셋째, 제조업체의 경우에는 경쟁업체들을 특허침해로 제소할 경우

31. 한국지식재산보호협회(2013), 「NPEs의 불공정거래행위 실태 · 유형분석 및 사례화를 통한 제도개선 방안 연구」, 2013년 8월, 공정거래위원회 연구용역 보고서.

경쟁업체들도 자신을 특허침해로 맞고소하지 않을까 상당한 고심을 하게 된다. 자칫하면 서로 간의 줄소송으로 이어지는 도화선이 될 수도 있기 때문이다. 하지만 특허관리전문회사는 타 기업의 특허를 사용하지 않기 때문에 이러한 우려에서 근본적으로 자유롭다.

넷째, 특허침해 소송 중에는 특허침해 사실 여부를 가리기 위해서 증거조사discovery 등의 절차를 밟아야 할 수 있는데, 제조업체는 그 과정에서 자신의 영업비밀 등이 상대방에게 노출될 수도 있어 상당한 부담을 갖게 된다. 하지만 특허관리전문회사의 경우 대부분 서류상의 회사에 불과하고, 설령 증거조사를 한다 해도 제공할 자사 로열티 자체가 많지 않다. 비슷한 관점에서 특허관리전문회사는 규모가 크지 않으므로 소송 과정에 들어가는 비용도 제조업체에 비해 절약할 수 있다.

그 밖에도 특허관리전문회사는 다수의 업체를 분리 설립하여 일괄 합의를 피하고 연이어 소송을 제기하는 등 제조업체에 비해 유연한 소송전략을 채택할 수 있다. 또한, 제조업체들이 비교적 대규모 상장기업인 경우가 많은 데 반해서 특허괴물은 소규모 비상장기업 형태로 유지될 수 있어 소송이익을 노리는 투자자들을 끌어 모으기가 쉬우며, 따라서 소송의 수행을 위한 자금력 확보가 용이하다.

이상과 같은 이유들로 인하여 특허관리전문회사는 제조업체에 비해 높은 협상력을 바탕으로 실시로열티를 크게 상승시키거나 막대한 소송합의대금을 이끌어 낼 수 있다. 이럴 경우 이는 고스란히 제조업체의 비용 상승으로 이어지며, 제품가격 상승을 통해 최종소비자에게 상당 부분 전가되어 결과적으로 비효율적인 시장규모 축소로 이어지게 된다.

하지만 이와 같은 우려들에도 불구하고 적어도 현재까지는 경쟁법적 관점에서 특허관리전문회사에 의한 로열티 상승을 사후적으로 제재할 만한 방법론이 분명하지 않은 것도 사실이다. 특허관리전문회사의 협상력은 어찌되었든 보유특허의 가치를 근거로 하여 획득 가능한 것이므로 단순히 이를 바탕으로 높은 가격을 매기는 행위를 제재하기는 쉽지 않기 때문이다. 물론 공정위의 지식재산권지침2013 Ⅲ. 1. 가 (2)에서는 "통상적인 거래관행에 비추어 볼 때 현저히 불합리한 수준의 로열티를 부과하는 행위" 를 제재할 수 있도록 규정되어 있어 이를 적용해 볼 수는 있을 것이다. 하지만 이 지침을 실제로 적용하는 데에는 여러 가지 이론적 · 현실적 애로사항이 있다.[32] 공정위는 2013년 한국지식재산보호협회를 통해 NPE의 불공정거래행위 실태 및 유형분석에 대한 연구용역을 실시한 데 이어 2014년 중에 NPE에 대한 규제방안을 지식재산권지침에 반영하였다.

(5) 산업특수적 규제와 일반규제의 조화

오늘날과 같은 ICT산업의 진원지라 할 수 있는 통신서비스 산업이나 방송산업의 경우 그 특성상 다양한 산업별 특수규제의 대상이 되어왔다. 기술 및 시장의 발전과 함께 산업이 경쟁적 구조로 변모하면서 이러한 규제는 점차 완화되고, 일반산업 규제기관인 공정경쟁 당국의 역할이 점차 커지고 있으나 여전히 산업별 특수규제의 중요성은 남아있다. 실제로 대부분의 국가에서는 여전히 ICT산업과 관련된 규제기구는

32. 권남훈 · 홍대식(2011).

공정경쟁 규제기구와 분리되어 기능하고 있다.

규제정책이든 경쟁정책이든 정책의 궁극적 목표가 사회후생의 증진이라는 점은 마찬가지다. 하지만 현실적으로는 산업별 특수규제를 담당하는 정부부처의 경우 기술진흥과 산업육성 정책도 동시에 담당하는 경향이 있는데, 이러한 특성 때문에 소비자 후생보다는 산업계의 요구에 좀 더 민감하게 반응하게 되는 경향도 배제할 수 없다. 한편, 국내의 경우 과거 ICT규제당국이 '유효경쟁'을 달성한다는 목표 아래 시장구조market structure에 지나치게 집착하는 경향을 보이는 측면이 있었다. 이는 시장의 구조structure가 참여자들의 행동conduct에 영향을 미치고, 이는 결국 시장의 성과performance를 결정짓는다는 소위 S-C-P 패러다임으로 해석 가능하다. 사전규제를 주 역할로 하는 ICT 규제당국의 특성상 어쩔 수 없는 측면도 있을 것이다. S-C-P 패러다임은 고전적인 산업조직이론의 중심에 있었지만 오늘날에는 설명력이 약한 이론으로 평가되고 있다. 구조와 무관하게 성과가 나타나거나 오히려 성과가 구조를 결정짓는 경우도 흔하기 때문이다.

한편, 일반적으로 사전적 규제는 적극적이고 지속적인 특성을 지닌 반면, 사후적 규제는 수동적이고 간헐적인 특성을 갖고 있다. 사전규제의 방법은 기업이 책정하는 요금이나 투자기회, 기술의 종류에 이르기까지 복잡하고 다양하며, 폐지되거나 변경되지 않는 한 지속적으로 적용된다. 반면, 사후규제의 경우 경쟁상황에 문제가 발생하였다고 판단되는 경우에 한해서 이루어진다는 면에서 수동적이고 간헐적이며, 방법 역시 원상복귀나 행위의 시정 등 단순하다. 따라서 사전규제는 규제를 하지 않아도 될 대상에도 과도한 규제를 가하는 제 1종의 오류가 나타날 가능성이 상대적으로 크고, 사후규제는 규제가 필요한 상황임에도 간과되는 제 2종의 오류가 나타날 가능성이 상대적으로 크다고 볼 수 있다.

이처럼 사전규제가 과도한 규제로 이어질 가능성이 있다는 사실은 산업의 변화가 크고 동태적 혁신이 일어나는 환경일수록 사전규제의 어려움이 커질 수 있음을 시사한다. 사전규제는 산업과 기술, 기업의 행동과 전략에 대해서 비교적 정확한 예측이 가능할 때 효과적인 반면, 사후규제에 비해서 상황에 따른 유연한 대응을 하기가 어렵기 때문이다.

규제정책과 경쟁정책의 조화는 이상과 같은 사전규제와 사후규제의 특성이 규제의 목적에 얼마나 부합하는가에 따라서 적절히 배분되는 방식으로 이루어져야 할 것이다. 이러한 원칙이 지켜진다면 부처 간 중복규제의 문제도 해결될 수 있을 것이다. 사실, 중복규제가 문제가 되는 경우는 규제들이 서로 상충되는 때이다. 일관성 있는 원칙 하에 도출된 규제들의 경우 오히려 서로 보완적 역할을 할 가능성이 크기 때문이다.

5. 맺음말

본 장에서는 ICT산업의 공정경쟁 규제에 대한 이해를 높이기 위한 여러 내용들을 살펴보았다. 우선 공정경쟁 법적용의 일반요소로부터 출발하여 ICT산업의 특성과 그와 관련된 공정경쟁 이슈를 짚어보고, 나아가 몇 가지 최근에 특히 쟁점이 되었던 주요 이슈들을 살펴보았다. 이들에는 ICT산업의 동태적 혁신성과 경쟁정책 적용, 필수설비와 거래 거절, 결합판매와 끼워팔기, 지식재산권에 대한 경쟁법 적용, 산업별 특수규제와 일반규제의 조화 등이 포함된다. 본 장에서 다룬 내용이 ICT산업과 관련된 공정경쟁 이슈를 모두 포괄한다고 볼 수는 없다. 그럼에도 불구하고 최근 경쟁법 집행과 관련하여 제기되고 있는 이슈들의 상당 부분은 ICT산업과 관련이 있다는 점도 분명하다. 본 장의 내용이 이러한 상황을 이해하고 향후 ICT산업의 발전에 도움이 되는 지식을 얻는데 도움이 되었기를 바란다.

[참고문헌]

권남훈 (2014), 「특허권의 행사와 경정법의 적용」, 『경쟁저널』, 177.

권남훈 · 홍대식 (2011), 「지식재산권에 대한 실시료의 수준과 경쟁법의 역할」, 『정보법학』, 15(2), 한국정보법학회.

한국지식재산보호협회 (2013), 「NPEs의 불공정거래행위 실태 · 유형분석 및 사례화를 통한 제도개선 방안 연구」, 공정거래위원회 연구용역 보고서(2013년 8월).

홍대식 · 권남훈 (2011), 「기술표준 관련 특허권의 행사와 한국 공정거래법의 적용」, 『고려법학』, 63.

Carlton, Dennis and Michael Waldman (2002), "The Strategic Use of Tying to Preserve and Create Market Power in Evolving Industries," *Rand Journal of Economics*, 33(2) : 194–220

Choi, J. P. and C. Stefanadis (2001), "Tying, Investment, and the Dynamic Leverage Theory," *Rand Journal of Economics*, 32 : 52

Easterbrook, Frank (1984), "Two Agency-Cost Explanations of Dividends," *American Economic Review*, 74(4) : 650–59

Evans, David S. and Richard Schmalensee (2002), "Some Economic Aspects of Antitrust Analysis in Dynamically Competitive Industries," NBER Chapters, Innovation Policy and the Economy, 2 : 1-50, *National Bureau of Economic Research*, Inc.

Evans, D. and J. Padilla (2005), "Designing Antitrust Rules for Assessing Unilateral Practices : A Neo-Chicago Approach," *University of Chicago Law Review*, 72(1).

Pleatsikas, Chris and David Teece (2001), "The Analysis of Market Definition and Market Power in the Context of Rapid Innovation," *International Journal of Industrial Organization*, 19(5) : 665-693.

Rubinfeld, D. L. (2001), "Maintenance of Monopoly : U.S. vs. Microsoft," in Kwoka & White(Eds.), *The Antitrust Revolution*, 5/E : 530-557.

Rysman, Marc. (2009), "The Economics of Two-Sided Markets," *Journal of Economic Perspectives*, 23(3) : 125-43.

Shapiro, C. and H. Varian (1998), *Information Rules*.

Whinston, Michael (1990), "Tying, foreclosure, and exclusion," *American Economic Review*, 80 : 837.

제6장
단말기보조금 규제

이경원(동국대학교 경제학과 교수)

2014년 10월 이동통신단말장치 유통구조 개선에 관한 법률일명 단통법이 본격적으로 실시되기 이전부터 단말기보조금 규제는 오랜 이슈였고, 지금도 이슈이다. 단말기보조금 규제의 찬반 논쟁이 지속된 이유는 단말기보조금이 친경쟁적 특성과 반경쟁적 특성을 동시에 지니고 있어, 어느 쪽을 강조하느냐에 따라 의견이 나뉘고 있기 때문이다. 친경쟁적 특성으로는 이동통신서비스 가입에 대한 진입장벽을 낮추고, 이동통신사업자 간 전환을 용이하게 한다는 점을 들 수 있다. 반경쟁적 특성으로는 단말기보조금이 약정기간 묶음과 연계되어 있어 오히려 소비자를 특정 이동통신사업자에게 고착화시킬 수 있고, 이를 통해 서비스 요금 인하 경쟁이 약화될 수 있다는 점을 들 수 있다. 추가적으로 정부는 단말기보조금이 이용자 차별을 유발하는 수단으로 쓰이는 것을 저어하고 있다. 단말기보조금이 이와 같은 상반된 특성을 보유하고 있으므로, 단말기보조금 규제는 반경쟁적 특성을 완화하거나 적어도 친경쟁적 특성을 훼손하지 않도록 집행되어야 할 것이다. 그렇지만 아쉽게도 우리의 분석에서는 정부가 주장하는 단말기보조금의 이용자 차별 완화는 오히려 단말기 가격 상승에 따른 가입자 감소 및 소비자 후생 악화를 초래하는 것으로 나타난다. 더욱이 현재의 단통법은 이동통신사업자 간 경쟁이 미치지 않는 기기변경가입자의 수를 늘림으로 이동통신시장의 점유율 고착화에 따른 소비자 후생 악화가 심화된다는 의견을 제시한다. 따라서 아래의 논의는 현행 단말기보조금 규제는 단말기보조금의 친경쟁적 특성을 훼손하는 문제점을 내포하고 있음을 주장한다.

1. 서론

1990년대 후반 이동통신시장이 급격히 팽창하는 데 큰 역할을 한 단말기보조금은 그 이후부터 지금까지 규제 논란의 중심이 되어 왔다. 소비자는 되도록 많은 단말기보조금을 원하는 반면, 정부는 이동통신사업자의 단말기보조금 지급을 전면 금지시키기도 했다가 다시 전면 허용하기도 했으며, 지금은 일정 수준 하에서 허용하고 있다. 정부가 단말기 거래 시장에 개입한 이유는 이동통신사업자 간 단말기보조금 경쟁을 과열로 진단하였으며, 동일한 단말기에 대해서도 소비자 간에 적용되는 단말기보조금이 심하게 차이가 나 이용자들이 부당하게 차별되고 있고, 결과적으로 이용자의 이익을 저해한다고 보았기 때문이다. 이러한 관점 하에서 정부는 최근 단말기유통법을 통해 단말기보조금을 허용은 하되 상한선을 지정하고 비차별적으로 적용되도록 규제하고 있다. 하지만 단말기보조금 규제를 불편한 시각으로 바라보는 사람들도 많다. 언론은 하루가 멀다 하고 단말기보조금 관련 기사들을 쏟아내고 있다. 단말기보조금이란 이동통신사업자들이 이동통신서비스 제공을 통해 얻는 이윤의 일부를 소비자에게 돌려주는 것이므로, 그 한도를 정부가 통제할 이유가 없다는 주장이 제기되고 있다. 또한 이동통신서비스 이용을 위해서는 단말기가 반드시 필요하므로, 이동통신시장에서 서비스 요금 경쟁뿐만 아니라 단말기 가격 경쟁도 이루어지기 때문에 두 종류의 경쟁 모두 정부에 의해 제어될 이유가 없다는 주장도 설득력을 지닌다.[1]

단말기보조금에 대한 논쟁이 지속되어 왔던 중요한 이유는 단말기보조금이 소비자 이익을 제고하는 친경쟁적procompetitive 성질과 그와는 반대로 소비자 이익을 저해하는 반경쟁적anticompetitive 성질을 모두 보유한 이중적 특성 때문일 것이다. 이 장에서는 현재 적용되고 있는 단말기보조금 규제를 어떻게 이해해야 하는지, 더 나아가 본 규제가 소비자 이

1. 권영선, "[기고] 단통법과 소비자를 위한 길", 한겨레, 2014. 10. 27 ; 민세진, 민세진 교수의 경제학 톡(98) "단통법", 한국경제, 2014. 11. 05 등 참조.

익에 어떤 영향을 미치는지 경제적 효과에 대해 논의하고자 한다. 이를 위해 글의 순서는 다음과 같다. 2절에서는 단말기보조금에 대한 이해와 이동통신사업자들이 단말기보조금을 지급하려는 이유에 대해 논의한다. 3절에서는 정부가 단말기보조금 규제를 추진하고자 하는 이유에 대해 점검하고, 4절에서는 학계가 단말기보조금 규제를 바라보는 시각을 다룬다. 5절에서는 현 단말기보조금 규제의 핵심인 이용자 비차별과 상한선 규제의 경제적 의미를 자세히 논의한다. 6절에서는 이 글의 결론을 맺는다.

2. 단말기보조금이란 무엇인가?

(1) 단말기보조금이 지급되는 경로는 어떻게 되는가?

이동통신가입자 또는 이용자가 이동통신서비스를 이용하려면, 두 가지가 필요하다. 하나는 이동통신서비스에 가입하여야 하고, 다른 하나는 이동전화 단말기를 구입해야 한다. 이동통신서비스에 가입하려거나 단말기를 구입하기 위해 독자들이 이동통신 대리점이나 판매점을 방문한다면 점원으로부터 "고객님께서 받는 단말기보조금은 O원입니다"라는 설명을 들을 것이다. 점원이 이와 같이 말하는 이유는 이동통신가입자들의 관심은 단말기보조금이 총 얼마인가이기 때문이다. 그런데 단말기보조금을 지급하는 주체인 대리점이나 판매점들은 다양한 성격을 지닌 자금들을 활용하여 단말기보조금을 제공한다. 이에 대해 정보통신정책연구원[2010]은 [그림 6-1]을 이용하여 친절히 설명하고 있다.

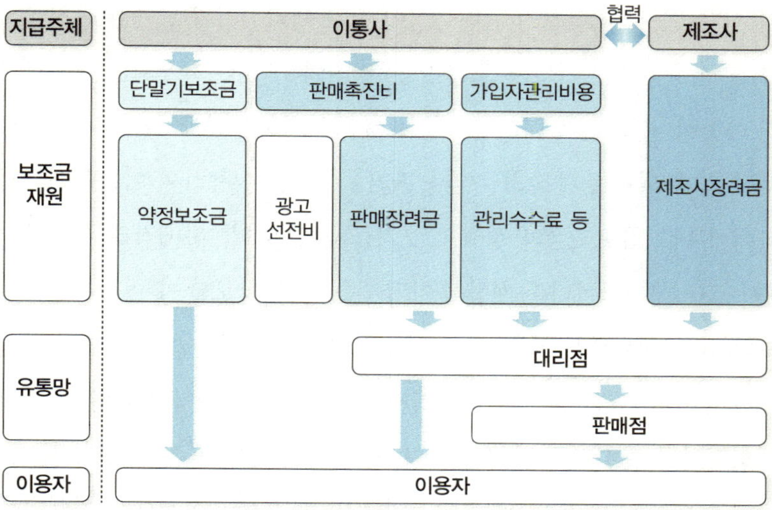

출처 : 정보통신정책연구원 (2010).

그림 6-1 단말기보조금 재원 구조

[그림 6-1]에서 보는 바와 같이, 대리점이나 판매점이 이동통신가입자에게 지급할 수 있는 단말기보조금의 재원은 이동통신사업자mobile network operator와 단말기제조사로부터 발생한다. 이동통신사업자가 홈페이지에 공시하는 단말기보조금은 소위 약정보조금이라 불리며, 이는 이동통신가입자가 이동통신서비스에 대해 기간약정을 하는 경우 이동통신사업자로부터 가입자에게 직접 지급되는 금액이다. 단말기보조금을 구성하는 재원으로 보다 흥미로운 것들은 이동통신사업자들이 대리점이나 판매점에게 지급하는 판매장려금 및 관리수수료와 제조사가 대리점이나 판매점에게 지급하는 장려금 등이다. 사실 이러한 성격의 재원들은 대리점이나 판매점들이 더 많은 고객을 유치하거나 단말기를 더 많이 팔도록 하는 당근이다. 왜냐하면, 이동통신사업자와 제조사의 판

매장려금은 모두 단말기 판매실적에 따라 대리점이나 판매점에 지급되고, 관리수수료는 가입자 모집 또는 관리의 대가로 지급되는 수수료이기 때문이다. 그런데 대리점이나 판매점은 이동통신사업자나 제조사로부터 얻게 되는 판매장려금이나 관리수수료를 이용하여 이동통신가입자에게 단말기보조금의 성격으로 지급할 수 있다. 판매장려금과 관리수수료는 대리점이나 판매점이 가입자를 한 명 확보할 때 이동통신사업자와 제조사로부터 지급받는 것이므로, 가입자에게는 한 푼도 지급하지 않아도 되며, 그런 경우 모두 대리점이나 판매점의 수익이 된다. 하지만 대리점이나 판매점들 간 가입자 유치를 위한 경쟁이 치열하기 때문에, 판매장려금과 관리수수료의 일부가 단말기보조금 형식으로 가입자에게 제공될 수 있으며, 그 수준은 이동통신사업자나 제조사가 직접 결정하는 것이 아니라 대리점이나 판매점이 자율적으로 결정한다.

대리점이나 판매점 점원이 고객에게 "당신이 받는 단말기보조금은 총 O원입니다"라 할 때, 그 금액은 이동통신사업자가 자신의 홈페이지에 게시하는 금액인 약정보조금과 대리점이나 판매점이 재량으로 결정할 수 있는 그 외의 금액으로 구성되어 있는 것이다. 예를 들어 단말기보조금이 총 27만원이라 하고 이동통신사가 공지하는 약정보조금이 10만원이라 할 때, 17만원은 대리점이나 판매점이 재량에 의해 지급하는 금액이며, 이는 이동통신사업자나 제조사가 지급하는 판매장려금 및 관리수수료에 기반한 것이다.

(2) 이동통신사업자는 왜 단말기보조금을 지급하려 할까? — 단말기보조금 크기와 서비스 요금 및 약정기간의 관계

앞서 언급하였듯이, 가입자가 이동통신서비스를 이용하기 위해서는 단말기가 반드시 필요하다. 즉, 이동통신서비스와 단말기는 각각 독립적으로는 아무 의미가 없고, 둘이 결합되어야 이용자에게 유의미해진다. 따라서 이 둘은 보완재complementary goods 또는 묶음bundle의 성격을 갖는다. 우리나라에서는 일반적으로 이동통신사업자가 단말기를 유통하는 주체이다. 이동통신사업자가 제조사로부터 단말기를 구매하거나 제조사를 대신하여 이용자에게 판매하는 방식이다. 이동통신사업자는 가입자에게 이동통신서비스를 제공할 뿐만 아니라 단말기도 판매하며, 이 둘은 결합되어야 이용자에게 유의미하므로, 이동통신서비스와 단말기를 결합판매한다고 볼 수 있다.[2] 개략적으로 본다면 이동통신시장에서의 경쟁은 이동통신서비스와 단말기가 결합된 결합상품의 경쟁으로도 이해될 수 있다.

이동통신사업자는 이동통신서비스 제공과 단말기 판매라는 두 개의 채널을 통해 수익을 얻을 수 있다. 이동통신사업자의 주된 비즈니스는 이동통신서비스 제공으로 가입자에게 요금을 부과하여 수익을 내는 것이다. 그렇다면 이동통신사업자가 수익을 많이 낼 수 있는 경우는 어떤 상황일까? 그것은 분명히 [상황 a] 가입자가 많이 확보된 상황이어야 하고, [상황 b] 확보된 가입자가 최대한 이탈하지 않아야 할 것이며, [상

2. 국내외에서 이용자들이 단말기를 이동통신사업자를 통해서 구매하지 않고 독립매장에서 구매하는 경우도 존재한다. 우리나라의 경우는 그 비중이 매우 낮은 편이다.

황 c] 고가 요금제를 선택하는 가입자가 많아야 하는 경우일 것이다. [상황 a] ~ [상황 c]까지 만족되는 이상적인 상황을 실현하기 위해, 이동통신사업자가 고안한 전략이 바로 단말기보조금 지급이다.

이동통신서비스 이용요금은 일반적으로 사용한 만큼 월별로 청구되는 반면, 단말기는 초기에 구매 가격이 제시된다. 만일 단말기가 고급이어서 가격이 높게 형성된다면 가입자는 가입단계에서 많은 부담을 느낄 수 있으며, 이는 가입을 주저하게 만드는 요인을 작용될 수 있다. 즉, 단말기 가격이 높으면 [상황 a]부터 달성될 수 없게 된다. 이동통신사업자는 가입자들에게 단말기보조금을 지급함으로써 가입 장애요인을 완화하여 가입자를 많이 확보하려는 목적을 달성할 수 있다. 즉, 단말기보조금의 존재 자체로 [상황 a]는 크게 개선될 수 있다.

[상황 b]와 [상황 c]의 경우까지 달성하기 위해서는 단말기보조금에 대해 좀 더 고차원적인 전략적 접근이 필요하다. 우선 [상황 b]가 단말기보조금을 통해 어떻게 실현될 수 있는지 살펴보자. [상황 b]는 확보된 가입자가 오랫동안 자신의 고객으로 남아 있도록 해야 하는 상황이다. 이를 위해 단말기보조금과 가입약정기간을 묶음bundle으로 디자인한다. 이동통신사업자가 가입자를 되도록 오래 자신의 고객으로 붙잡고 싶다면 이에 상응하는 당근을 가입자에게 제시해야 할 것이다. 달리 말하면, 가입기간을 길게 가져가도록 약정commitment을 하고, 이에 부합하는 당근으로 단말기보조금을 더 지급하는 것이다. 이는 전 세계 통신사업자들이 흔히 사용하고 있는 전략이다. 실제로 OECD2013 a의 자료에 의하면, 가입약정기간이 길어질수록 단말기보조금의 크기는 큰 폭으로 증가한다. OECD는 23개국의 데이터를 이용하여 16GB 용량의 애플의 아

이폰과 삼성 갤럭시S 두 모델의 단말기에 대해 단말기보조금 크기와 약정기간 간의 관계를 분석하였다. [그림 6-2]는 단말기보조금 크기와 약정기간이 양(+)의 관계를 나타냄을 보여준다.

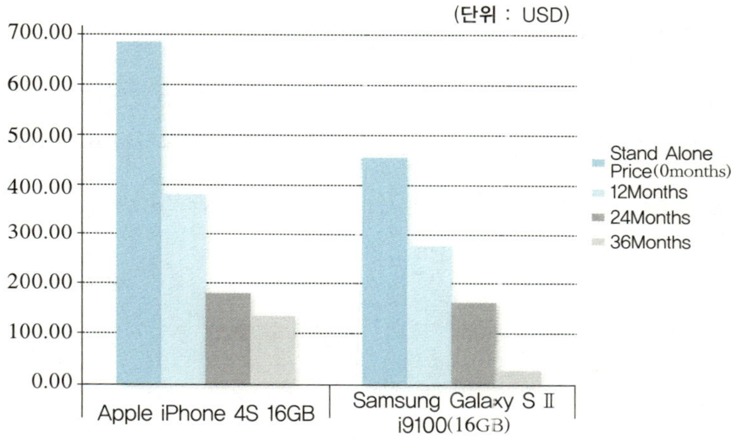

출처 : OECD (2013 a).

그림 6-2 약정기간과 단말기보조금의 관계[3]

[상황 c]를 실현하기 위한 이동통신사업자의 묘수는 단말기보조금의 크기와 요금제 수준을 연동시키는 것이다. 특히 고가의 요금제에 대해 더 많은 단말기보조금을 지급하는 전략이다. 이동통신사업자에게는 어떤 가입자가 이동통신서비스를 다량으로 이용하는지에 대한 정보가 없다. 그럼에도 불구하고 차등적인 요금제들을 가입자에게 제시하면 가입자는 자신의 성향에 맞게 알아서 고른다. 즉, 다량의 서비스를 이용

3. y축은 평균 단말기 가격을 나타낸다. 단위는 USD이다.

하는 가입자는 고가의 요금제를, 반대로 소량의 서비스를 이용하는 가입자는 저가의 요금제를 선택하게 된다.[4] 이에 더 나아가 이동통신사업자가 가입자에게 고가의 요금제를 선택할 시 단말기보조금을 추가적으로 더 지급하겠다는 제안을 한다면 가입자는 고가의 요금제를 선택할 유인이 있다. 이러한 전략도 전 세계 모든 이동통신사업자들이 즐겨 사용하는 것이다. OECD[2013 a]는 OECD 국가들 중 우리나라를 포함하여 대표적인 10개 국가의 단말기보조금의 크기와 이동통신서비스 평균 요금 간에 양(+)의 관계가 있음을 [그림 6-3]을 통해 보였다.

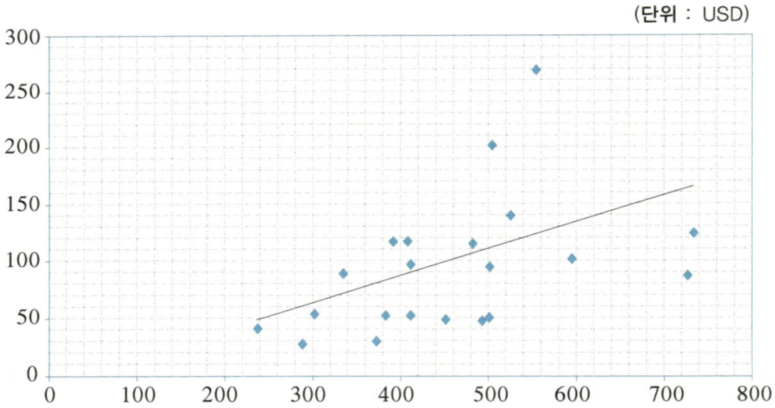

출처 : OECD (2013 a).

그림 6-3 서비스 요금과 단말기보조금의 관계[5]

---

4. 이를 2급가격차별전략(second degree price discrimination)이라 부른다. 이는 기업이 소비자의 성향에 대해 정보가 없을 때, 소비자를 가격과 이용량을 이용하여 차별적으로 적용하는 전략이다. 이를 위해 소비자에게 다양한 옵션을 제시하는 방식이 이용되므로, 메뉴가격설정(menu pricing)이라고 부르기도 한다. 2급가격차별전략 하에서 소비자는 자신의 성향을 스스로 정확히 표출하는데, 이를 자기선택(self-selection)이라 일컫는다.
5. x축은 단말기보조금 액수(USD)이며, y축은 평균 서비스 이용요금(USD)을 나타낸다.

이동통신사업자가 단말기보조금을 지급할 능력은 어디에서 나올까? 이동통신사업자는 이윤을 추구하는 주체이다. 아마도 앞서 언급한 [상황 a] ~ [상황 c]가 모두 만족될 때 가장 높은 이윤을 창출할 수 있을 것이다. 이를 달성하기 위해 이동통신사업자는 단말기보조금을 약정기간과 서비스 요금제와 연계하여 고차원적으로 설계하려 한다. 이동통신사업자가 가입자에게 더 많은 단말기보조금을 지급하려 한다면, 이는 해당 가입자로부터 더 많은 매출을 기대할 수 있기 때문일 것이다. 약정기간이 길수록 또는 가입 요금제가 보다 고가일수록 이동통신사업자는 더 많은 단말기보조금을 제공할 수 있는데, 이는 이와 같은 선택을 한 이용자로부터 더 많은 매출을 안정적으로 기대할 수 있기 때문이다. 예를 들어, 4만원대 요금제를 선택한 이용자가 약정기간이 1년인 경우보다 2년인 경우 더 많은 매출을 기대할 수 있으므로, 그러한 약정기간 선택을 유도하기 위해 이동통신사업자에게 약정기간별 단말기보조금 액수를 차별화할 동기가 발생한다. 좀 더 구체적으로 보면, 요금제가 4만원이라 할 경우 1년 약정기간을 선택한 이용자보다 2년 약정기간을 선택한 이용자로부터 48만원의 매출을 추가로 기대할 수 있으므로, 여기에서 비용을 제한 금액을 단말기보조금으로 지급할 여력이 발생된다. 유사한 논리로, 이동통신사업자 입장에서 4만원 요금제 가입자에 비해 9만원 요금제 가입자는 매우 고마운 존재다. 가입자가 약정을 1년으로 한다면, 4만원 요금제 가입자에 비해 9만원 요금제 가입자로부터 추가적으로 60만원을 안정적으로 얻게 됨에 따라, 이동통신사업자는 60만원에서 비용을 제한 금액만큼을 최대로 단말기보조금으로 지급할 수 있다. 이상에서 살펴본 바와 같이 단말기보조금의 크기는 향후 이동통신서비스 제공을 통해 얻을 수 있는 금액에 기반한 것이며, 이 중 일부가 가입자 유치를 위해 쓰이는 것으로 이해될 수 있다.

3. 단말기보조금 규제를 추진한 이유는 무엇인가?

(1) 단말기보조금 규제는 시기별로 어떻게 이루어져 왔나?

단말기보조금에 대한 정부의 규제는 2000년 초부터 시작되었다. 1990년대 말 이동통신시장이 폭발적으로 성장함에 따라 이동통신사업자들은 가입자 확보를 위해 큰 액수의 단말기보조금을 이용자에게 제공하였다. 단말기보조금이 이동통신시장 확대에 큰 기여를 한 것은 틀림없으나 이 당시 단말기 제조의 국산화율이 60% 수준에 그쳤던 바람에, 단말기의 잦은 교체가 부품 수입액의 증가를 가져와 국부유출의 심각성과 국가자원 낭비 및 과소비 문제가 제기되었다.[6] 이를 근거로 2000년 6월 처음으로 단말기보조금 지급을 금지하는 규제가 적용되었다. 2003년부터는 법제화를 통해 2008년 초까지 단말기보조금 지급이 금지되어 오다 2008년 금지규정을 전면 폐지하였다. 2010년부터 다시 단말기보조금 규제를 시행하였는데, 이전과 달리 전면금지가 아닌 1인당 상한선을 설정하여 적용하였다. 그리고 2014년 10월부터 이전의 규제보다 한층 강화된 이동통신단말장치 유통구조 개선에 관한 법률이하, 단말기유통법이 적용되기 시작하였다. 단말기보조금 규제에 대한 지난 정

6. 박진우 (2001) 참조.

책 흐름을 요약하면, 금지 → 폐지 → 강화의 흐름을 보이고 있다. 〈표 6-1〉은 단말기보조금 규제 연혁을 요약한 것이다.

표 6-1 단말기보조금 규제 연혁

시기	규제	내용
1999	행정지도를 통한 보조금 시장과열 제어	
2000. 6	이용약관에 금지조항 명문화	보조금 금지조항 명문화 및 이용자 차별로 규제
2002. 1	합병인가조건으로 금지 부여	SKT의 신세기통신 합병인가조건 3호
2003. 3	전기통신사업법에 금지 법제화	3년 한시
2006. 3	보조금 규제 연장	2년 연장하되 18개월 이상 장기 가입자에게는 지급 허용
2008. 3	보조금 규제 일몰	가입기간 약정제 도입
2010. 9	가이드라인 규제 도입	보조금 관련 이용자 차별을 규제 가입자 1인당 27만원 상한 설정
2014. 10	단말기유통법 시행	

출처 : 김원식 (2013).

(2) 단말기유통구조개선법 도입의 목적과 규제방식은 무엇인가?

과거 단말기보조금 규제에 대한 목적을 명료하게 언급한 문서를 찾기는 어렵지만, 그간 정부의 시각을 알 수 있는 언급을 OECD[2013 a]에서 찾을 수 있다. OECD[2013 a]에 의하면, 정부는 이동통신사업자 간의 단말기보조금 경쟁에 대해 거부감이 있으며, 단말기보조금에 들어가는 비용을 요금인하, 신규 서비스 개발 및 인프라 확대로의 전환을 유도하기 위해 단말기보조금을 규제하려는 것으로[7] 보인다. 이러한 관점은 2014년 10월에 단행된 단말기유통법 도입의 근거로 여전히 유지되고 있다. 이에 더하여 단말기보조금이 극심할 정도로 차별적으로 이용자에게 지급되고 있는 현실을 바로잡고자 하는 목적도 단말기유통법 도입의 목적이다. 단말기유통법 도입의 목적에 대해 미래창조과학부2014의 문건에서 발췌하여 기술하면 다음과 같다.

> "단말기 유통구조 개선법은 단말기 유통과 보조금 지급을 투명하게 하여, 일부에게만 과도하게 집중된 보조금을 모두가 부당한 차별 없이 받을 수 있도록 하고,
> 이를 통해 이통사들이 소모적인 보조금 경쟁에서 벗어나 소비자 후생을 극대화 하는 서비스 · 요금 경쟁을 하도록 유도하기 위해 제정된 것입니다."

단말기보조금이 이용자들에게 차별적으로 지급되는 정도가 극심했던 것은 사실이다. 언론에서도 '호갱호구 고객님' 이란 용어를 쓰면서 단말기보조금을 많이 받는 이용자들에 비해 매우 조금 받는 이용자들이 다수 있음을 지적하였다.[8] 정부에서도 "동일 단말기를 같은 날에 사더라도 구입시간낮/밤, 판매점에 따라 몇 배씩200~300% 이상 차이가 나는 등 세계 유

7. The Korea Communications Commission(KCC) stated that "our constant position is that it is desirable for operators to convert costs spent on excessive marketing competition into tariff reductions, new service development and infrastructure expansion."

8. 예를 들어, 프레시안, "전 국민을 '호갱님' 만드는 이상한 통신시장", 2014. 2. 13. 참조.

래가 없을 정도로 극심한 이용자 차별이 발생" 하고[9] 있음을 우려하였다.

정부는 또한 단말기보조금이 과다하게 지급되어 있고, 이에 따라 단말기가 불필요하게 자주 교체되고 있는 것도 문제점으로 인식해 오고 있다. Entner[2011]의 자료를 이용하여 몇몇 국가들의 단말기 교체 주기를 비교해 보면, 우리나라는 매우 빠른 편이다[그림 6-4] 참조. 2010년 현재 우리나라의 단말기 교체 주기는 26.9개월로 미국, 영국 다음으로 짧다.

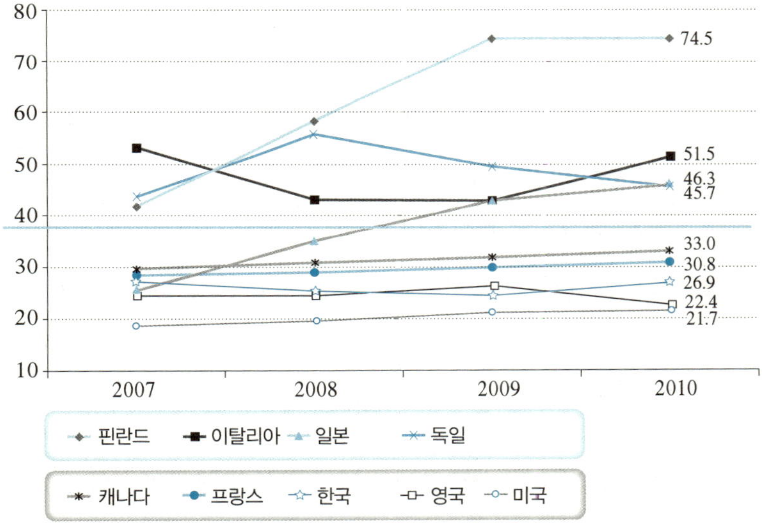

출처 : Entner (2011)에서 가공.

그림 6-4 국가별 단말기 교체 주기

이러한 문제의식 하에서 정부는 단말기유통법을 통해 다음과 같은 규제방식을 추진하고 있다.

9. 미래창조과학부, 해명자료, "붕어빵 경제 단통법을 비웃다—제하의 보도와 관련, 다음과 같이 해명합니다." 2014. 11. 17.

첫째, 기존의 규제방식과 동일하게 단말기보조금을 금지하는 것이 아닌 상한선을 정하였다.

둘째, 정책적 목적인 극심한 이용자 차별 개선을 위해 세 가지 정책을 새롭게 도입하였다.

① 단말기보조금이 투명하게 공시되도록 규정하여, 이동통신사는 홈페이지에 지원금을 공시하고, 대리점 또는 판매점은 영업장에 지원금을 게시하는 방식을 도입하였다.

② 기존에는 신규 가입자 또는 번호이동가입자에게 주로 지급되었던 단말기보조금이 기존 고객 중 이동통신사를 바꾸지 않는 고객이 단말기를 교체하는 '기기변경' 의 경우에도 동일하게 지급되도록 하였다.

③ '비례성 원칙' 을 도입하여 고가 요금제 가입자에게만 과도한 보조금을 주지 말고, 저가 요금제 가입자에게도 비례적으로 지원금을 지급하도록 하였다.

마지막으로, 잦은 단말기 교체를 줄이기 위해 쓰던 폰이나 외부에서 단말기를 구해 와서 서비스만 가입하는 경우에도 지원금에 상응하는 추가적인 요금할인을 받을 수 있도록 하였다.

해외에서는 단말기보조금에 대해 규제가 도입되는 경우는 흔하지 않는 것으로 보인다. OECD 국가들 중 이탈리아, 핀란드, 벨기에 등에서 단말기보조금에 대해 규제가 시행되었었다. OECD[2013 a] 자료에 의하면, 흥미롭게도 이 나라들의 경우 우리나라와 달리 무선인터넷 가입률이 낮은 국가들이다. 이 나라들의 단말기보조금 규제는 대체로 요금제와 결합한 단말기보조금 차등 지급을 금지하는 것이다. 예를 들어, 이용자가 고가 요금제를 사용하면 단달기보조금을 더 많이 주는 행위를 금지하는 것이다. 그런데 현재는 해외에서 단말기보조금 규제가 더 이상 시행되고 있지 않다. 우리나라의 단말기유통법은 해외의 과거 사례와 같이 약정보조금을 금지하는 것은 아니다. 보조금 지급은 허락하되, 그 액수에 있어 상한선을 두는 것이며, 이용자 차별이 발생하지 않도록 하는 것에 목적을 두고 있다는 점에서 해외 사례와 차이가 있다.

4. 단말기보조금 규제에 대한 학계의 시각은 어떠한가?

— 단말기보조금의 이중적 특성

우선 단말기보조금 규제에 대한 해외 연구결과부터 발견하기 힘들다. 그 이유는 단말기보조금 규제가 외국에서는 흔히 있는 정책이 아니고, 그 필요성에 대해 크게 주목하지 않고 있기 때문인 것으로 사료된다. 다만 단말기보조금 규제가 시행되었던 핀란드에서 논쟁이 발견된다. Daoud and Hämmäinen[2004]은 단말기보조금이 이동통신의 이용 확산[diffusion]을 촉진하고, 특히 네트워크 외부성이 존재하는 통신시장에서 가입 촉진은 소비자후생 및 기업 이윤 증대의 결과를 가져온다고 주장을 펼쳐 단말기보조금 규제에 반대하는 입장을 보였다. Okholm, Karlsen, Pedersen, and Tops[2008]는 단말기보조금이 이동통신서비스 및 단말기 제조시장에 미치는 영향을 분석하여, 장기적으로 기술혁신을 저해한다거나 촉진한다고 단정할 수 없다는 주장을 통해 단말기보조금 규제가 효과적이지 않음을 시사하였다.

국내에서는 단말기보조금 규제에 대해 많은 연구들이 이루어져 왔고 지금도 활발히 진행 중이다. 단말기보조금 규제에 대한 찬반 논쟁은 학계에서도 뜨겁다. 단말기보조금 규제에 대한 우호적인 시각과 우려하는 시각이 각각의 근거를 기반으로 공존하고 있다. 이와 같이 찬반으로 나뉘어 논쟁이 이루어지고 있는 이유는 아마도 단말기보조금이 지닌 이중적 성격 때문일 것이다. 즉, 단말기보조금은 한편으로는 소비자 이익을 증대시킬 수 있는 친경쟁적 효과도 지니지만, 반대로 소비자 이익을 저해할 수 있는 반경쟁적 효과도 갖고 있는 것이다. 이봉의[2005]는 이동통신가입자가 사업자를 변경하는 데 가장 큰 장애요소로, 달리 표현하면 전환비용switching cost을 가장 크게 유발하는 요인으로 단말기 가격을 들면서, 단말기보조금은 전환비용을 완화하여 경쟁을 촉진시키는 역할을 수행할 수 있음을 주장함과 동시에 단말기보조금 지급 경쟁에서 시장지배적 사업자가 우위에 있을 수밖에 없으므로 후발사업자에게 불리하여 유효경쟁을 저해할 수 있음도 피력하였다.

단말기보조금의 이중적 성격에 대해 또 다른 논의는 다음과 같다. 이봉의[2005]의 의견과 달리 단말기보조금 지급이 오히려 전환비용을 제고할 수 있다는 관점도 가능하다. 그 이유는 가입자가 단말기보조금을 받기 위해서는 일반적으로 일정 기간 의무가입 약정이 요구되기 때문이다. 이동통신사업자가 단말기보조금 지급을 통해 이용자로 하여금 가입 또는 전환을 위한 부담을 낮춰줄 수 있지만, 일정 기간 약정가입을 통해 가입자는 그 기간 동안에는 다른 이동통신사업자로 이동이 쉽지 않다. 따라서 의무가입기간이 새로운 전환비용으로 발생되고, 이 기간

동안 가입자는 해당 이동통신사업자에 묶이는lock-in 효과가 초래된다. 그래서 이동통신시장에서의 경쟁은 신규 가입자 또는 의무가입이 해제되는 사람들을 대상으로 국한될 것이므로 가격경쟁이 약해진다는 주장이 있다. Farrell and Klemperer2003는 단말기보조금 주제를 직접적으로 다루지 않았지만, 이들의 연구 결과는 단말기보조금 경쟁에 새로운 시각을 제공한다. 이들은 이용자들이 한 이동통신사업자에 고착lock-in 되기 전, 가입자 유치를 위한 치열한 경쟁이 가능함을 주장하였다. 즉, 가입기간 약정에 의한 전환비용은 사후적으로ex post 가격경쟁의 약화를 초래하고 기업의 이윤 증가를 가져오지만, 단말기보조금은 사전적으로 ex ante 가입자가 지불해야 하는 단말기 구입비용을 할인해 주는 것이므로, 가입을 유치하기 위한 경쟁이 더 촉진되는 것이다. 가입기간 약정에 의한 고착효과lock-in effect로 서비스 요금이 높다고 해도 단말기보조금 경쟁이 치열하다면, 단말기보조금과 의무가입기간이 없는 경우에 비하여 소비자후생이 더 클지 혹은 더 작을지는 단정할 수 없을 것이다.

단말기보조금 규제에 대한 우호적인 주장들은 단말기보조금을 가입자 확보 수단으로 이해하는 데서 출발한다.[10] 박진우 · 안일태2004는 단말기보조금은 가입자 확보 수단일 뿐만 아니라 기존 가입자와 신규 가입자 간 가격차별 수단으로 볼 수 있으며, 이동통신사업자가 단말기 가격을 설정할 능력이 있는 경우 단말기보조금 지급은 단말기 가격 상승을 유도하여 전체적으로 소비자후생이 악화될 수 있음을 주장하였

10. 해외의 연구 중에서 Albon and York (2008)는 시장 포화가 된 시점에서 보조금은 한 이동통신사업자가 경쟁 이동통신사업자의 가입자를 '빼어오기' 위한 마케팅 전략으로 사용되고 있음을 실증분석하였다.

다.[11] 이상규 외2005는 단말기보조금은 대표적인 가입자 확보 수단이므로 규제를 통해 이동통신사업자 간 서비스 경쟁 및 요금경쟁을 통한 서비스품질 제고와 요금인하를 기대할 수 있다고 주장하였다. 이종용 · 이동희 · 이덕희2011는 이동통신서비스 부문의 네트워크 외부성의 가치를 추정하고 단말기보조금이 이를 초과할 정도로 과도하게 지급되고 있음을 주장하고 단말기보조금은 가입자 확보를 위한 마케팅 수단에 지나지 않아, 단말기보조금 규제가 필요하다는 결론을 이끌어 냈다.

반면 단말기보조금 규제에 대해 우려하는 주장들은 단말기보조금이 가입자 확보 수단으로 쓰이는 것은 경쟁이 치열하게 이루어지고 있음의 반증이며, 규제로 인해 단말기보조금 경쟁 자체가 저해될 수 있음에 주목하고, 단말기보조금의 긍정적인 효과도 기대한다. 김용규 · 강임호2012는 단말기거래시장에 국한하여 평가하면 단말기 보조금이 소비자후생 및 기업의 이윤을 제고시켜 사회후생에 긍정적인 효과를 창출함을 실증적으로 보였다. 김종민 · 안일태2014는 이동통신사업자에게는 고착된 이용자로부터 얻게 되는 수익을 바탕으로 단말기보조금을 지급할 여력이 있으며, 이는 신규 가입자 시장에서 경쟁사업자와 대등한 경쟁력을 가질 수 있게 함으로 단말기보조금이 규제받는 환경보다 유효경쟁이 가능하다고 주장하였다.

단말기보조금 규제의 무용론도 제기되었다. 정인석2013 a은 단말기보조금 규제가 이동통신사업자 간 단말기 경쟁에 아무런 영향을 미치지 않으므로, 가격인하 등을 이유로 규제 도입은 설득력이 없음을 주장하

11. 그런데 이들은 이동통신사업자가 단말기 가격을 설정할 능력이 없는 경우에는 단말기보조금은 신규 가입자의 후생을 높이므로 긍정적이라는 주장도 함께 내 놓았다.

였다. 또한 정인석2013b은 어정쩡한 처벌에 의지한 단말기보조금 규제가 오히려 정부가 문제시하고 있는 이용자 차별을 유발하는 아이러니를 발생시키므로 철폐되어야 할 것이며, 단말기보조금은 서비스 요금경쟁 외에 또 다른 경쟁수단이므로, 과도하다고 해서 낭비라는 인식은 곤란하다는 의견을 피력하였다. Rhee2014는 동일서비스 내 단말기 교체의 경우에는 단말기보조금 규제는 정당한 반면, 더 나은 이동통신서비스 이용을 위한 단말기 교체의 경우, 단말기보조금 규제는 이동통신사업자의 이윤극대화 행동에 아무런 영향을 미치지 못하므로 정책적 목적 달성이 불가하다고 주장하였다.

5. 단말기보조금 규제의 중심 이슈

앞서 논의한 바와 같이 단말기보조금이 친경쟁적 효과와 반경쟁적 효과를 동시에 지니고 있다. 그렇다면 단말기보조금에 대한 규제는 반경쟁적 효과를 완화시키고 친경쟁적 효과를 제고하거나 적어도 훼손시키지 않는 방향으로 설계되어야 할 것이다. 이 절에서는 단말기보조금 규제의 근거로 정부가 문제점으로 제기한 이슈들 중 중심이 되는 부당한 이용자 차별 문제와 단말기보조금 규제의 시행 방안인 단말기보조금 상한제가 소비자 이익에 어떤 영향을 미치는지 논의하고자 한다.

(1) 부당한 이용자 차별

1) 왜 사업자는 이용자들을 차별하려는가? 그리고 이용자 차별은 나쁜 것인가?

사업자들이 이용자를 차별하려는 이유는 매우 간단하다. 차별하지 않는 경우보다 더 높은 이윤을 얻기 때문이다. 경제학에서는 크게 가격차별price discrimination과 제품차별product differentiation이란 개념으로 이를 설명하고 있다.

우선 제품차별에 대해 간략히 살펴보자. 가방을 생각해 보자. 모든 가방제조사들이 동일한 품질의 가방을 생산한다면 무슨 일이 벌어질까? 아마도 제조사들 간 경쟁은 극심할 것이며, 이에 따라 가방의 가격은 매우 낮은 수준으로 형성될 것이고, 제조사들의 이윤은 매우 낮을 것이다. 기술력이 낮거나 생산비용이 높은 제조사들은 시장에서 퇴출될 수도 있다. 그런데 현실에서는 다행히도 이런 상황이 발생되지 않는다. 그 이유는 가방 소비자들이 모두 동일한 선호체계 또는 효용구조를 갖지 않기 때문이다. 조금 더 구체적으로 말하면, 가방의 품질을 매우 중시하는 소비자들이 있는 반면 그다지 신경쓰지 않는 소비자들도 있다. 소비자들이 이와 같이 품질에 대해 서로 다른 효용구조를 갖는 이유는 소득수준의 차이, 선호도의 차이 등에 기인할 것이다. 가방제조사들은 소비자들이 품질에 대해 서로 다른 효용구조를 갖고 있음을 활용하여 어떤 제조사들은 가방의 품질을 매우 중시하는 소비자들을 타겟으로 고가의 명품가방을 만들어 제공하고, 다른 제조사들은 품질은 낮더라도 실용적인 저가의 가방을 만들어 공급한다. 이와 같이 품질을 차별화시킨다는 것은 품질을 중시하는 소비자들을 위한 시장과 품질에 대해 무덤덤한 소비자들을 위한 시장으로 분리하여 되도록 경쟁을 피하겠다는 것을 의미한다. 달리 말하면, 품질차별은 제조사들이 경쟁 회피의 수단이며, 이에 따라 동일한 품질을 제공하는 경우보다 더 높은 이윤을 추구할 수 있다.

제품차별은 위에서 언급한 바와 같이 품질차별화를 통해 이루어지기도 할 뿐만 아니라 색깔이나 모양 등 디자인의 차별화를 통해 이루어지기도 한다. 동일한 모양이나 같은 품질의 가방이라도 어떤 소비자는 빨간색을 더 선호하고, 다른 소비자는 파란색을 더 선호할 수 있다. 가방제조사들은 소비자들이 디자인에 대해 서로 다른 선호도를 지닌다는 점도 활용한다. 모든 가방제조사들이 동일한 색깔의 가방을 제공한다면 아마도 가방제조사들은 극심한 가격 경쟁에 직면할 것이고 따라서 이윤 수준은 매우 낮을 것이다. 그러나 어떤 제조사는 빨간색 가방, 다른 제조사는 파란색 가방을 제공한다면, 빨간색을 좋아하는 소비자는 빨간색 가방을 구매할 것이고, 파란색을 좋아하는 소비자는 파란색 가방을 구매하게 되어, 빨간색 가방 시장과 파란색 가방 시장으로 사실상 분리되는 효과를 얻는다. 이는 동일한 색깔의 가방을 제공하는 경우보다 제조사 입장에서 볼 때 경쟁의 정도는 매우 낮아지게 되며, 가방 가격을 상당 수준으로 올릴 수 있다. 이에 따라 가방제조사들의 이윤 수준은 상승하게 된다. 즉, 품질차별화인 경우와 마찬가지로 디자인차별화는 제조사들이 경쟁을 회피하는 수단이 되며, 제조사에게 보다 높은 이윤을 제공한다.

이상에서 우리는 사업자들이 제품차별화를 통하여 이용자 차별을 추구하는 이유에 대해 살펴보았다. 사업자들은 제품차별화뿐만 아니라

서로 다른 이용자에게 서로 다른 가격을 부과하는 전략을 사용하기도 한다. 이를 가격차별이라 부른다. 사업자들이 가격차별을 할 수 있는 이유는 앞서 제품차별에서와 유사하게 소비자들이 모두 동일한 선호를 갖지 않기 때문이다. 동일한 제품에 대해서도 모든 소비자들이 동일한 지불의사willingness to pay를 지니지 않고, 높은 금액을 지불할 용의가 있는 소비자가 있는 반면, 그보다는 낮은 금액만을 지불하고자 하는 소비자가 있다. 소비자들이 서로 다른 지불의사를 갖는 이유는 다양하다. 소득 수준의 차이, 욕망 또는 선호도의 차이, 이용 시간대의 차이 등 일일이 열거하기 벅찰 정도로 다양하다. 예를 들어, 어른이 지불하는 버스 요금보다 청소년의 버스 요금이 더 낮은데 이는 어른과 청소년의 소득 수준에 차이가 있기 때문이다. 라면을 박스로 구매하는 소비자가 지불하는 라면 한 봉지당 가격은 낱개로 구매하는 소비자에 비해 낮다. 이는 박스로 구매하는 소비자는 라면에 대한 선호도가 더 높아 더 많은 소비를 하도록 유도하기 위해서이다. 영화관의 조조할인이나 심야할인, 전기요금의 심야할인 등은 이용자들이 붐비지 않는 시간대에 낮은 요금을 제시하여 상대적으로 지불의사가 낮은 이용자들의 소비를 유도하기 위함이다. 모든 소비자에게 동일한 가격을 부과하는 경우보다 서로 다른 가격을 제시함으로써 공급자들은 더 높은 이윤을 얻을 수 있다.

이상에서 살펴본 바와 같이 사업자들이 제품차별이나 가격차별을 통해 이용자를 차별하여 대우하는 이유는 동일하게 대우하는 경우에 비해 더 높은 이윤을 얻을 수 있기 때문이다. 공급자가 이용자 차별을 통해 더 높은 이윤을 얻는다는 것은 자칫 소비자 후생 악화를 의미하는 것으로 보일 수 있다. 만일 그렇다면 이용자 차별의 수단인 제품차별과 가격차별은 소비자 보호 차원에서 영원히 추방되어야 할 것이다. 하지만 앞서 살펴본 많은 사례에서와 같이 제품차별과 가격차별은 금지되지 않고 있다. 이는 기업이 이용자 차별을 통해 더 높은 이윤을 추구하더라도 소비자 후생이 악화되지 않고 더 높을 수 있기 때문임을 의미한다. 예를 들어, 모든 가방제조사들이 동일한 품질을 제공하여 경쟁이 심해 가격이 매우 낮게 형성되는 것이 반드시 소비자에게 바람직한 방향은 아니다. 왜냐하면 현재 제공되는 품질의 가방보다 더 좋은 품질 또는 더 낮은 품질을 원하는 소비자는 자신이 원하는 품질의 가방을 구하지 못하고 울며 겨자 먹기로 현재 제공되는 품질의 가방을 구매해야 하기 때문이다. 품질차별은 소비자에게 자신이 원하는 품질의 가방을 소비할 수 있는 기회를 제공한다. 또 다른 예로 버스 요금이 동일하게 부과되는 경우 청소년들은 버스 이용에서 배제될 가능성이 있으며, 이러한 경우 버스 이용량이 크게 축소되는 문제가 발생한다. 제품차별이나 가격차별을 통한 이용자 차별은 더 많은 소비자들이 시장에 참여할 수 있는 기회를 제공하므로 소비자 후생이 더 높아질 수 있다.

2) 정부가 인식하는 부당한 이용자 차별이란?

앞선 논의를 통해 이용자 차별은 기업의 이윤을 늘릴 수 있더라도 소비자 후생도 제고시키는 효과도 유발할 수 있음을 알아보았다. 그런데 정부는 단말기 시장에서 발생되고 있던 이용자 차별을 부당하다고 판단하면서, 이를 시장실패라 규정하고 이를 완화하려는 목적으로 단말기유통법을 도입하였다. 그렇다면 정부는 단말기 시장에서의 이용자 차별을 부당하다고 보는 이유는 무엇인가? 미래창조과학부의 2014년 11월 17일자 해명자료를 보면 부당한 이용자 차별에 대해 다음과 같이 기술하고 있다.[12]

> "단말기가 같은 시간대 같은 영업점에서도 누구에게는 20만원, 누구에게는 75만원이라면 이는 부당한 가격차별임.
> 동일 단말기를 같은 날에 사더라도 구입시간낮/밤, 판매점에 따라 몇 배씩200~300% 이상 차이가 나는 등 세계 유래가 없을 정도로 극심한 이용자 차별이 발생하였으며,
> 독과점적 유통구조 하에서 고가90~100만원 프리미엄폰 위주로 유통되는 등 가격기능보이지 않는 손이 정상적인 역할을 하지 못하는 시장실패market failure가 발생하고 있었음."

단말기보조금이 이용자에게 부당하게 차별적으로 적용되고 있다고 언급한 내용을 볼 때, 아쉽게도 정부가 좀 더 엄밀하게 접근하지는 않은 것으로 판단된다. 특히 단말기 가격이 같은 시간대나 같은 영업점에서도 큰 차이가 있다는 점을 내세워 이용자 차별이 부당하다는 주장도 엄밀하지 않다. '부당함'의 기준을 정하는 것은 당연히 어렵다. 아마 존재하지도 않을 것이다. 그럼에도 불구하고 정부의 이와 같은 주장이 설득력이 있으려면 적어도 차별적 대우를 받는 이용자들이 동일한 요금제를 선택하는 경우라고 명시해야 할 것이다. 단말기보조금이 이용자가 가입

12. 미래창조과학부, 해명자료, 붕어빵 경제, 단통법을 비웃다—제하의 보도와 관련, 다음과 같이 해명합니다. 2014. 11. 17.

하는 요금제의 종류에 따라 달리 적용될 수 있음은 정부도 인정하는 사항이다. 단말기유통법 시행에 있어서도 요금제에 따라 단말기보조금이 차등적으로 적용되는 것은 허용된다고 밝히고 있다.[13] 예를 들어, 9만원 이상의 요금제에 가입하는 이용자에게 단말기 가격을 20만원에, 반면 3만원대의 요금제에 가입하는 이용자에게 단말기 가격을 75만원에 책정한다면 이를 정부의 주장과 달리 매우 부당하게 이용자를 차별하여 단말기 가격을 설정하고 있다고 단정하기는 쉽지 않다. 2절에서 논의한 바와 같이 이동통신사업자가 이용자들에게 단말기보조금을 지급할 수 있는 재원은 이동통신서비스 제공을 통해 얻을 수 있는 수익에 기반한다고 할 수 있다. 이용자가 동일한 기간 서비스를 이용한다고 할 때, 9만원 이상의 요금제를 통해 얻을 수 있는 수익은 3만원대 요금제를 통해 얻을 수 있는 수익보다는 당연히 크다. 이는 9만원 이상의 요금제를 선택하는 이용자에게 3만원 대 요금제를 선택하는 이용자보다 더 많은 단말기보조금을 지급할 여력이 있음을 의미한다. 따라서 이동통신사업자는 이용자가 되도록 고가 요금제를 선택하도록 할 것이고, 이를 위해 더 높은 단말기보조금을 지급하는 것이다. 이와 같이 요금제의 수준에 따라 단말기보조금이 차등적으로 지급될 수 있음을 간과하거나 간과하지 않았더라도 명시하지 않고 단말기 가격의 차이가 큼만을 강조하면서 부당한 이용자 차별이라 주장하는 것은 설득력이 있다고 브기 쉽지 않다.

---

13. 미래창조과학부 (2014)에 의하면, 다음과 같이 기술하고 있다. "요금제에 따라서도 일률적으로 지원금을 지급하는 것은 오히려 고가 요금제 가입자에 대한 역차별이라는 국회의 논의결과를 반영하여 요금제에 따라서는 합리적인 범위 내에서 차별적인 지원금 지급을 허용하도록 하였습니다."

3) 이용자 차별 개선이 이용자에게 이로운 것인가?

앞서 언급했듯이 정부는 단말기 가격이 구입시간이나 판매점에 따라 매우 큰 폭으로 차이가 발생하는 것을 시장실패라 판단하고 있는데, 이는 아마도 단말기보조금 또는 마케팅비가 대량으로 제공되는 시점을 파악하는 소비자와 그렇지 않은 소비자의 정보의 비대칭성에 의한 것으로 해석된다. 경제학에서는 이용자 차별의 정도가 어느 정도 나야 부당한 것인지 판단을 제공하지 않고 있지만, 정부가 주장한대로 부당한 이용자 차별이 시장실패라면, 단말기유통법이라는 정책으로 시장에 개입하여 이를 개선할 수 있는지에 대해서는 소비자 후생 개선의 관점에서 평가해 볼 수 있을 것이다. 단말기유통법에 의해 부당한 이용자 차별이 개선되어 의도하는 바와 같이 소비자 후생이 개선될 수 있는지 점검해 보자.

기기변경 vs 신규 또는 번호이동

단말기유통법에 의하면 신규 가입이나 번호이동가입에 주로 적용되던 단말기보조금을 기기변경인 경우에도 이용자 차별 없이 동일하게 지급되도록 규정하고 있다. 이러한 규정이 과연 소비자에게 이익인지 살펴보자. 먼저 이동통신사업자가 신규 가입자 또는 번호이동가입자에게 기기변경가입자보다 더 높은 보조금을 지급하려는 유인이 무엇인지 살펴보자. 실제로 단말기유통법이 도입되기 이전에 이동통신사업자들이 단말기보조금을 가장 많이 지급하는 대상은 번호이동가입자이며, 그 다음으로 신규 가입자, 그리고 가장 적게 지급하는 대상은 기기변경가입자이다. 예를 들어 2012년 갤럭시S3가 출시되었을 때, 이동통신3사의 "번호이동가입자에 대한 보조금 지원은 24만 4,000원으로, 신규 가입자(10만 7,000원)보다 13만 7,000원이 더 많았으며, 보조금 위반율에 있어서도 번호이동가입자에 대한 위반건수가 조사대상 건수의 54.0%, 신규 가입 위반율은 39.8%인 반면, 기기변경가입 위반율은 28.5%에 불과한" 것으로 조사되었다.[14]

기기변경가입자란 이동통신서비스 이용을 위해 기존에 가입한 사업자의 변경 없이 단말기만 교체하는 가입자를 말한다. 기기변경가입자는 기본적으로 해당 이동통신사업자 입장에서 볼 때, 매우 충성스런 가입자이다. 충성스런 가입자란 해당 이동통신사업자의 서비스를 이상적으로 생각하거나 그 사업자의 브랜드를 아주 좋아하거나 하여, 서비스 요금이나 단말기 가격 등에 크게 구애받지 않고, 쉽게 다른 이동통신사업자로 이동하지 않는 가입자를 의미한다. 다라서 이동통신사업자는 이러한 충성스런 가입자들에게 굳이 높은 수준의 단말기보조금을 지급하지 않아도 이들을 다른 경쟁 이동통신사업자에게 뺏길 것이라는 염려를 하지 않아도 된다. 기기변경가입자와는 정반대로 번호이동가입자는 한 이동통신사업자에게 충성스럽지 않다. 번호이동가입자란 기존에 한 이동통신사업자로부터 이용해왔던 이동통신서비스를 다른 이동통신사업자로 변경하여 이용하려는 소비자이다. 이들은 대체로 가격변화에 민감한 특성을 지닌 소비자들이다. 이동통신사업자 입장에서는 이러한

14. 이데일리, 갤럭시S3 보조금 조사로 본 '이용자 차별', 2012. 12. 24.

유형의 이용자들을 자신의 고객으로 지키기보다 경쟁사업자로부터 빼어 오기가 더 쉽다. 이를 위해 가능한 유리한 조건으로 단말기보조금을 제공할 유인이 있다. 왜냐하면 이들을 빼어와 약정기간 동안 안정적인 이동통신서비스 요금을 통해 수익을 확보할 수 있기 때문이다. 신규 가입자들에 대한 이동통신사업자들의 입장도 번호이동가입자와 유사하다. 신규 가입자는 새로 이동통신서비스를 이용하려는 소비자이며, 한 번 가입하면 향후 일정 기간 동안 서비스 요금제를 통해 안정적인 수입을 창출할 수 있는 대상이다. 따라서 이들에게도 번호이동가입자와 비슷한 수준으로 단말기보조금을 제공하여 유치할 유인이 있다. 최근에는 특정 브랜드의 단말기에 대한 충성도가 높은 이용자들이 많아지면서 특정 브랜드의 단말기가 새롭게 출시되는 경우 이를 이용하여 번호이동이나 신규 가입자를 대상으로 단말기보조금 지급을 통한 이용자 확보가 용이해졌다. 이상에서 살펴본 바와 같이, 이동통신사업자들은 가격변화에 덜 민감한 기기변경가입자보다는 가격변화에 상대적으로 민감한 번호이동이나 신규 가입자에게 보다 높은 단말기보조금을 제공할 유인이 있다.[15] 다른 말로 표현하면, 이용자의 특성을 활용하여 단말기보조금 지급에 있어 기기변경가입자와 번호이동가입자 및 신규 가입자 간 이용자를 차별할 유인이 있는 것이다.

단말기유통법은 서로 다른 특성을 보이는 소비자에게 적용되어 왔던 차등적인 단말기보조금을 동일하게 지급하라는 규제를 적용한다. 이 규제가 소비자에게 이익이 되는지 소비자 후생 변화를 기준으로 [그

15. 이들 중에서도 남들보다 발품을 더 팔아 단말기를 더 싸게 사고자 하는 이용자는 가격변화에 보다 더 민감한 소비자라 할 수 있다.

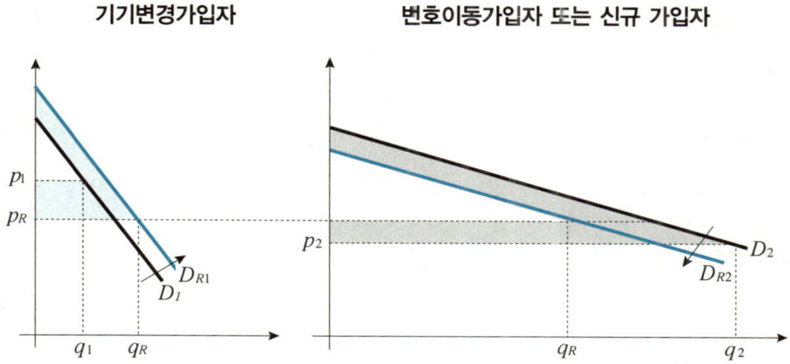

그림 6-5 비차등적 단말기보조금 지급의 효과

림 6-5]를 활용하여 설명하고자 한다. [그림 6-5]에서 왼쪽의 그래프는 기기변경가입자의 수요곡선이며 오른쪽 그래프는 번호이동가입자 또는 신규 가입자의 수요곡선이다. x축은 가입자 수이며, y축은 단말기 가격을 나타낸다. 단말기유통법 이전 기기변경가입자와 번호이동가입자 또는 신규 가입자에게 차별적인 단말기보조금을 지급하는 경우 수요곡선을 각각 D_1과 D_2라 하고, 단말기 가격을 각각 p_1과 p_2라 하자. 앞서 논의한 바와 같이 보다 충성스런 기기변경가입자에 대한 단말기 가격이 덜 충성스런 번호이동가입자 또는 신규 가입자에 대한 단말기 가격이 높다. 즉, $p_1 > p_2$이다.

이제 단말기유통법에 의해 단말기 가격은 가입 유형과 상관없이 모든 가입자에게 p_R로 동일하게 적용된다고 하자. 만약 단말기유통법에 의해 모든 가입자에게 차별 없이 적용되는 단말기 가격이 단말기유통법 이전에 번호이동가입자 또는 신규 가입자에게 적용되었던 단말기 가격보다 낮게 책정된다면, 즉 $p_R \leq p_2$라면 소비자 후생은 증가하게 된다.[16] 하지만 아직까지는 그러한 가능성은 낮은 편이다. 그 이유는 번호이동가입자나 신규 가입자에게 지급되던 단말기보조금을 동일하게 유지하더라도 기기변경가입자에게 적게 지급되던 단말기보조금 규모가 증가하면서 이동통신사업자의 지출규모가 증가함에 따라 이윤 축소가 예상되기 때문이다.

이제 단말기유통법 이후 모든 이용자에게 단말기보조금이 동일하게 지급되어 단말기 가격이 p_1보다는 낮지만 p_2보다는 큰 p_R로 설정된다고 하자. 번호이동이나 신규 가입에 적용되는 단말기 가격 상승으로 기기변경의 단말기 가격은 변하지 않더라도 상대적으로 하락한 효과가 있어 기기변경가입자의 수요는 증가하여, D_{R1}으로 우측이동하게 된다. 정확히 반대의 이유로 번호이동이나 신규 가입자의 수요는 감소하여, D_{R2}로 좌측이동하게 된다. 기기변경가입자의 경우 낮아진 단말기 가격으로 소비자 후생이 [그림 6-5]에서 청색 망 영역만큼 증가하지만, 번호이동가입자 또는 신규 가입자의 경우 단말기 가격이 상승하였기 때문에 검정색 망 영역만큼 소비자 후생이 감소하게 된다. 흥미로운 점은 기기변경가입자는 가격변화에 그리 민감하지 않은 이용자들이어서 단말기 가격 하락에 의해 증가된 가입 건수가 그리 크지 않는 반면, 번호이동가입자 또는 신규 가입자는 가격변화에 민감한 이용자로 단말기 가격 인상에 따라 가입 건수의 감소폭이 크다는 점이다.

---

16. 소비자 후생(consumer welfare) 또는 소비자 잉여(consumer surplus)는 소비자가 지불하고자 하는 의사(willingness to pay)와 실제 지불하는 가격과의 차이를 나타낸다. 소비자의 지불의사는 수요곡선을 나타낸다. 따라서 소비자 후생 또는 소비자 잉여는 수요함수를 나타내는 그래프에서 수요곡선 아래 영역과 실제 가격 위의 영역이 동시에 만족되는 영역을 나타낸다.

[그림 6-5]에서 보는 바와 같이 단말기유통법 추진으로 모든 유형의 소비자들이 이익을 보는 것은 아님을 알 수 있다. 문제는 소비자 전체적으로 볼 때 단말기유통법에 의해 소비자 후생이 커질 수 있는가이다. 그러기 위해서는 전적으로 기기변경가입자의 증가된 소비자 후생이 번호이동가입자 또는 신규 가입자의 감소된 소비자 후생보다 커야 할 것이다. 이를 정확히 추정할 수는 없지만, 기기변경가입자와 번호이동가입자 또는 신규 가입자의 비중을 이용하여 어느 정도 가늠할 수 있다. 현실에서 〈표 6-2〉에 의하면 단말기유통법 이전과 이후 모두 신규 가입자와 번호이동가입자의 비중이 기기변경가입자의 비중보다 높다. 단말기유통법 이전에는 일평균 신규 및 번호이동가입자와 기기변경가입자의 비중이 각각 약 74:26 정도였으나, 기기변경가입자에 대한 단말기 가격 하락으로 각각의 비중은 60:40 정도로 바뀌었다. 향후 각 유형의 비중이 어떤 추이를 보이는지는 더 보아야겠지만, 〈표 6-2〉

표 6-2 2014년 가입자 유형 비중 추이 (단위 : 건)

구분	2014.1~9월 일평균	10월 일평균	11월 일평균	12월 일평균	단통법 이후 10월~12월 일평균
가입자 규모	58,363 (100%)	36,935 (63.3%)	54,957 (94.2%)	60,570 (103.8%)	50,821 (87.1%)
신규	20,325	13,626	16,539	17,754	15,973
(비중)	(34.8%)	(36.9%)	(30.1%)	(29.3%)	(31.4%)
번호이동	22,729	9,350	15,184	17,983	14,172
(비중)	(38.9%)	(25.3%)	(27.6%)	(29.7%)	(27.9%)
기기변경	15,309	13,959	23,234	24,833	20,675
(비중)	(26.2%)	(37.8%)	(42.3%)	(41.0%)	(40.7%)

출처 : 미래창조과학부 (2015) 가공.

의 통계에 근거하여 단말기유통법 이후 현재 시점에서 판단하면 번호이동 및 신규 가입자에 대한 단말기 가격 상승으로 전반적 소비자 후생은 감소하였다고 할 수 있다.[17]

4) 이용자 차별 개선이 이동통신시장 경쟁구조 개선에 도움이 되는가?

〈표 6-2〉에서 우리는 단말기유통법 이후 신규 및 번호이동 가입자의 비중뿐만 아니라 절대적 건수가 감소되는 반면, 기기변경가입자의 비중 및 건수가 증가함을 보았다. 그런데 이러한 현상은 아쉽게도 이동통신시장의 경쟁구조 개선에 도움이 되지 않는다.

우리나라 이동통신시장의 경쟁상황은 꾸준히 개선되고 있으나, 여전히 정체되어 있는 것으로 평가되고 있다. [그림 6-6]에서 보는 바와 같이 지난 10여 년간 가입자 수 기준의 시장점유율은 5 : 3 : 2의 비율이 꾸준히 유지되어 오고 있다. 장희선 · 한성수[2014]는 OECD 21개국의 2006 ~ 2013년의 평균 HHI를 구하고 비교한 결과, 모든 국가의 사업자 수는 3 ~ 4임이며, 전체 평균 HHI는 3,358이나, 우리나라의 HHI는 평균보다 15.1% 높은 3,866으로 추정하였다.[18] 이용자의 이동통신사

17. 〈표 6-2〉는 [그림 6-5]의 내용을 지지하고 있다. 단말기유통법 이후 기기변경가입자의 규모는 일평균 약 5,000건수가 증가한 반면, 신규 또는 번호이동가입자의 규모는 12,000건수가 감소하였다. 가입자 규모는 단말기유통법 직후인 10월에 단말기유통법 이전 대비 63.3%로 급감하였으나 점차 증가 추세를 보이고 있다. 그럼에도 불구하고 3개월 평균 단통법 이전 수준의 87.1%로 시장 규모도 감소하였다. 따라서 단말기 시장의 전반적인 거래량의 감소는 소비자 후생 감소 더 나아가 사회후생 감소를 시사한다.

가입자 수 기준 시장점유율 추이

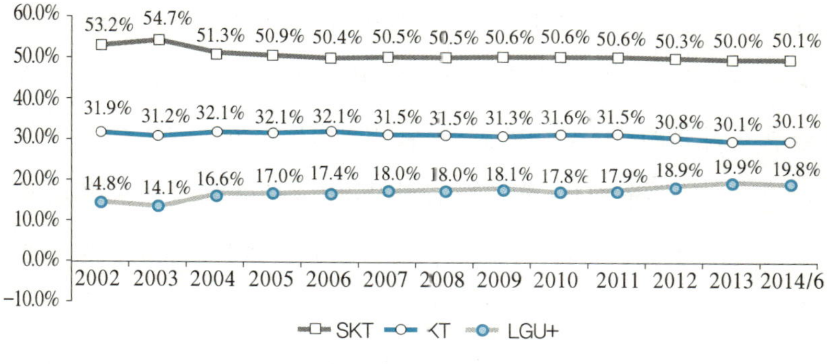

출처 : 정보통신정책연구원 (2014).

월평균 가입자 전환율churn rate 추이

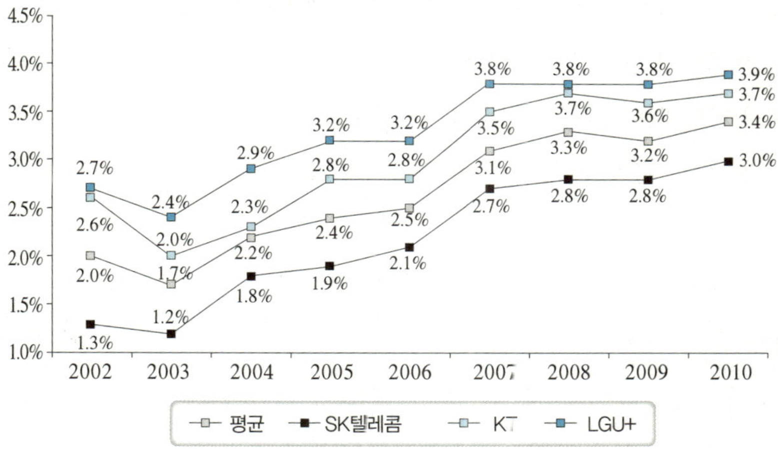

출처 : 정진한 외 (2011).

그림 6-6 시장점유율 및 전환율 추이

18. HHI는 Herfindahl Hirschman Index의 약자로 한 시장 내에서 경쟁하는 각 사업자의 시장점유율의 제곱을 모두 더한 값으로 정의되며, 시장집중도를 나타내는 대표적인 지수이다.

업자 간 이동의 정도를 나타내는 월평균 사업자 전환율churn rate은 2003년 1.7%로 가장 낮은 시기를 저점으로 하여 지속적 증가로 2010년 약 3.4% 수준에 이르렀다.[그림 6-6] 참조 이러한 증가세는 정진한 외2011가 언급한 바와 같이 2004년부터 실시된 번호이동성 제도와 2006년 3월부터 일정 조건 하에서 단말기보조금 지급이 허용됨에 따라 단말기에 따른 전환장벽이 완화되어 이동통신가입자의 사업자 전환율이 증가한 것으로 평가된다.

4절에서 단말기보조금 규제의 논쟁에 있어 일치된 관점은 단말기보조금이 가입자 확보 수단이라는 것이다. 〈표 6-3〉에서 보는 바와 같이 최근 소비자들이 이동통신사업자를 선택하는 가장 중요한 요소가 특정 브랜드의 단말기에 대한 선호도나 단말기보조금 지급 크기 등이 되면서 단말기는 이동통신시장의 경쟁을 위한 가장 중요한 도구로 등장하였다. 특히 단말기보조금이 가입자 확보 수단으로써 영향력을 발휘할

표 6-3 이동전화사업자 선택 이유

조사연도	1위	2위	3위	4위	5위
2014	단말기선호	단말기보조금 등 혜택	통화품질	통화요금	원하는 요금제
2013	결합상품	통화품질	통화요금	원하는 요금제	단말기선호
2012	통화품질	단말기선호	가입비용	통화요금	이동전화브랜드
2011	단말기선호	통화품질	가입비용	이동전화브랜드	
2010	통화품질	단말기선호	가입비용	이동전화브랜드	

출처 : 정보통신정책연구원 (2014) 가공

수 있는 가입자 유형 대상은 신규 또는 번호이동 가입자들이다. 기기변경가입자는 이동통신사업자를 쉽게 변경하지 않는 이용자이므로, 이동통신사 간 경쟁이 미치지 않는다. 이들의 비중이나 절대적 수의 증가는 이동통신사 간 경쟁이 이루어지게 되는 이용자의 수가 적어짐을 의미하며, 더 나아가 현재 이동통신사 간 점유율 구조의 고착화가 더 진행될 수 있다는 것을 뜻한다. 물론 단말기유통법의 목적은 이동통신시장의 경쟁구조 개선이 아니라 일차적으로 이용자 차별 해소에 있다. 그렇지만 단말기유통법으로 인해 이동통신시장의 아주 오래된 문제인 경쟁구조 개선이라는 과제에 오히려 반하는 결과를 초래할 수 있음이 간과된 것으로 판단된다.

(2) 단말기보조금 상한 규제

단말기유통법의 또 다른 핵심은 단말기보조금의 상한선을 설정하여 이를 초과하여 단말기보조금을 지급하는 행위를 "불법"으로 규정한다는 것이다. 즉, 상한선을 초과하여 단말기보조금을 지급하는 행위는 "나쁜 짓"이라는 인상을 심어주게 된다. 단말기보조금의 상한선 설정은 사실 단말기유통법 이전에도 있었으며, 현 단말기유통법 하에서는 상한선이 기존보다 약간 높게 설정되었다. 단말기보조금 상한 규제는 앞서 논의한 부당한 이용자 차별 해소를 위한 정부의 개입과는 다른 차원의 정부 개입이다. 이러한 단말기보조금 상한제가 소비자 이익에 어떤 영향을 미치는지 논의한다.

1) 가격통제의 일반적 근거

단말기보조금 상한 설정은 단말기 가격 통제의 일종이며, 특히 가격하한제price floor에 해당된다. 정부의 가격통제 정책은 가격상한제price ceiling와 가격하한제가 있다. 정부가 가격을 통제하려는 목적은 시장에서 발생된 결과가 불공평하다고 판단하여 이를 시정하기 위한 것이다. 일반적으로 가난한 사람들의 환경을 개선시킬 목적으로 도입된다. 가격상한제는 대체로 해당 물품의 가격을 안정시켜 소비자를 보호할 목적으로 시행된다. 가격상한제의 대표적인 예는 아파트 임대료 규제가 있다.[19] 가격하한제가 적용되는 상황은 해당 상품이나 서비스의 공급자를 보호할 목적으로 시행되며, 대표적 사례가 최저임금제이다. 교과서적 설명에 의하면, 가격하한제가 적용되는 경우 초과공급이 발생하고 시장거래량은 감소하여 사회후생이 악화되는 현상이 발생한다.[20] Mankiw2007가 언급하였듯이 소비자들은 되도록 낮은 가격에 물건을 구입하고 싶고, 생산자들은 가능한 높은 가격에 물건을 판매하고자 하므로, 가격상한제가 설정된다는 것은 아마도 소비자가 정부에 넣는 압력이 큼을 의미할 수 있고, 가격하한제가 도입된다면 생산자의 대정부 로비가 성공했음을 의미한다고 볼 수 있다.

---

19. 가격상한제가 없을 때 시장균형가격이 가격상한제보다 높게 설정되는 경우 가격상한제의 정책적 효과가 발생한다. 그러나 이 경우 초과수요가 발생하여 암시장이 형성될 수 있으며, 이에 따라 정책실패로 귀결될 수 있다.
20. 모든 규제에 적용되는 것인데, 규제가 제대로 작동하고 있는지 감시하기 위한 행정비용도 소요된다.

2) 단말기 거래시장에 가격하한제가 도입된 이유가 무엇인가?

이에 대한 정부의 설명이 거의 전무하나, 두 가지 측면에서 그 이유를 추측해 볼 수 있다. 하나는 앞서 논의한 바와 같이 일부 이용자가 다른 이용자들에 비해 지나치게 많이 받는, 정부의 용어를 빌자면 부당한 이용자 차별을 완화하기 위한 목적으로 설정된 것으로 추측해 볼 수 있다. 또 다른 하나는 단말기보조금을 포함한 마케팅비용이 지나치게 집행됨으로써 서비스 요금 인하나 서비스 품질 개선을 위한 투자 등으로 자금이 전용되지 않는 문제점을 개선하기 위한 것이 아니었나 추측해 볼 수 있다. 즉, 중장기적 이용자 후생 제고, 이동통신망 고도화를 위해서는 마케팅경쟁보다는 요금 및 투자경쟁이 사회적으로 바람직하므로, 마케팅 경쟁을 지양하고 요금 및 투자경쟁을 유도할 수 있는 정책적 노력이 필요하다는 판단 하에 도입된 것으로 사료된다.

실제로 단말기보조금 상한제가 도입된 시점에서는 투자비용보다 마케팅비용이 초과되었을 정도로 이동통신사 간 마케팅을 이용한 경쟁

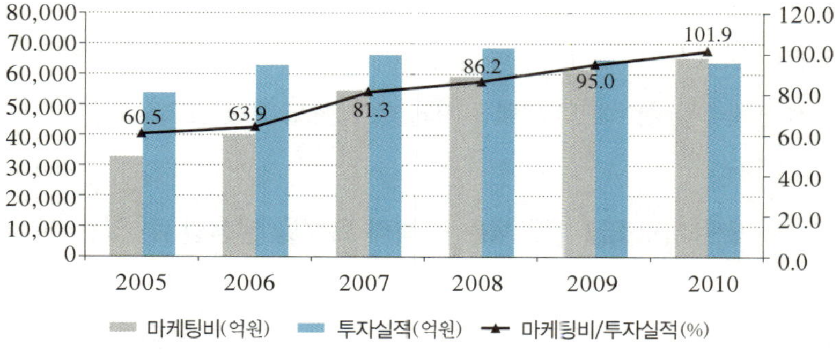

출처 : 정보통신정책연구원 (2010) 가공.

그림 6-7 이동통신사업자의 마케팅비 지출 추이

이 심화되어 온 것은 사실로 평가된다. [그림 6-7]은 이동통신사업자들의 마케팅비 지출 및 투자실적에 대한 연도별 추이이다. 2005년 대비 2010년 이동통신사업자들의 마케팅비 지출은 두 배를 상회= 100.3%할 정도로 크게 증가하였다. 특히, KT와 LGU+의 증가율이 SKT에 비해 더 높았다. 투자실적 추이를 보면, 증가정도는 확연히 마케팅비 지출의 증가정도에 크게 못 미친다. 2005년 대비 2010년 이동통신 3사의 투자실적은 18.9% 증가한 수준에 그치고 있다. 심지어 2008년 이후 투자실적은 감소해 2010년의 투자실적은 2006년 수준과 유사하였다. 더욱 흥미로운 것은 2009년까지 투자실적이 마케팅비를 초과하였으나, 2010년에는 역전 현상이 발생하였다. 마케팅비와 투자실적의 비율을 구해 연도별 추이를 보면, 2005년 이후 꾸준히 그리고 급격히 상승하였다.

앞서 〈표 6-1〉에서 살펴보았듯이 과거 2008년 3월까지는 단말기보조금이 금지되었던 시기이며, 투자실적 대비 마케팅비 비율이 85%를 하회하고 있었다. 반면, 단말기보조금 지급 금지가 해제된 이후 그 비율이 더욱 증가하여 100%를 상회할 정도이다. [그림 6-7]에 의하면, 단말기보조금 규제가 해제된 시기에 마케팅비는 더욱 증가했으나, 투자실적은 낮아져, 단말기보조금 지급 금지가 마케팅비 비중은 줄이고 투자지출 비중을 높이는 정책적 효과가 어느 정도 있는 것으로 보인다.

3) 단말기보조금 상한제는 정책적 목적을 달성할 수 있는가?

단말기보조금 상한제가 지향하는 목표가 이동통신사업자가 과다하게 지출하고 있는 단말기보조금이 포함된 마케팅비를 서비스 요금 인하나 서비스 고도화 또는 비용절감을 위한 투자재원으로 전환을 유도하고자 하는 것이라면, 이 목적이 달성 가능한지 예상하기는 쉽지 않다. 오히려 정책의 목적과 반대로 단말기보조금 상한제는 단기적으로 이동통신시장을 보다 경직적이 되도록 유도하여 소비자 후생이 악화될 가능성을 높이는 문제점을 지니고 있음을 주목해야 한다.

이동통신사업자가 직면하는 경쟁의 창구는 단말기보조금 경쟁, 서비스 요금 경쟁, 서비스 품질 경쟁 등이다. 아마도 정부의 정책적 목적은 이동통신사업자들은 요금이나 품질경쟁은 소홀히 한 채 소모적인 단말기보조금 경쟁에 치중하고 있으므로, 이를 억제하면 서비스 요금 경쟁이나 서비스 품질 경쟁이 더 치열해지지 않을까 하는 아이디어에서 출발한 것으로 보인다. 일견 타당한 듯하나, 이 시각은 몇 가지 문제점을 내포하고 있다. 우선 정부는 서비스 요금 및 품질 경쟁의 부재를 치열한 단말기보조금 경쟁이 원인인 것으로 지목한 것인데, 타당한 근거인지 명확히 제시되지 않았다. 정부의 정책은 각 경쟁의 창구가 모두 치열하게 경쟁이 이루어질 수 있는 환경을 만드는 것이 최우선일 것이다. 한 경쟁의 창구를 제약하여 다른 경쟁 창구들이 활성화된다는 메커니즘이 제대로 작동할 것인지에 대해서도 근거가 부족하다.[21] 이에 대한 결론을 내리기가 쉽지 않으므로, 추후 많은 연구들을 통해 개선한다.

---

21. 일반적으로 기업의 투자는 투자를 통한 수익이 기대될 때 이루어진다. 수익은 서비스 요금 수준 또는 마케팅비 등을 통해 결정되므로, 대체로 요금 수준이나 마케팅비 설정 이전에 투자수준이 결정된다. 따라서 이동통신사업자들이 투자지출 수준을 결정하는 것은 마케팅비 수준을 결정하는 것과 밀접한 관련이 있지는 않다. 일반적으로 회임기간이 상대적으로 긴 투자지출 결정과 상대적으로 짧은 마케팅비 수준 결정은 동일한 시점에서 이루어지지 않는다.

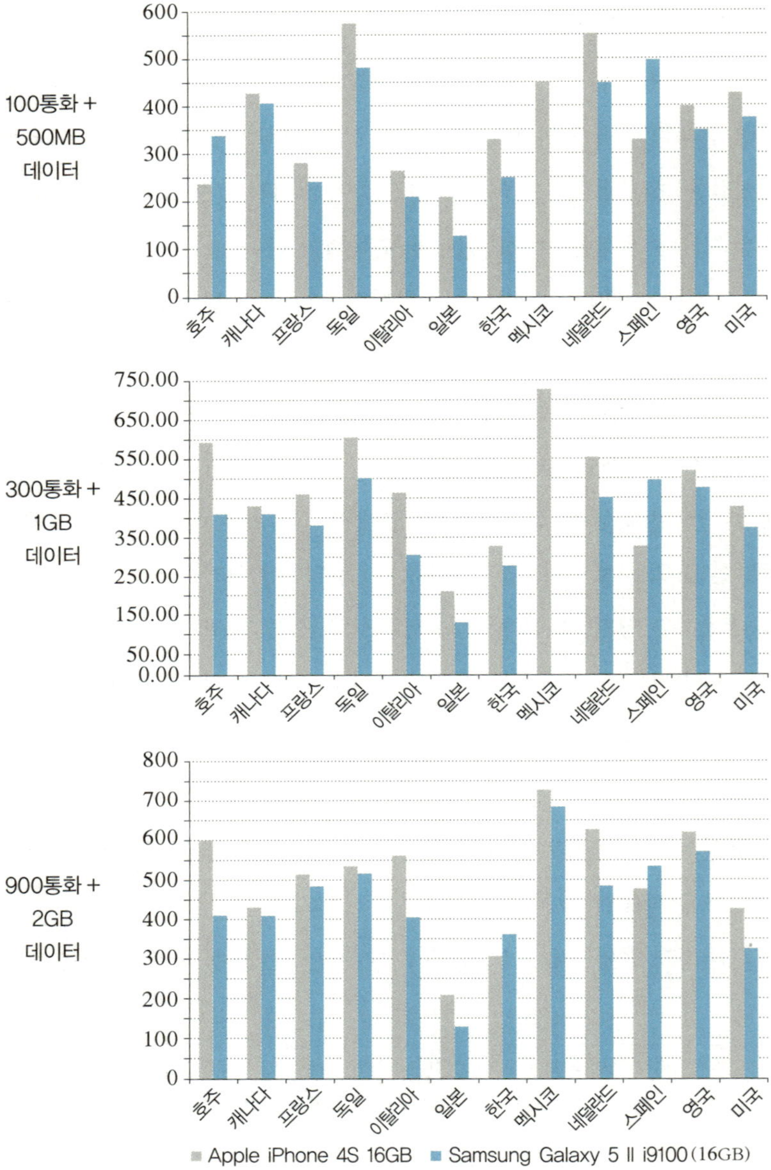

출처 : OECD (2013a).

그림 6-8 단말기보조금 규모 국제비교(2012년 3월 기준)

그런데 단말기보조금 상한제는 이용자의 가입 유인이나 이동통신사업자 간 전환 유인을 크게 약화시켜 이동통신시장의 경쟁 상황 개선을 더디게 하는 효과는 분명하다고 판단된다. 이를 설명하기 위해 우선 우리나라 단말기보조금 수준을 해외의 수준과 비교해 보자. 우리나라는 그간 단말기보조금 규제가 잘 적용되어서인지 평균 단말기보조금 규모는 OECD 국가들 중에서 낮은 편인 것으로 보인다. OECD[2013 a]의 자료에 의하면, 특히 중고가 요금제에서 우리나라 단말기보조금 규모는 매우 낮은 편이다.[그림 6-8] 참조 이는 우리나라 이동통신사업자들이 지출하는 단말기보조금 규모는 해외에 비해 그리 높지 않은 편이어서, 정부가 우려할 만한 수준은 아니라는 것을 시사한다. 다른 한편으로 우리나라의 단말기보조금 수준이 국제수준에 비해 낮다는 사실은, 만약 단말기보조금 규제가 없었다면 단말기 가격은 현재보다 더 낮게 형성되었을 것임을 시사한다. 따라서 가격하한제의 부작용인 초과공급의 문제가 발생하게 된다. 달리 말하면, 정부의 개입에 의해 단말기 가격이 상승하여 신규 가입의 유인과 이동통신사업자 간 전환의 유인이 약화되면서 소비자 후생이 악화될 뿐만 아니라, 이동통신시장의 경쟁 정도도 약화되어 소비자 후생의 악화도 초래된다.

6. 결론

단말기보조금 규제의 찬반 논쟁이 뜨거운 이유는 단말기보조금이 이중적 특성, 즉 친경쟁적procompetitive 특성과 반경쟁적anticompetitive 특성을 모두 갖고 있기 때문임을 살펴보았다. 반경쟁적 요인으로는 단말기보조금 지급과 약정기간의 묶음에 따른 사후적 전환비용 발생을 들 수 있다. 반면 친경쟁적 요인으로는 단말기보조금이 이동통신서비스 가입에 대한 진입장벽을 낮추고, 가입자의 이동통신사업자 간 전환을 용이하게 하는 기능을 들 수 있다. 따라서 단말기보조금 규제는 반경쟁적 특성을 완화하거나 적어도 친경쟁적 특성을 훼손하지 않는 방향으로 집행되어야 할 것이다.

우리는 현재 실시되고 있는 단말기보조금에 대한 정부의 규제가 소비자 후생에 미치는 영향을 논의하였다. 이 장에서 우리는 이용자 차별을 완화하고자 신규 또는 번호이동가입자와 동일한 조건으로 기기변경가입자에게 단말기보조금 지급을 하라는 규제는 단말기 가격 상승에 따른 가입자 감소 및 소비자 후생 악화를 가져옴을 논의하였다. 더욱 중요한 것은 이러한 방식의 규제가 이동통신사업자 간 경쟁이 미치지 않는 기기변경가입자의 수를 늘림으로 이동통신시장의 점유율 고착화에 따른 소비자 후생 악화가 심화될 것이라는 의견을 제시하였다. 이에 더하여 외국의 단말기보조금 액수와 비교할 때 단말기보조금 상한 규제로 우리나라 단말기 가격은 시장 균형보다 높게 설정되어, 이용자의 신규 이동통신서비스로의 전환이 더딜 수 있는데, 이는 또 다른 소비자 후생 악화를 초래할 수 있음도 논의하였다. 따라서 현행 단말기보조금 규제는 단말기보조금의 친경쟁적 특성을 훼손하는 문제점을 내포하고 있다고 결론지을 수 있다.

[참고문헌]

김용규 · 강임호 (2012), 「단말기보조금의 사회후생효과 분석」, 『정보통신정책연구』, 19(2) : pp.93~111.

김원식 (2013), 「단말기 보조금 경쟁의 경제학적 분석 : 요금경쟁 전환을 위한 규제 필요성」, 『정보통신정책연구』, 20(3) : pp.47~73.

김종민 · 안일태 (2014), 「수직적으로 차별화된 이동통신시장에서의 단말기 보조금과 경쟁」, 『산업조직연구』, 22(4) : pp.51~82.

미래창조과학부 (2014), 단말기유통구조개선법 Q&A, 2014. 9.

____________(2015), 단말기유통법 시행 3개월 주요 통계, 2015. 1. 6.

박진우 (2001), 「이동전화시장의 성장과 단말기보조금」, 『산업조직연구』, 9(3) : pp.63~98.

박진우 · 안일태 (2004), 「단말기보조금의 경제적 효과 : 정태모형을 중심으로」, 『산업조직연구』, 12(3) : pp.1~45.

이봉의 (2005), 「전기통신사업법상 단말기보조금 금지의 재검토」, 『경쟁저널』, 118 : pp.7~17.

이상규 · 김정현 · 김성환 · 김형찬 · 오기석 · 김종진 (2005), 「통신서비스에서의 가격차별 연구」, 정보통신정책연구원, 연구보고 pp.5~13.

이종용 · 이동희 · 이덕희 (2011), 「이동전화 네트워크 외부성과 단말기 보조금 규제」, 『정보통신정척연구』, 18(4) : pp.81~108.

장희선 · 한성수 (2014), 「이동통신 서비스 시장의 경쟁구조 분석」, 『주간기술동향』, 2014. 9. 24, 정보통신기술진흥센터.

정보통신정책연구원 (2010), 통신시장 경쟁상황 평가.

______________(2014), 통신시장 경쟁상황 평가.

정인석 (2013a), 「단말기 번들링과 보조금 : 단말기 경쟁 효과」, 『정보통신 정책연구』, 20(2) : pp.79 ~ 104.

______(2013b), 「단말기 보조금과 이용자 차별」, 『응용경제』, 15(3) : pp.169 ~ 196.

정진한 · 김성환 · 강인규 (2011), 「이동통신가입자의 통신사업자 전환비용에 관한 연구」, 정보통신정책연구원, 기본연구 pp.11 ~ 12.

Albon, R. and York, R. (2008), "Should mobile subscription be subsidized in mature markets?" *Telecommunications Policy*, 32 : 294–306.

Daoud, F. and Hämmäinen, H. (2004), *Market Analysis of Mobile Handsets Subsidies*, Mimeo.

Entner (2011), International Comparisons: The Handset Replacement Cycle.

Farrell, Joseph and Paul Klemperer (2003), "Coordination and Lock-in: Competition with Switching Costs and Network Effects," *Handbook of Industrial Organization*.

Mankiw, N. G. (2007), 『맨큐의 경제학 4판』, 김경환, 김종석 옮김, 교보문고.

OECD (2013a), "Mobile Handset Acquisition Models," *OECD Digital Economy Papers*, No. 224, OECD Publishing. http://dx.doi.org/10.1787/5k43n203mlbr-en

______(2013b), *OECD Communications Outlook 2013*, http://www.oecd.org/sti/broadband/communications-outlook.htm

Okholm, H. B., Karlsen, S., Pedersen, T. T. and Tops, J. (2008), How does handset subsidies affect incentives to innovate? *COPENHAGEN ECONOMICS*.

Rhee, K. (2014), "Handset Subsidy Regulation, Replacement of Handsets, and Quality Investments," *Korean Economic Review*, 30(1) : 85-107.

제7장

정부조직개편과 관련된 주요 연구의 소개 및 검토

– 경제학과 행정학의 이론 서베이

김상택(이화여자대학교 경제학과 교수)

우리나라에서는 지난 20여 년간 정권교체 시점에 대대적인 정부조직개편을 단행하였고, 그 후에도 필요에 따라 미세 조정을 수행하였다. 정부조직개편은 국가의 운영에 영향을 미치는 중요한 일임에도 불구하고 이해당사자들이 자신들에게 유리하도록 조직개편을 하고자 하는 동기를 갖게 함으로써 합리적인 결론에 도달하기 어려운 측면을 갖고 있다. 하지만 많은 학자들은 이러한 상황을 이해관계에 따른 밥그릇 싸움으로 경시했던 것이 사실이다. 이런 경향으로 인하여 정부조직개편과 관련된 이론들을 종합적으로 설명하고 소개하는 문헌을 찾기는 힘들며, 단편적인 측면을 검토한 논문이나 자신들의 주장을 담은 자료들이 대부분이다. 본 장에서는 주요 논문과 자료들을 선별 · 정리하여 정부조직개편에 대한 이론을 종합적으로 소개하고자 한다.

1절은 서론으로서 정부조직개편의 중요성을 설명한다. 먼저, 정부조직을 구성하는 공무원들과 공공기관, 그리고 연관된 민간부문에 대하여 정부조직개편이 갖는 의미를 소개한다. 조직개편이 공무원들에게 미치는 영향 및 공무원들이 갖는 이해관계, 그리고 조직개편에 따른 자원배분과 규제의 변화가 공공기관과 민간부문의 이해관계에 미치는 영향에 대해서 살펴본다. 2절에서는 정부 각 조직의 역할에 대한 경제학적인 관점을 제시한다. 경제학에서 시장의 역할과 정부의 역할은 각각의 중요성을 갖는다. 이와 관련하여 경제학에서 설명하는 시장과 정부의 역할에 대하여 논의한다. 더불어 World Bank에서 제시하는 정부의 기능을 소개하고 경제학적 조직이론인 신제도주의 경제학에 대해서도 설명한다. 3절에서는 해당 분야에 대해서 가장 풍부한 연구가 진행된 행정학적 관점에서 정부조직개편에 대한 이론들을 검토한다. 구체적으로는 정부조직개편의 목적, 원인, 시기, 조건 등에 대해 살펴본다. 이어서 정부조직개편 방안의 선택과 관련하여 의사결정 과정의 절차와 논점, 대안을 다양한 관점에서 검토하고, 좋은 정부조직개편을 위한 원칙들은 무엇이 있는지 알아본다.

1. 서론[1]

지난 20여 년간 우리나라에서 당선된 대통령들은 정권 초기에 대대적으로 정부조직을 개편하였으며, 임기 중에도 불협화음이 들리거나 조정의 필요성이 생기면 미세 조정을 가하여 왔다. 한 예로 박근혜 정부도 출범 시기에 정부조직을 개편하였으며, 세월호 사건에 따라 정부조직을 미세 조정하겠다고 공언하였고 실행한 바 있다. 이와 같은 현상은 역대 정권에서도 비슷하게 이루어졌다. 민간부문에 비해서 안정적으로 보이는 정부의 조직이 이처럼 빈번하게 개편되기 때문에 행정부처를 비롯한 이해 당사자들은 자신들의 이익을 지키기 위하여 또는 불이익을 피하기 위하여 노력한다. 이런 노력의 일환으로 공무원을 비롯한 당사자들이 자신들의 이익과 관련된 정부조직개편 방안을 제시하고 있으며, 다수의 행정학자들도 정부조직개편 방안들을 제시하고 있다. 하지만 많은 지식인들은 이를 이해관계에 따른 밥그릇 싸움으로 보는 경향을 갖고 있다. 이런 경향으로 인하여 정부조직개편과 관련된 다양한 이론과 주장을 종합적으로 설명하고 소개하는 문헌을 찾기는 힘들다. 본 장은 그동안 단편적으로 제시되었던 문헌들의 내용을 종합하여 소개하려는 목적을 갖고 있다.

정부조직개편, 특히 중앙행정기관의 조직개편 논의는 국가의 행정을 담당하는 중앙행정부처의 구조를 변경하는 것이기 때문에 국가 전체

1. 본 장에서 제시되는 다양한 논리들은 (별도로 표기된 경우를 제외하고) 필자의 의견이 아니라 논문과 발표문을 포함한 여러 근거를 통해서 여러 사람들이 제시한 다양한 논리들을 요약 · 정리하여 종합한 것이다.

에 영향을 미친다. 해당 기관 소속 공무원은 물론 관련 공공기관과 민간부문의 이해관계에도 크게 영향을 미친다. 해당 기관 소속 공무원들의 입장에서는 자신들이 일하는 환경과 담당 업무가 변한다는 입장에서 관심을 갖게 됨은 물론이고, 향후 자신의 승진과 직위, 그리고 보수에도 지대한 영향을 미칠 수 있기 때문에 각자에게 유리한 조직개편 방안을 추진하려는 동기가 존재한다.

이런 동기는 모든 공무원에게 있지만, 고위공무원이 하위공무원에 비하여 정부조직개편의 영향을 더 크게 받기 때문에 고위공무원들이 더 적극적으로 자신들의 의견을 반영하려고 노력한다. 하위공무원들의 직접적인 동기는 고위공무원보다 적다고 할 수 있지만, 고위공무원들의 지휘를 받기 때문에 결국 중앙행정기관의 모든 공무원들이 영향을 받는다고 할 수 있다.

정부조직개편이 산하 공공기관과 민간부문의 이해관계에도 영향을 미치는 이유는 소속된 조직의 위상과 규모, 그리고 수행기능에 따라 공공기관과 민간부문으로의 자원배분이 변하기 때문이다. 공공기관과 민간부문은 국책연구소나 대학, 직능단체나 사회단체들을 의미한다. 여기에 더하여 정부조직에 따라 규제의 우선순위가 바뀌기 때문에 민간기업들도 규제의 강도에서 차이를 경험하게 된다. 한 예로 정부조직이 변하면 새로운 규제담당 부처의 규제를 보는 시각 자체가 변한다고 많은 피규제 민간기업의 담당자들은 이야기한다. 시각의 차이는 자연스럽게 새로운 규제를 도입하거나, 기존 규제를 약화시키는 역할을 할 수 있다. 이 경우 피규제 민간기업의 이해관계는 영향을 받게 된다.

그동안의 정부조직개편 과정을 보면, 대통령 당선인과 인수위원회,

그리고 대선 승리 정당의 핵심 담당자가 전문가들의 자문을 토대로 조직개편 방안을 마련하는 것이 보통이었다. 이들은 대통령 취임식 이전에 좋은 방안을 마련하려고 노력하지만, 짧은 시간으로 인하여 다양한 정치적 이해관계를 반영한 적절한 방안을 마련하는 것은 쉽지 않다. 정부조직개편 방안을 승인해야 하는 국회의 입장에서도 다양한 정치적 이해관계 속에서 신속하게 올바른 선택을 하기는 쉽지 않다.

정부조직개편은 목적이 무엇인지에 관계없이 많은 변화와 혼란을 야기할 수 있기 때문에 목적을 달성할 수 있을지 여부와 부작용에 대한 신중한 고려가 필요하다. 개편 후에도 지속적인 평가를 통해 부작용의 원인을 파악하고 이에 대한 대응책을 마련해야 하는 것은 당연하다고 할 수 있다. 우리나라에서는 많은 조직개편이 이루어졌지만, 이에 대한 체계적인 평가와 논의는 대부분 그 다음 조직개편 시에 자신들의 목적을 달성하기 위한 목적으로 이루어졌다. 이른 상황에서 정부조직개편에 대한 종합적인 소개를 목적으로 하는 이 장은 다음과 같은 내용으로 구성한다.

2절에서는 정부의 역할에 대해서 경제학적인 관점에서 설명한다. 경제학적 관점에서 보면 시장의 역할이 매우 중요하며, 시장이 실패할 때 정부의 역할이 필요할 수 있다고 생각한다. 물론 시장의 실패 못지 않게 정부의 실패도 우려되기 대문에 시장이 실패할 경우 정부가 반드시 성공한다는 보장은 없다. 하지만 시장실패의 상황에서 정부의 역할이 등장한다는 점에서는 대부분의 주류 경제학자들이 동의한다고 할 수 있다.

경제학적 입장에서 제시되는 규제정책을 설명하고 이와 관련된 정부의 조직에 대해서도 논의한다. 이어서 정부의 역할 중 중요한 구분 중 하나인 규제정책과 진흥정책에 대해서 살펴본다. 그 차이점은 무엇이고 공통점은 무엇인지에 대해서 검토한다. 정부의 기능에 어떤 것들이 포함되는지 알기 위하여 World Bank에서 제시하는 정부기능의 분류를 제시하고 설명한다. 마지막으로 주류 경제학에서는 벗어나 있지만, 조직 이론으로 경제학에서 제시하는 신제도주의 경제학에 대해서도 설명한다. 해당 경제학은 행정학에서 조직의 발달을 설명하기 위하여 많이 이용되는 이론적 패러다임으로, 3절에서 제시하는 행정학 이론들과 밀접하게 연계되어 있다.

3절은 행정학적 관점에서 연구된 정부조직개편에 대한 이론들을 검토한다. 먼저 정부조직개편의 목적이 무엇인지를 국가적인 차원과 조직개편의 주체인 대통령의 차원에서 살펴본 후, 언제 정부조직개편이 이루어지는지, 그리고 정부조직개편이 이루어지는 조건을 제시한다. 이어서 다양한 의견이 존재하는 정부조직개편 방안들 중 어떤 방안을 어떤 과정을 통해서 선택하는지에 대하여 의사결정 과정이라는 이름 하에 행정 절차적 측면에서 살펴본다. 정부조직개편에서 논의되는 논점과 대안들을 검토한다. 좋은 정부조직개편을 위해 적용되는 원칙들은 무엇이 있는지도 살펴본다. 4절에서는 논의를 마무리한다.

2. 정부 역할의 경제학적인 의미

(1) 시장실패와 정부의 역할[2]

지난 200여 년간 경제학의 공헌 중 가장 큰 것은 시장을 통한 경제운용이 효율적이라는 사실을 발견한 것이다. 사실 공산주의 사회에서 도입하고 실패한 계획경제를 제외하고는 시장경제를 대체할 만한 경제운용 방식이 제안된 적도 없다. 잘 알다시피 계획경제는 커다란 실패로 끝이 났기 때문에 시장경제 이외의 그럴듯한 경제운용방안은 현재로서는 없다고 할 수 있다.

이 발견을 토대로 많은 국가들이 시장경제를 도입하였다. 심지어는 사회주의 국가인 러시아, 중국, 그리고 북한에서도 부분적이긴 하지만 시장경제를 도입하였다. 그런데 어떤 경우에는 시장경제가 큰 성공을 거두었지만, 실패한 경우도 많았다. 이와 같은 실패의 원인들 중 가장 중요한 것은 "시장이 실패하는 경우Cases of Market Failure"를 고려하지 않았다는 점이다. 시장실패의 사례로는 외부효과나 공공재, 공유자원, 시장지배력의 존재, 도덕적 해이와 역선택으로 나타나는 정보격차, 너무 높은 거래비용의 존재 등을 들 수 있다. 이런 시장실패에 대한 이해는 시장경제를 성공적으로 이끌기 위한 핵심적 지식이라고 할 수 있다.

2. 본 절의 내용은 김상택(2010)의 내용을 발췌 · 인용하였다.

"시장경제와 시장실패의 극복"

시장이 실패하는 많은 경우에도, 시장은 시행착오를 거쳐서 자연스럽게 진화하고 발전하여 시장실패를 극복하는 능력을 갖고 있다. 시장은 상거래를 통하여 시장 참여자들이 문제점을 보완하기 위한 혁신을 시도함으로써 자연스럽게 진화하며 발전한다. 맥밀란2007의 "시장의 탄생"에 나오는 사례를 보자. 판매자와 구매자 간에 정보의 격차가 존재하면 시장은 실패할 수 있다. 다이아몬드 시장도 그 중 하나이다. 다이아몬드의 정확한 품질에 대해서 파는 사람은 알지만, 구매자는 모르는 경우가 많기 때문이다. 판매자는 이 정보를 이용하여 품질보다 비싼 값을 받으려 하고, 이를 짐작한 구매자는 아예 다이아몬드를 구매하지 않으려고 한다. 전형적으로 시장이 실패할 수 있는 상황이다.

정확한 정보와 신뢰가 가장 필요한 상황이며, 정확한 정보와 신뢰가 없는 경우 시장은 실패하기 쉽다. 그런데 다이아몬드 시장의 대표 중 하나인 뉴욕의 다이아몬드 딜러들은 계약서도 없이 구두 계약으로 수백만 달러의 다이아몬드를 서로 주고받는다. 이런 거래가 가능한 이유는 소수의 거래인들만이 이 거래에 참여할 수 있고, 한 번 계약을 위반한 상인은 더 이상 다른 거래인들과도 거래할 수 없는 구조로 뉴욕의 다이아몬드 시장이 자연스럽게 진화되었기 때문이다. 시장실패가 나타날 수 있는 정보의 격차를 시장이 해결한 것이다. 이런 경우, 확실히 시장은 실패를 극복하고 효율적인 결과를 나타낸다.

"시장과 정부"

시장이 효율적이기 위해서는 정부의 역할도 필요하다. 시장의 자연스러운 진화과정을 보장하는 것뿐만 아니라, 필요한 경우에 규칙을 강제하는 역할을 수행하여야 하기 때문이다. 시장만으로는 해결할 수 없는 시장실패의 상황을 극복하도록 진화하지 못한 상황에서 정부의 역할은 더욱 절실하다.

예를 들어 또 다른 시장실패의 상황인 독점기업의 경우를 보자. 제약회사들이 성공을 기약할 수 없는 모험인 신약 개발에 많은 자본을 투자하는 이유는, 성공한다면 보장되는 특허권독점권의 다른 이름이다에 따른 높은 가격과 엄청난 이익 때문이다. 하지만 가난한 나라의 가난한 사람들은 이렇게 개발된 신약을 비싼 가격 때문에 이용하지 못한다. 그리고 그 결과로 죽어 가고 있다. 비인도주의적이라고 제약회사들을 비난한다고 문제가 해결될까?

문제의 핵심은 모험인 신약 개발에 많은 자본을 투자한 기업들에게 이익을 보장해야 하지만, 그와 동시에 가난한 환자들도 치료를 받아야 한다는 것이다. 해결책은 생각보다 간단할 수 있다. 가난한 국가에서는 저렴한 가격에 복제 약품을 만들어 팔 수 있도록 허용하는 것이다. 이렇게 하여도 제약회사의 수입에는 별 타격이 없다. 어차피 대부분의 이익이 선진국에서 발생하고 있기 때문이다. 단, 복제 약품이 선진국에 재유입되지 않도록 하여 제약회사의 이윤을 보장하는 각 정부의 역할이 중요하다. 정부가 이런 역할을 수행하지 않는다면, 제약회사는 복제 약품을 허용하지 않거나 막대한 투자비가 소요되면서 성공 가능성은 낮은 신약 개발을 아예 포기할 수도 있기 때문이다.

요약해 보면 경제가 성공적으로 작동하기 위해서는 시장에 경제운용을 맡기되, "시장실패"가 나타나는 경우에 주의해야 한다. 시장실패의 경우에 해당되지 않는다면 시장에 맡기면 가장 효율적이다. 시장실패에 해당된다면 해결책을 찾아야 한다. 해결책 중 첫 번째는 뉴욕의 다이아몬드 시장처럼 자연스럽게 시장실패가 시장의 당사자들에 의해서 해결되는지를 파악하는 것이다. 해결되는 경우 시장에 맡기되, 그렇지 못한 경우에는 시장실패를 방지하는 대책을 적용하여야 할 것이다. 대책을 마련하는 데 있어서 정부는 중요한 역할을 한다. 정부의 중요한 역할을 소개하기 위해서 다음 절에서는 World Bank의 정부조직 분류를 소개한다.

(2) World Bank의 정부조직 분류[3]와 역할

위에서 이야기한 시장실패를 보완하는 목적으로 정부조직이 만들어졌다고 보는 것이 경제학의 시각이다. 이런 시각에 맞추어 보면 정부조직은 그 역할을 통해 어떤 시장실패를 보완하기 위해 만들어졌는지 짐작할 수 있다. 예를 들면, 국방부 또는 군대는 국가 안보와 같은 공공재를 공급하는 역할로 설명할 수 있다. 하지만 이런 식의 설명을 하나씩 해나가는 것보다 더 좋은 접근방법은 전 세계 여러 국가에서의 정부조직과 그 역할을 분류해 놓은 World Bank의 정부조직 분류를 검토하여

---

3. World Bank의 정부조직 분류에 대한 세 가지 분류는 윤주철(2011)의 소개를 재인용하였다.

경제학적 의미를 살펴보는 것이다.[4]

World Bank는 국가의 기능을 세 가지로 분류하고 있다. 첫 번째는 국가의 간섭 중 최소한을 의미하는 것으로 국방, 법과 질서, 재산권, 거시경제적 관리, 공공보건 등과 관련된 소극적 기능Minimal functions이다. 두 번째는 이에 해당하지 않는 교육, 환경, 보험, 재정적 규제, 사회보험, 독점적 규제와 같은 중간적 기능Intermediate functions이다. 세 번째는 산업정책 및 부의 재분배 기능 등 민간부문을 조정하는 것과 같은 적극적 기능Activist functions이다.

첫 번째에 해당하는 국방은 공공재 공급으로 해석할 수 있으며, 법과 질서와 재산권, 그리고 공공보건은 외부효과로 인한 시장실패와 관련되어 있다고 해석할 수 있다. 거시경제적 관리는 경제 전체적인 조정Coordination 문제를 해결하기 위한 목적으로 해석할 수 있다. 중간적 기능인 독점적 규제는 시장지배력으로 인한 시장실패와 관련되어 있으며, 교육은 정보격차로 인한 시장실패와 관련되어 있다. 환경은 외부효과나 공유자원의 비극을 해결하기 위한 기능으로 해석 가능하다. 보험 등은 위험을 분담하는 기능을 수행하는데, 위험 분담 시에 발생하는 역선택이나 도덕적 해이로 인한 정보격차를 관리하는 기능으로 해석할 수 있다.

마지막의 적극적 기능은 시장실패를 해결하기 위한 기능이기보다는 사회적으로 바람직한 목적을 달성하기 위한 진흥기능으로 해석할 수 있다. 예를 들어 부의 재분배는 시장실패와는 다른 차원의 목표인 형평

4. 여러 국가의 사례를 기반으로 하기 때문에 보다 좋은 방법으로 생각된다.

성을 성취하기 위한 기능이다. 산업정책은 신속한 산업의 발전을 위해 정부가 개입하여 해당 목적을 달성하기 위한 정책으로 해석할 수 있다.

(3) 진흥정책과 규제정책

시장실패를 개선하기 위한 규제정책과 사회적으로 바람직한 목적을 달성하기 위한 진흥정책은 정부 시장개입의 대표적인 형태라고 할 수 있다.[5] 정책입안자의 입장에서 진흥정책은 주로 정부지출 및 산업간 자원배분을 통한 특정 산업을 지원 · 육성하기 위한 정책 수단이고, 규제정책은 법규의 제 · 개정을 통해 기업과 소비자의 행위를 통제함으로써 정책목표를 달성하는 정책 수단이다. 진흥정책은 유치산업을 보호하고 산업의 성장 및 고도화를 최우선 목표로 삼는 반면, 규제정책은 건전한 시장거래나 공정한 경쟁을 최우선 목표로 삼는다. 일반적으로 시장실패를 개선하기 위한 규제정책은 거의 모든 국가가 시행하고 있지만, 광범위한 진흥정책을 수행하는 나라는 매우 적다. 광범위한 진흥정책이 성공한 경우는 구 공산권 국가를 제외하면[6] 우리나라와 일본 정도라고 할 수 있다.

진흥정책과 규제정책은 정책목표의 우선순위가 다르기 때문에 동일한 기관이 담당하게 되면 이해상충 현상이 나타날 수 있다. 이런 점을

---

5. 진흥정책은 일반적으로 산업정책(Industrial policy)이라는 이름으로 구현된다.
6. 구 공산권 경제는 초기에는 큰 성공을 거두었지만, 시간이 지나면서 경제가 정체되었고 결국 대부분의 공산권 경제는 몰락하였다. 초기의 성공 중 대표적인 사례는 소련의 "Great Leap Forward"라고 할 수 있는데, 이는 1930년대 소련의 눈부신 경제성장을 일컫는다.

우려해서 규제정책과 진흥정책을 분리하여 각기 다른 기관이 담당하게 해야 한다는 주장이 있다. 이와는 상반되게, 동일한 대상을 갖고 있는 진흥정책과 규제정책을 분리된 기관에서 담당하게 되면 정책의 조정이 잘 이루어지지 못하여 효율성이 떨어진다는 논리도 있다. 즉, 진흥정책을 통해 진흥하려는 산업에 대하여 별도의 규제기관이 규제정책을 강화하면 진흥정책의 효과가 사라지는 일이 발생할 수 있다는 주장이다. 마찬가지로 규제를 강화하려는 상황에서 독립된 진흥기관에서 진흥정책을 확장한다면 서로 상쇄되는 결과가 도출되어 결국 효율성은 저하된다는 논리다.

첫 번째 논리를 보자. 금융 분야에서 많은 국가들이 행정부와 분리된 규제기관독립규제기관을 설립하여 진흥정책은 독임제 부처가 담당하고 규제정책은 일정한 독립성을 가진 합의제 규제기관이 담당하게 하고 있다. 금융을 누군가 독점하고 자신의 이해관계에 맞는 사람에게 대출을 몰아준다고 하면 어떤 일이 벌어지겠는가?[7] 독립규제기관을 설립하면 정치권이나 다른 행정부의 부당한 압력이 규제체계를 좌우하는 상황을 막을 수 있다는 논리이다.[8]

---

7. 참고로 금융산업은 정보격차로 인한 시장실패가 발생하는 산업이다. 은행과 고객 사이에는 도덕적 해이가 발생할 수 있다. 고객의 자금을 운용하는 은행이 고객을 위하여 최선을 다하지 않고, 자신들의 이익을 추구할 수 있기 때문이다. 이 경우 예금주들은 손해를 보게 된다. 보험사와 고객 사이에는 역선택이 발생할 수 있다. 위험율에 따라 고객을 모집하는 보험사에 고위험 고객들이 많이 가입하는 경우인데, 이 경우 해당 보험사는 적자가 발생하게 된다. 이런 시장실패를 해결하기 위해 규제기관을 설립하였는데, 해당 규제기관이 정치권의 영향을 받는다면, 금융 고객들이 손해를 보는 또 다른 실패가 발생할 것이 자명하다. 이런 실패는 정부의 실패라고 할 수 있을 것이다.
8. 광범위한 진흥정책을 수행하지 않는 나라들에서 주로 주장하는 논리다.

반면에 두 번째 논리를 보면, 국가의 지속 가능한 성장을 위해서는 진흥정책과 규제정책이 분리되어 사고되어서는 곤란하며 서로 보완적 관계로 조화를 이루어야 한다는 점을 강조하고 있다. 2007년의 금융위기는 미국의 금융산업 육성을 위한 지나친 규제완화로 인해 규제와 진흥의 균형이 무너져서 발생한 것으로 볼 수 있다. 진흥의 관점을 무시한 규제정책이나 규제의 관점을 무시한 진흥정책은 해당 산업의 국제적 경쟁력 약화를 초래할 뿐이다. 이를 위해서는 진흥정책과 규제정책을 조화롭게 펴나갈 수 있는 시스템이 중요하므로 규제와 진흥을 분리하지 말아야 한다는 이론이다.

정부의 기능들을 실제로 수행하는 행정부서를 구체적으로 어떻게 조직해야 하는지에 대해서는 주류 경제학에서 명확하게 제시하는 것으로 보이지는 않는다. 다만, 정부의 역할로 시장의 실패와 관련된 규제정책을 강조하고 있으며, 적극적 시장 개입과 관련된 진흥정책은 그 효용성에 논란이 있는 분야라고 할 수 있다. 구체적으로 조직이 어떻게 구성되는지에 관해 연구하고 있는 경제학 이론은 신제도주의New institutionalism 라고 할 수 있다. 신제도주의는 주류 경제학에서는 다소 벗어나 있지만 정부조직개편에 관해 설명하고 있는 경제학의 한 지류라고 할 수 있다.[9]

(4) 신제도주의와 정부조직개편

신제도주의는 정부조직 또는 정책의 형성이 한 국가에서 역사적 과

---

9. 강주홍(2014), 염재호(2009).

정을 통해 형성된 제도적 특성에 의해 이루어진다고 설명한다.[10] 따라서 조직 내부의 지도자 또는 개인의 이익을 반영하여 정부조직이나 정책이 형성되는 것은 아니라고 본다. 오히려 각국에서 역사적으로 발전된 제도적 틀이 중요한 영향력을 가진 변수로 작동한다고 생각한다. 과거의 시작 시점에 우연이건 필연이건 선택된 제도가[11] 지속적으로 개선되어 가는 과정에서 정부조직은 개편되는 것으로 생각하는 것이다.

신제도주의의 초기에는 각국에서 역사적으로 형성된 조직 또는 제도는 특별히 예외적인 경우가 아니라면 변화하지 않고 지속된다고 전제하였다. 제도의 지속성을 전제로 보면, 조직 또는 제도의 획기적인 변화는 전쟁, 공황, 기아, 혁명같은 특이한 상황에서만 이루어진다.[12] 하지만 이런 생각은 혁명과 같은 특이한 상황이 없어도 조직 또는 제도의 부분적인 변화가 계속된다는 역사적 사실을 설명하지 못하여, 환경의 영향에 의해 제도가 완만하게 변형되거나[13] 불완전한 조직을 수정해야 하는 환경변화가 나타나는 경우도 완만한 조직변화가 가능하다는 이론으로 발전하였다.[14] 물론, 이런 작고 점진적인 변화가 중첩되면 대규모 제도변화로 전환될 가능성도 인정되었다.[15]

조금 더 발전된 신제도주의는 비공적인 제도를 포함하고 다양한 시각을 받아들이며 여러 가지 새로운 이름으로 불리는 경우도 있다. 예를

---

10. 이런 시각을 신제도주의 중에서도 역사적 제도주의라고 부르며, 신제도주의의 근간을 이룬다.
11. 시작 시점의 제도가 어떤 특정 지도자나 개인의 영향으로 시작되었을 가능성은 존재한다.
12. Krasner(1988, 1984)는 이런 상태를 단절된 균형상태라고 부른다.
13. Streek & Thelen(2005), Grief(2006).
14. North(2005).
15. 하연섭(2006).

들어 사회를 구성하는 이념이나 문화적 특성과 같이 추상적이고 거시적인 제도적 요인도 포함하였으며,[16] 개인적 인식의 틀에 개인의 합리적 선택을 강조하여 분석하는 경제학적 제도주의도 도입되었다.[17] 개인의 합리성을 시발점으로 삼아 조직 또는 제도의 형성과정을 설명하는 접근[18]이 있고, 이미 형성된 조직이나 제도가 경제적 합리성에 의해 강화되고 확대 재생산되는 과정에 초점을 맞춘 접근[19]도 있다. 마지막으로 이미 형성된 제도를 변형시키거나 발전시키기보다는 합리적으로 대응하여 자신의 이익을 추구하는 것으로 설명하는 접근[20]방식도 존재한다.

경제학적 제도주의에서는 개인이 합리적으로 대응한다는 점을 강조하면서 그 강도나 시점에 따라 다른 설명이 가능하다고 설명한다. 초기에는 조직을 새로 만들기도 하지만, 조직이나 제도가 유연하게 변형될 수 있는 시기에는 기존의 조직이나 제도를 변형하거나 발전시킨다. 반면에 조직이 강하여 변형이 어려운 경우에는 정해진 제도나 조직에 개인이 합리적으로 대응해도 조직은 변하지 않고 개인이 변한다고 설명한다.

---

16. Meyer & Rowan(1977), DiMaggio & Powell(1983)는 이런 제도주의를 신제도주의 중에서도 사회적 제도주의라고 부른다.
17. Hodgson(1998).
18. Coase(1937, 1984) Alchian & Demsetz(1972).
19. Grief(1998), David(1985).
20. Demsetz(1967), Davis & North(1971), Grief(2005).

3. 정부조직개편의 행정학적 서베이

(1) 정부조직개편의 목적[21]

행정학에서는 정부조직개편에 대한 구체적이고 이론적인 논의들을 많이 제시하고 있다.[22] 정부조직개편의 목적이 무엇인지가 행정학 논문들의 첫 번째 관심사라고 할 수 있다. 정부조직개편의 목적을 잘 정리하고 있는 논문은 박천오2011라고 할 수 있는데, 다음과 같이 정부조직개편의 구체적 목적을 제시하고 있다.

① 정부조직의 효율성Efficiency 제고

② 효과적Effective인 정책추진

③ 행정수반의 통제력 강화Executive control

상기한 목적에 대한 설명과 실현 가능성은 다음과 같다.

첫째, 효율성 제고 목적의 정부조직개편은 업무와 기능이 중복된 부서를 통합하거나, 상충되는 목적을 가진 조직을 분리하여 조직의 효율성을 제고하는 것이다. 이를 위해 통합된 부서는 통합 전보다 조직과 인원을 감축하여 정부의 재정적 부담을 감소시키는 것이 보통이다. 행

21. 본 절의 내용은 박천오(2011)의 내용을 본 글의 성격에 맞게 요약한 후 정리하였다. 박천오(2011)에서는 참고문헌으로 Mosher(1967), Szanton(1981a), Mansfield(1969), 그리고 Salomon(1981) 등을 제시하고 있다.

22. 기본적으로 행정학적 논문들은 위에서 제시한 신제도주의와 맥을 같이 한다고 해석할 수 있다.

정과 정부조직의 효율성 제고는 조직개편 시에 대외적으로 표방되는 대표적인 목적이지만 실현 가능성은 낮다고 알려져 있다. 외국의 정부조직개편에 대하여 평가한 연구결과[23]에 의하면, "효율성 제고 목적은 가장 흔히 기대되면서도 실현 가능성은 가장 낮은 목적"이다. 외국의 여러 사례들을 검토한 또 다른 연구[24]도 "행정비용, 인력규모, 생산성 혹은 지출에 대한 효과의 측면에서 본다면, 이제까지의 주요 조직개편은 심각한 실패"라고 평가하였다.

비용절감의 목적을 달성하기 위한 효과적인 방안은 조직개편이 아니라, 행정 프로그램을 줄이고 행정절차를 효율적으로 바꾸며, 행정문화와 관행을 변화시키는 것이라는 연구도 다수 존재한다.[25] 정부조직은 줄었으나 공무원의 숫자는 늘었다는 연구결과[26]도 제시되고 있는 것을 감안하면 정부조직개편과 효율성의 인과관계는 없거나, 있더라도 입증하기 매우 어려운 문제인 것으로 판단된다.[27] 효율성 제고가 목적인 정부조직개편은 그 목적을 달성했다고 보기 어렵다는 것이 현재까지의 연구결과라는 것을 알 수 있다.

둘째 목적은 효과적으로 정책을 추진하기 위하여 정부조직을 개편한다는 것이다. 이 목적을 달성하기 위해서는 조금이라도 더 확실하게 목적을 달성하는 방법으로 조직을 개편해야 한다. 예를 들면, 여러 기관에서 분산 처리되고 있는 업무는 목적을 달성하지 못하는 경우가 발생

23. Salomon(1981).

24. March & Olson(1983).

25. Miles(1977), March & Olson(1983), 그리고 Conant(1986).

26. 황윤원(2003).

27. Szanton(1981b), Conant(1986), Meier(1993).

할 수 있으므로, 이런 경우를 제거하기 위하여 분산 처리되고 있는 업무를 하나의 기관으로 통합할 수 있다. 미국이 9.11 테러 사태 이후 여러 곳22개 기관과 17만 명의 공무원으로 분산되어 있던 수사와 재난방지 기능을 통합하여 국토안보성Department of Homeland Security을 신설한 사례가 여기에 해당된다.[28] 해당 사례는 목적에 부합하였고 성공한 조직개편 사례로 평가받고 있다.

반면에 복수의 부처가 분산된 기능을 일부 중복 수행하는 것은 불가피한 면이 있다고 지적하는 연구들도 다수 존재한다.[29] 매우 가변적인 현실 상황에 맞도록 수시로 조직을 개편하는 것은 구조적으로 어려우므로 유기적으로 서로 연계시키는 방식의 해결이 더 유용하다는 설명을 제시하고 있다.

위의 상반되는 연구결과들을 감안할 때, 조직개편은 해당 업무의 정치적 · 경제적 · 사회적 중요성을 생각한 후 조직을 개편하여 얻을 수 있는 혜택과 비용을 감안하여 결정하여야 한다는 것을 알 수 있다. 즉, 조직개편의 비용편익분석Cost-benefit analysis이 중요하다. 달성해야 하는 목표가 매우 중요한데, 이를 위한 조직개편의 비용이 적다면 조직개편이 효율적이라는 뜻이다. 반면에 비용이 크다면, 조직개편보다는 유기적 연계를 통하여 목적을 달성하는 것이 좋다는 것을 알 수 있다. 이때 고려해야 할 비용에는 조직 장악 비용도 있다. 조직이 커진다면 조직을 장악하기 어려우므로 조직 장악을 위한 비용이 추가로 발생하기 때문이다.[30]

---

28. Riccucci & Thompson(2008).

29. Miles(1977), Salamon(1981), Szanton(1981b), Schick(1981), 그리고 조석준(2007).

30. 그 이유를 경제학적으로 제시하면, 비대해진 조직의 수반은 해당 조직을 장악하기 위한

셋째 목적은 행정수반의 통제력을 강화하려는 것이다. 이 목적은 새로 당선된 대통령이 과거 정권의 사람들로 이루어진 행정기관을 장악하기 위하여 수행하는 조직개편을 의미한다.[31] 물론 해당 목적은 기존 조직의 인물들을 교체함으로써도 성취할 수 있다. 실제로 대부분의 역대 국내정권들은 집권 초기에 장 · 차관은 물론, 각 부처의 1급 공무원들에 대한 인사를 단행하였다. 그 목적이 조직을 장악하려는 것이었다는 점은 자명하다고 할 수 있다. 그럼에도 불구하고 조직을 개편해야 할 상황이라면 대통령이 해당 상황을 매우 심각하게 판단하고 있다는 뜻으로 생각할 수 있다. 하지만 그 성과에 대한 연구결과를 보면 정부조직개편이 대통령의 통제력을 증진시킨다는 객관적 증거는 드문 것으로 나타나고 있다.[32] 이에 대한 분석을 보면, 원래 통제가 잘 안되는 상황이었기 때문에 해당 원인을 제거하지 않는 한 조직개편을 해도 큰 개선은 어렵다는 해석과 정부조직개편은 통제력을 높이는 데 효율적이지 못한 수단이라는 해석이 공존한다.

정보를 불완전(Imperfect information)하게 보유하여 추가 정보를 수집하기 위한 비용이 발생한다. 이뿐만 아니라 비용을 발생시켜도 완벽한 정보를 갖는 것은 불가능하기 때문에 효과적인 목표달성도 쉽지 않다는 것을 알 수 있다. 조직의 수반이 해당 정보를 완벽하게 갖는다 하더라도 이를 완벽하게 처리하는 것은 제한된 인간의 능력(Bounded rationality)으로 불가능하다는 점도 중요하다.

31. Palumbo & maynard-Moody(1991), Peters(1995), Vogelsang-Coombs & Cummins(1999).

32. Thomas(1993), Downs(1967), Miles(1977), Fesler & Kettl(1991).

(2) 정부조직개편의 원인

조직개편에 대한 이해를 돕기 위해서는 어떤 상황에서 조직개편이 이루어지는지를 파악하는 것이 도움이 된다. 바로 조직개편이 발생하는 원인이다. 원인은 시간적으로 보면 해당 행위의 시작을 의미한다. 반면에 목적은 해당 행위를 단행하여 최종적으로 얻고자 하는 것이므로, 시간적으로 보면 해당 행위의 최종 시점을 의미한다. 시작과 끝이기 때문에 상호 연관되는 측면이 강하다. 어떤 상황이 무르익으면[원인] 조직개편이 단행되며, 그 때 원하는 결과가 목적이기 때문이다. 즉, 원인이 목적을 내포하는 측면이 있다. 따라서 앞절에서 제시한 정부조직개편의 목적은 원인에서 파생된다고 볼 수 있다.

정부조직개편의 원인에 대한 정리[33]를 간략하게 소개하면 다음과 같다. 조직개편의 원인은 정부조직의 외부 환경과 내부 특성으로 나눌 수 있다.[34] 외부 환경으로 정부조직개편을 설명하는 연구들은 사회적 · 경제적 · 기술적 환경변화와 같은 거시적인 맥락에 따라 정부조직개편이 이루어진다고 생각한다.[35] 외부 환경이 변하여 조직이 개편된다는 것이다. 예를 들면, 1990년대 중반에 만들어진 정보통신부는 경제적 · 기술적 환경이 변하여 조직되었다는 것이다.

외부 환경 중에서 정권교체나 여소야대 같은 정치적 환경변화에 따

---

33. 윤주철(2011).

34. 조직개편의 원인을 분석하는 이런 방식은 뒤의 경제학 부분에서 소개한 신제도주의와 맥을 같이 한다.

35. Garnett & Levine(1980), Grafton(1975), 그리고 Grafton(1979).

라 정부조직개편이 발생한다고 설명하는 연구도 존재한다.[36] 반면에 사회로부터 정당성을 확보하기 위한 조직 내부의 필요에 의해 정부조직이 개편된다는 시각을 제시한 연구들도 다수 존재한다.[37] 외부 환경 변화에 관계없이 내부의 문제점이 축적되어 더 이상 해결되지 못하는 상황이 되면, 사회적으로 정당성을 확보하기 위하여 조직개편을 내부에서 시작하는 것으로 설명하는 연구들이다. 또한 여소야대가 되면 큰 야당의 영향력에 대응하기 위하여 큰 정부조직을 만들 수 있을 것이다. 이런 외적인 요인에 의한 조직개편의 시도에 대한 조직 내부의 저항도 있을 수 있다.

국내 연구들은 사례연구가 대부분이지만, 중앙행정조직의 생존기간에 관한 연구[38]도 존재하는데, 이런 연구들은 정부조직개편이 대통령의 교체나 민주화, 여소야대 같은 정치적 환경에 큰 영향을 받지만, 개별 기관의 특성도 중앙행정조직의 생존기간에 영향을 준다는 것을 증명하였다. 특히, 해당 기관의 존립을 결정하는 근거 규정이 정부조직법이 아닌 개별법이거나 조직형태가 청 단위 기관일 경우 개편이 이루어지지 않았음을 증명한 연구도 있는 것을 보면, 우리나라의 정부조직개편이 그 중요성에 비해 가벼운 변수에 의해 영향을 받고 있음을 짐작할 수 있다.

정부조직개편의 원인에 대한 연구들을 종합해 보면 다음과 같이 정리할 수 있다. 약 20년 전에 정보통신부를 만든 것처럼 기술적 · 환경적인 큰 변화가 있어 이를 반영하는 정부조직개편의 유형이 존재한다. 사

---

36. Askim(2010), Boin(2010), Lewis(2002, 2003), 그리고 Robinson(2004).

37. Adam(2007), DiMaggio & powell(1983), Meyer & Rowan(1977), 김영수 & 장용석(2002).

38. 민진(2006), 윤주철(2011).

회적 변화로 인한 조직개편도 있는데, 세월호 사건에 따른 정부조직개편이 이에 해당된다고 할 수 있다. 외적인 요인에 의한 조직개편의 시도에 대한 조직 내부의 저항으로 인한 조직개편도 있다. 이런 저항과 조직개편에 대한 연구 중 하나가 중앙행정조직의 생존기간이 어떻게 결정되는지에 대한 연구라고 할 수 있다.

(3) 정부조직개편의 결정 과정

새로운 정부조직으로 새 정부를 시작하기 위한 조직개편의 과정을 김동욱2012은 아래와 같이 일정별로 제시하고 있다. 그 과정에는 어떤 기관의 어떤 사람들이 정부조직개편에 참여하고 영향을 미치는지도 함께 제시되고 있다. 대통령은 당선에서 취임까지 약 70일의 기간 동안[39] 당선인 신분으로서 정부와 국회의 협조를 받아 조직개편 방안을 마련하여 새로운 정부가 출범하도록 해야 한다. 선거가 끝난 직후이므로 선거에 승리한 정당이나 패배한 쪽 모두 승리감이나 패배감에 젖어 있거나, 선거 결과에 대한 분석 정도를 수행할 것으로 짐작된다. 따라서 새 정부 출범을 위한 법률 작업 등의 국회활동을 적극적으로 수행할 것으로는 짐작되지 않는다. 이런 상황에서 2월 25일부터 필요한 시간을 역산해

39. 가장 최근에 정부조직개편을 단행한 박근혜 대통령의 정부조직개편 과정을 살펴보면, 취임식은 2월 25일이었는데 선거일은 전년도 12월 19일이었다. 대통령은 당선에서 취임까지 67일이라는 짧은 기간 동안 당선인 신분으로 정부와 국회의 협조를 얻어 조직개편 방안을 마련하고 국회의 동의를 얻어야 한다. 그뿐 아니라 새로운 조직의 장관 후보자들을 지명하고 이들이 인사청문회를 통과하도록 해야 한다. 그 이후에야 새로운 조직과 인물로 새 정부가 출범할 수 있다.

보면 다음과 같다.

취임하는 대통령이 새 국무위원들과 함께 업무를 시작하기 위해서는 인사청문회가 순조롭게 마무리되어야 한다. 이를 위해서는 보통 3주가 소요되므로 2월 4일 이전까지는 후보를 내정하여야 한다. 장관을 임명하기 위해서는 정부조직개편을 늦어도 1월 말까지는 확정하여야 하며, 이를 위해서는 1월 하순에 정부조직개편안을 국회에서 통과시키고 공포하여야 한다. 이런 일정을 맞추려면 1월 초순까지는 정부조직법 개정안을 인수위원회에서 확정하고, 1월 10일경에 국회에서 발의되어야 한다. 인수위원회는 통상 12월 26일에 출범하게 되는데, 정부조직개편안을 마련하는 시간이 15일 정도의 시간밖에 없는 것이다.

정부조직개편, 특히 중앙행정기관의 조직개편 논의는 국가를 다스리는 조직을 결정하는 것이므로 국가의 미래에 지대한 영향을 미친다. 정부조직은 다양한 업무를 수행하고 있으므로 부처 간 업무 구분은 매우 복잡하며, 그 중에는 상호 이해관계가 중첩될 우려가 있는 업무들도 많은데, 이런 정보는 관련 공무원들만 자세히 알고 있는 경우가 많다. 이런 정보를 보유하고 있는 해당 공무원들의 입장에서는 자신들이 일하는 환경과 담당 업무가 변하는 정부조직개편 과정에서 이런 정보를 감추거나 과장되게 제공할 동기가 존재한다. 그뿐 아니라 자신들이 가진 권한을 이용하여 자신들에게 유리한 정부조직개편을 이끌어내기 위하여 노력한다. 이런 상황에서 관련 정보를 정확하고 충분하게 획득하여 목적에 맞는 합리적이고 효율적인 정부조직개편안을 마련하는 것은 쉽지 않은 일이다.

하태수2009는 정부조직개편안이 확정되는데 어떤 주체들이 영향을 미치는지를 이명박 정부의 출범과정을 통하여 분석하였다. 기본적으로는 위에서도 이야기하였지만 대통령, 인수위원회, 그리고 여당과 야당이 주요 행위자였다. 대통령과 인수의원회의 기획조정분과위원들, 그리고 정부혁신 · 규제개혁 태스크포스 팀장이 함께 정부조직개편안을 작성하였다. 이 개편안은 1월 16일 발표되었다.[40] 이렇게 마련된 개편안은 의원입법 형태로 1월 19일 발의되어 국회에 제출되었다. 이 안은 담담위원회인 행정자치위원회에서 1월 25일부터 토론을 시작하였다. 1월 29일에는 공청회가 해당 위원회에 의해 개최되었으며, 소위원회에서 개정안을 심사하였으나 여야 간 합의는 이루어지지 않았고 국회 밖에서 16일 동안 협상이 전개되었다. 협상이 장기화할 조짐을 보이자 정부조직개편의 폭을 줄이는 방안을 고려하기 시작하였으며, 야당의 입장을 수용하는 등 협상을 통하여 2월 20일에 행정자치위원회가 재개되었고 법제사법위원회를 거쳐 2월 22일에 국회 본회의에서 통과되어 2월 29일 공포 · 시행되었다.

박근혜 정부의 정부조직개편 과정을 보면,[41] 대통령직 인수위원회는 1월 15일에 정부조직개편안을 발표하였다. 당선된 지 26일 만에 정부조직개편안을 발표한 것이다. 이는 이명박 정부의 인수위원회의 발표날짜인 1월 16일과 거의 비슷하다는 것을 알 수 있다. 박근혜 정부의 정부조직개편 방안은 1월 30일 발의되었는데, 이 날짜는 이명박 정부의 1월 19일보다 11일 늦었다. 다음의 표는 역대 정부의 조직개편에 소요된 기간을 정리하고 있다.

---

40. 위에서 언급한 이상적인 날자보다 조금 늦어진 것을 알 수 있다.
41. 박영원(2013)의 내용을 인용하였다.

표 7-1 역대 정부의 첫 조직개편 소요기간

정부	발의일자	처리일자	소요기간	비고
문민정부	1993.02.13	1993.02.23	10일	취임 전
국민의 정부	1998.02.04	1998.02.17	13일	취임 전
참여정부	2004.01.20	2004.03.02	41일	임기 중
이명박 정부	2008.01.21	2008.02.22	32일	취임 전
박근혜 정부	2013.01.30	2013.03.22	51일	임기 중

출처 : 허신열(2013)과 박영원(2013)을 참조하여 재작성.

위의 표를 보면 정부조직개편안의 국회 처리가 박근혜 정부에서 유난히 길어졌음을 알 수 있다. 발의된 법률안이 소관 상임위원회에서 여야 간의 의견이 맞서 처리되지 못하는 실정이었기 때문이다. 박근혜 정부의 핵심 부처인 미래창조과학부의 기능에 대한 이견이 좁혀지지 않았기 때문이다. 여야 간의 이견이 존재하더라도 과거 정부에서는 비교적 신속하게 처리되던 정부조직법이 박근혜 정부에서 이렇게 지연된 이유는 2012년에 통과된 국회선진화법 때문이라고 짐작된다. 국회 통과에 영향을 미칠 수 있는 변화가 바로 국회선진화법의 통과 외에는 생각하기 어렵기 때문이다. 국회선진화법이 없던 과거 정부 출범 시에는 야당이 반대하더라도 표결을 통해 통과시킬 수 있었으나, 국회선진화법이 적용된 이후에는 이와 같은 표결 통과가 사실상 불가능했기 때문이다. 국회선진화법은 다음의 설명을 통해 보다 자세히 알 수 있다.

국회선진화법은 국회의장 직권 상정과 다수당의 날치기를 통한 법안 처리를 금지하도록 한 법안이다. 다수당의 일방적인 국회 운영과 국회 폭력을 예방하기 위해 2012년 5월 2일, 18대 국회 마지막 본회의에서 여야 합의로 도입됐다. 여야의 갈등이 극에 달했을 때마다 국회에서 몸싸움과 폭력이 발생하자 이를 추방하자는 여론이 비등해지면서 탄생했기에 '몸싸움 방지법' 이라고도 한다.

국회의장의 직권 상정은 거대 · 다수 여당의 밀어붙이기식 법안 처리를 제도적으로 뒷받침해 온 것으로 1973년 만들어졌다. 16대 국회에서 여섯 차례에 불과했던 직권 상정은 17대 29차례를 거쳐 18대에서는 97차례로 늘었다. 직권 상정이 이루어질 때마다 국회에서는 강행 처리하려는 여당과 이를 저지하려는 야당 간에 몸싸움과 폭력이 발생했고, 이는 해외 언론에 토픽으로 소개되기도 했다.

국회선진화법이 담고 있는 내용은 다음과 같다. 첫째, 천재지변이나 전시 · 사변 등 국가비상사태의 경우나 교섭단체 대표와의 합의가 있을 때만 국회의장이 법률안을 본회의에 직권 상정할 수 있다. 둘째, 재적의원 3분의 1 이상의 찬성이 있으면 본회의에서 무제한의 토론필리버스터를 할 수 있다. 셋째, 재적의원 5분의 3 이상의 중단 결의가 없는 한 회기 종료 때까지 토론을 이어갈 수 있다. 국회선진화법으로 국회 내 다수당이라 하더라도 의석수가 180석에 미치지 못하면 예산안을 제외한 법안의 강행 처리는 불가능하다.

국회선진화법은 2010년 12월 '2011년 예산안' 을 날치기 처리한 직후부터 논의되기 시작됐다. 2010년 12월 당시 홍정욱 의원이 법안의 기초를 잡았고, 여당의 쇄신파와 야당의 온건파 의원들이 이에 가세했다. 2012년 4 · 11 총선에서 승리한 새누리당 내부에서 국회선진화법 도입에 대한 부정적인 목소리들이 나오기도 했는데, 국회선진화법을 추진했던 여당 쇄신파 · 야당 온건파 의원들은 "싸우지 말라는 것이 국회에 대한 국민의 명령"이라며 국회선진화법 통과를 촉구하는 선언문을 내기도 했다. 국회선진화법 반대론자들은 여야 대치가 극에 달했을 때 국회 공전이 불가피해 식물 국회로 전락할 우려가 있다는 지적을 하기도 했지만, 국회선진화법이 대화와 타협의 정치를 꽃피우는 씨앗이 되어야 한다는 게 대체적인 평이었다.

하지만 국회 통과 이후 1년도 안 돼 국회선진화법은 논란의 대상으로 떠올랐다. 2013년 3월 야당의 반대로 박근혜 정부가 추진한 정부조직법 개정안 처리가 지연되자 새누리당이 국회선진화법 개정을 요구하고 나섰기 때문이다. 국회선진화법은 새누리당이 주도한 법안으로, 박근혜 대통령은 새누리당 비상대책위원장 시절 국회선진화법에 대해 "반드시 통과시켜야 한다"라고 말했었다.

—[네이버 지식백과] 국회선진화법트렌드 지식사전, 2013. 8. 5., 인물과사상사

정부조직법의 처리 지연으로 박근혜 정부의 정상적인 출범은 차질을 빚은 것이 사실이다. 새 정부가 출범하고 26일이 지나서야 정부조직법이 국회를 통과하여 비로소 새 정부조직의 틀을 갖추게 되었기 때문이다. 이런 문제를 해소하기 위한 방안으로 정부조직법은 대통령령으로 하여 국회 통과 대상에서 제외하자는 방안이 제시되기도 하였고, 국회선진화법 적용의 예외로 하는 방안도 제시된 바 있다. 새 정부의 국정철학에 맞는 정부조직이 새 정부 출범과 함께 국정을 운영하도록 하기 위함이다. 이와 관련한 독일 등 외국의 사례를 보면 책임자인 대통령이 자신의 국정철학에 맞도록 정부를 조직할 수 있도록 허용하고 있다.

사실 정부조직개편의 대상으로써 큰 영향을 받는 정부조직이나 공무원, 그리고 연관 기관들은 자신들의 이해관계를 반영하기 위해 적극적으로 노력한다. 이를 위해 여당 또는 대통령직 인수위원회에 자신들의 의견을 제시하려 하지만, 반영되지 않을 수 있다. 그 이유가 무엇이건 반영되지 않는다면 야당에 자신들의 의견을 제시하는 것을 생각할 것이다. 야당에 제시된 이런 의견들 중 일부는 국회의 정부조직법 개편을 위한 논의에서 여당의 정부조직개편안에 대한 반대의견으로 나타나게 된다. 처음부터 보면 여당이나 대통령직 인수위원회에서 이미 거부

된 의견이 야당의 의견으로 다시 나타날 수 있는 것이며, 이 경우 원만한 타결은 어렵다는 것을 알 수 있다. 특히 국회선진화법은 원만한 타결 없는 국회 통과를 매우 어렵게 만들고 있으므로 정부조직법의 처리가 늦어지는 것은 어쩌면 당연하다고 할 수 있다. 사실 의견이 서로 다른 경우의 결정방안이 국회 표결임은 우리 모두 알고 있는데, 국회선진화법은 이에 제약을 가하여 의사결정을 지연시킨다.

(4) 정부조직 설계의 원리[42]

본 절에서는 정부조직의 설계에 사용되는 원리를 살펴보고자 한다. 정부조직의 설계를 위해서 제시된 체계적이고 과학적인 이론은 거의 없는 것으로 보이며, 20세기 초에 제시된 분화의 원리Principle of division와 조정의 원리Principle of coordination 정도가 존재하고 있다.[43] 이에 대해서는 아래에서 설명한다.

분화의 원리는 기본적으로 동질적이거나 연관성이 높은 업무를 묶어 조직 단위를 구성해야 한다는 원리다. 업무의 차별화나 전문화의 수준에 따라 업무가 적정하게 나누어져야 바람직하다는 점을 제시하고 있다. 이렇게 차별화나 전문화의 수준을 고려할 때는 행정기관의 분야에 따라 정책영역, 관리기능, 고객유형, 그리고 장소에 따라 설치되는데, 이 중에서 정책영역의 차별화나 전문화가 중요한 분화의 기준이 될 수 있다는 점을 지적하고 있다. 물론, 그 이외의 기준에 따른 분화도 필요

42. 본 절의 내용은 대부분 박천오(2011)의 내용을 토대로 작성되었다.
43. Peters(1995)와 조성한(2008).

하다.

예를 들어 지역적으로 완전히 분리되어야 하는 행정기관을 하나의 행정기관으로 만들어야 할 필요는 없다. 같은 정책적 기능을 수행하지만 전혀 다른 고객을 대면해야 하는 행정기관이 하나일 필요가 없는 것도 자명하다고 할 수 있다. 분화의 원리에 따르면, 분화의 수준이 높아질수록 다양한 조직 단위들이 각기 전문화된 과업을 수행하게 되므로 이들 업무 간의 통합과 조정이 어려워질 것으로 예측할 수 있다. 이런 점을 고려하여 분화의 원리와 함께 제시되는 것이 조정의 원리다.

조정의 원리는 여러 조직으로 지나치게 세분화되어 나누어진 활동들은 하나의 기관으로 통합해야 바람직하다는 원리다. 조직 상호 간의 조정이 어려워질 정도로 세분화되면 조직을 통합하여 조정이 자연스럽게 이루어지도록 하여야 효율적effcient이고 효과적effective이라는 점을 지적하고 있다. 수평적 관계에 있는 조직들이 상호 충돌하는 결정을 내리고 실천할 때 통합은 통상적으로 필요하다고 지적한다. 이런 경우의 통합은 통합된 조직의 수장이 자연스럽게 조정의 권한을 갖게 되므로 정책의 효율성과 효과성을 높일 수 있게 된다. 전체 조직의 목표를 달성하기 위해 분화된 업무들을 조정하고 질서를 부여하는 모든 절차를 조정의 원리라고 부른다.

분화의 원리는 분화기준 간의 우선순위에 대한 대답을 제시하지 못하고 있다. 물론, 여러 가지 분화기준들을 종합한 후 우선순위를 정하면 될 것이지만, 이론적으로는 이에 대한 구체적인 원칙이 제시되지 못하고 있다. 또한 어느 수준까지의 분화가 적정한지에 대해서도 이론적으로 제시하지 못하고 있다. 적정 수준의 분화는 결국 분화에 따른 혜택과 비용을 고려하여 혜택이 더 큰 경우에만 시행해야 한다는 정도만 제시되고 있는 실정이다.

이에 반하여 조정의 원리는 조정을 수행해야 하는 상위 조직의 당사자가 담당해야 하는 범위와 수준을 제시하지 못하고 있다. 이 또한 조정에 따른 혜택과 비용을 고려하여 적정한 범위에서 적정한 수준의 조정이 가능하도록 해야 한다는 원칙 정도만 제시되고 있다. 이런 장·단점으로 인해 이들 두 가지 원리들은 과학적 조직설계원리로 받아들이기 어렵다는 비판이 존재한다.[44] 그럼에도 불구하고 다른 더 좋은 이론들이 제시되지 못하고 있으므로 정부조직구조는 결국 이들 원리의 토대 위에서 외부 환경변수와 해당 정부의 국정관리 이념 등을 반영하는 방식으로 설계될 수밖에 없는 것이 현실이다.[45]

(5) 정부조직개편의 필요성 판단 기준

정부조직개편의 필요성을 야기하는 정부조직의 구조적 문제점은 다양하게 제시되고 있지만, 대표적인 원칙은 다음과 같다. 첫째, 조직 간의 업무가 중복된다면 구조조정이 필요하다. 중복된 활동은 해당 조직들이 관할권을 확보하기 위하여 노력을 낭비하게 하는 요인이 된다. 따라서 중복된 업무가 존재하는 것을 인지하게 된다면 그에 대한 조정이 필요하다. 둘째, 여러 조직이 존재하지만 어느 조직에서도 해당 업무를 자신의 임무라고 인지하지 않는 경우다. 특히 해당 업무의 처리가 곤

44. Simon(1946).
45. 오석홍(2008).

란하거나 잘 처리되어도 비난의 대상이 될 업무라면 이런 '간극gap' 현상은 두드러지게 나타난다. 이런 경우에는 해당 업무가 어느 조직의 업무인지를 명확히 정해야 한다. 셋째, 어느 조직의 업무가 지나치게 적어서 활용도가 낮은 경우다. 마찬가지로 일부 조직의 업무가 지나치게 과중한 경우에도 조직이 효율적으로 또는 효과적으로 작동하기 어렵다. 이런 경우에도 조직의 개편을 통해 업무의 과소를 조정해야 한다.

넷째, 여러 조직들이 상호 간에 지나치게 연관되어 각 기관이 독자적으로 업무를 수행하지 못하고 다른 조직과의 협의와 조정에 시간과 노력을 낭비해야 하는 경우다. 이런 경우에는 해당 기관들을 통합하여 효율적인 업무수행이 가능하도록 조정해야 한다. 다섯째, 조직들 간의 연관이 지나치게 느슨하게 연계되어 있어 상호협력이 원활하지 못한 '지나친 자치Excessive autonomy'의 경우이다. 다른 조직과의 연계는 각 조직의 균형과 견제Check and balance에 중요한 역할을 수행하는데, 이 연계가 느슨하여 해당 조직의 일탈 또는 잘못을 일상에서 바로잡을 수 없는 경우라고 할 수 있다. 이런 경우의 한 가지 대안은 해당 조직을 분리하여 분리된 조직 간의 상호 균형과 견제가 가능하도록 조치하는 것이다.

여섯째, 특정 업무의 책임소재가 불분명한 경우이다. 이 경우는 자신의 업무라고 인지하지만 일부만 자신의 업무이기 때문에 책임은 다른 조직에 있다고 생각하는 경우를 포함한다.[46] 이 경우 해당 업무 수행에 혼란과 갈등이 초래되므로 역시 조정을 통해서 해결해야 한다. 마지막으로 정치적으로 민감한 사항들과 시급성을 요하거나 효율성을 추구하

46. 참고로 위에서 언급한 '간극'은 어느 조직도 자신의 업무라고 인지하지 않는 경우이므로 본 경우와는 다르다.

는 사항들을 같은 부처에서 처리할 경우에는 정치적 사항들이 우선 검토되는 경향을 보이며, 효율성 관련 사항들은 우선순위에서 뒤로 밀려나는 경향을 보인다. 이런 경우에는 조직의 분리를 생각해 볼 수 있다.[47]

(6) 정부조직개편의 주요 논점

1) 위원회와 독임제

정부조직개편을 위한 개편방안에서 자주 그리고 구체적으로 논의되는 논점들을 검토한다. 먼저, 개편되는 정부조직을 위원회 또는 합의제 형태로 만들 것인가, 아니면 장관 관할 하의 독임제 부처로 만들 것인지에 대한 논점이다. 위원회는 위원장을 포함한 다수의 위원들이 함께 정부조직을 이끌어가는 형태를 의미한다. 우리나라에서는 금융위원회, 방송통신위원회 그리고 공정거래위원회가 이에 해당된다고 볼 수 있다.

위원회의 의사결정 방식에는 다양한 원칙이 적용될 수 있다. 예를 들어 만장일치로 의사를 결정하는 위원회도 존재할 수 있으며, 다수결로 의사를 결정하는 경우도 존재한다. 다수결의 경우에도 과반수인지, 3분의 2인지 등 다양한 경우가 가능하다. 그 기준을 재적 위원으로 할지, 아니면 출석위원으로 할지에 따라 결과는 달라질 수 있다. 물론, 혼

47. 반대로 조직의 합병을 생각할 때는 이런 상반된 사안을 한 조직에서 다루도록 해서는 효율적인 결과를 얻지 못할 수 있다.

합형으로 일부 의안에 대해서는 만장일치로, 나머지 의안에 대해서는 다수결로 의사를 결정할 수도 있다.[48]

위원회는 위원들로 구성되기 때문에 위원들의 숫자와 임기 등이 중요하다. 임명권자의 영향을 벗어날 수 있도록 임명권자의 임기 말에 임명하거나, 위원들의 임기를 임명권자의 임기보다 길게 정하기도 한다. 업무의 연속성을 보장하기 위한 제도로 중첩제도Staggering system를 도입하여 모든 위원들을 한꺼번에 교체하지 않는 경우도 있다. 모든 위원들이 한 번에 교체되면 과거의 검토내용에 대한 정보도 상실되는 경우가 많기 때문이다. 위원회는 공개회의, 폐쇄회의, 특별회의 및 회람을 통해서 운영된다. 공개회의에서는 위원들이 원하는 의제를 토의하며, 폐쇄회의에서는 사전에 합의된 내용으로 토론하는 것이 보통이다. 위원회 산하에는 위원들의 의사결정을 돕기 위한 조직이 존재하는 것이 보통이다.

위원회의 장점 중 하나는 다수의 위원들이 의사결정에 참여하기 때문에 결정된 내용을 외부에서 비난하기 상대적으로 어렵다는 점이다. 특히 여러 성향의 위원들로 위원회를 구성하면 이 같은 장점은 더욱 빛을 발한다. 다수의 위원들이 참여하여 다방면으로 의견을 개진할 수 있기 때문에 신중한 의사결정이 가능하다는 장점 또한 갖고 있다.

---

48. 어떤 위원회는 "만장일치를 추구하되 의안의 결정이 정 어려우면 다수결로 한다"는 원칙을 내세우기도 한다. 하지만 이 경우는 사실상 다수결로 결정하는 원칙을 제시한 것이라고 볼 수 있다. 왜냐하면 결국 다수결로 의사가 결정될 것을 예상한 위원들이, 다수결로 의사를 결정할 경우의 결론을 예측하고 해당 결론에 동의할 것으로 예상되기 때문이다. 물론, 동의하지 않는 위원이 있다면 다수결로 의사를 결정할 것이다. 그 경우는 당연히 다수결로 의사가 결정되기 때문이다.

반면에 단점을 보면, 다수의 위원들에게 필요한 정보를 제공하여야 하기 때문에 신속한 의사결정이 어렵다. 또한 다수의 위원들이 모두 전문가일 가능성은 낮으므로 전문성이 결여된 결정이 나올 가능성도 있다. 이런 단점들을 고려할 때, 신속한 의사결정이 필요한 경우에는 위원회 조직보다는 독임제 부처 형태가 적절함을 알 수 있다.

외국의 전문가들 사이에 회자되는 농담이 위원회 조직에 대한 단점을 지적하고 있어 이를 소개한다.

> "위원이 세 명을 넘어가면 일하지 않는 무임승차 위원들이 존재하게 된다. 만약, 위원이 세 명이라면 1명은 따돌림을 받아 의사결정에 사실상 참여하지 못한다. 위원이 두 명이고 의견이 서로 다른 경우에는 의사결정이 이루어지지 않는다. 만약 위원이 한 명이라면 위원회라고 부르지 않는다."

위 이야기는 위원회 조직의 비효율성을 지적하고 있다. 먼저, 위원회의 의사결정 과정에서 위원들 간의 책임소재가 불분명한 점을 "무임승차"라는 말을 통해 지적하고 있다. 즉, 일하지 않는 위원이 존재하더라도 위원회에서는 그 사실이 잘 드러나지 않는다는 점을 무임승차를 통해서 지적하고 있다. 다른 위원들이 결정에 크게 기여한 경우에 그 공과는 모든 위원들이 나누어 갖는 측면도 존재한다. 따라서 책임감이 상대적으로 크지 않다는 것을 알 수 있다.

위원회가 장점을 보이는 분야 중 하나는 정치적으로 민감하여 신중하게 검토되어야 하는 분야이다. 위원회는 여럿으로 구성되어 있고 누가 해당 결정을 내렸는지 알기 어려운 측면을 갖고 있기 때문이다. 위원회에서는 다양한 배경을 가진 여러 위원들이 다양한 시각에서 사안을 검토하기 때문에 정치적으로 편중된 시각이라는 비판에서 자유로울 수 있다는 추가적인 장점도 갖고 있다. 한 가지 유념해야 할 것은 정치적으로 신중해야 할 주제들과 효율성이 중요한 문제들을 같은 위원회에 위임하면, 효율성이 중요한 문제들은 정치적 문제보다 후순위로 자리하면서 효율성을 제대로 추구하지 못할 가능성이 크다는 점이다. 정치적 문제의 중요성과 해당 문제에 대한 관심 때문에 발생하는 부작용이라고 볼 수 있다.

독임제에 대한 설명[49]은 다음과 같다.

> "국가의사를 결정하는 행정기관의 설정방법으로서 합의제에 대응하는 개념이다. 일반적으로 대륙법계 국가에서는 국가의사를 결정하는 행정기관으로서 그 행정기관의 장인 행정관청에게 그 권한을 일임하는 독임제가 원칙이고, 영미법계 국가에서는 합의제또는 위원회제가 많다. 한국은 대륙법계에 속하여 행정기관은 행정관청의 독임제가 원칙이다. 예컨대, 각부 장관 · 처청장 · 군수 · 경찰서장 · 세무서장 등이 행정관청으로서 국가의사를 결정하는 독임제를 채택하고 있고, 기타는 모두 보조기관 · 자문기관에 불과한 것이다.
>
> 독임제는 책임의 소재가 명확하고 능률적이며, 기밀이 보장되는 등의 장점이 있는 반면, 관료주의적 독단전횡을 할 염려가 있다.

49. 두산백과에서 발췌한 내용이다.

그리하여 이러한 단점을 보완하는 방책으로 자문기관 · 심의기관으로서의 행정위원회를 독임제 행정기관에 부속시켜 자문에 의하여 전문적 지식을 보완하고 민의民意를 반영시키려는 경향이 있다."

위의 내용대로 우리나라 대부분의 부처는 독임제에 해당된다. 독임제 부처는 위원회의 장점을 단점으로 갖고 있으며, 위원회의 단점을 장점으로 갖고 있다. 물론, 독임제를 보완하기 위한 다양한 방안들이 가능하다. 예를 들면, 독임제 부처에 자문위원회를 설치할 수 있다. 하지만 이런 방법은 단점이 부분적으로 보완되는 것이지 근본적인 해결책은 되지 못하는 경우가 많다.

2) 사전규제, 사후규제, 그리고 진흥기능

앞 절의 경제학 부분에서 이미 언급하였지만, 정책입안자의 입장에서 진흥정책은 주로 정부지출 및 산업 간 자원배분을 통한 특정 산업을 지원 · 육성하기 위한 정책 수단이고, 규제정책은 법규의 제 · 개정을 통해 기업과 소비자의 행위를 통제함으로써 정책목표를 달성하는 정책 수단이다. 진흥정책은 유치산업을 보호하고 산업의 성장 및 고도화를 최우선 목표로 삼는 반면, 규제정책은 건전한 시장거래나 공정한 경쟁을 최우선 목표로 삼는다. 진흥정책의 예를 들면, 연구개발을 장려하기 위하여 국가차원에서 연구개발비를 민간에 지급하는 행위를 들 수 있다. 반면에 규제는 어떤 경제행위를 제약하는 의미를 갖는다. 가격규제는 소비자 또는 생산자를 보호하기 위하여 가격을 제약하며, 진입규제는 사업체의 시장진입을 제약한다. 진입규제의 목표는 시장경제의 실패를 방지하려는 목적과 기존 기업을 보호하려는 목적이 있다.

규제는 다시 사전규제와 사후규제로 나누어지는데, 사전규제는 어떤 경제행위가 이루어지기 전에 어떤 일을 해야 하거나 하지 않아야 한다고 규정한다. 반면에 사후규제는 어떤 경제행위가 이루어지고 나서 해당 행위가 불법인지 합법인지를 판단하고, 불법이라면 벌칙을 가한다. 사전규제의 사례로는 진입규제를 생각할 수 있다. 진입규제가 결정되면, 어떤 사업을 통해 영리를 추구하기 위해서는 사업허가를 사전에 획득하여야 한다. 해당 사업을 영위하려는 사업체는 사업권을 획득하기 위해 노력할 것이다.

사후규제의 사례로는 통신시장의 보조금 규제를 생각할 수 있다. 보조금 규제는 업체들이 지급할 수 있는 금액의 상한을 규정하고 있다. 미리 상한을 정한다는 면에서는 사전규제로 생각할 수 있지만, 해당 상한규제를 사업체들이 잘 이행하고 있는지 여부를 보조금이 지급된 이후에 판단한다는 의미에서 사후규제라고 할 수 있다. 만약 한 업체가 이 상한을 위반하였다면 그에 따른 벌칙을 부여할 수 있다.

또 다른 사후규제의 사례로는 인수합병을 생각할 수 있다. 시장지배적 기업을 포함한 주요 기업 간의 인수합병 계약은 규제기관의 허가 이전에 이루어지며,[50] 계약 후에 규제기관에 인수합병의 허가를 신청할 수 있다. 규제기관은 사후 검토를 통해 계약을 무효화할 수도 있고, 조

50. 시장지배력이 전혀 없는 경우의 인수합병은 규제기관의 허가를 필요로 하지 않는다. 다만, 이 경우에도 시장지배력이 있는지 없는지의 사후적 검토는 필요하다는 측면에서 사후규제라고 부를 수 있다.

건부 허가 또는 허가할 수도 있다. 이런 판단이 계약 이후에 이루어진다는 측면에서 사후규제라고 부를 수 있다.

사후규제는 위원회 형태의 조직에서 담당하기 적합한 분야이다. 사후규제 기관의 좋은 사례는 공정거래위원회를 들 수 있다. 어떤 경제적 행위가 이루어진 후에 해당 행위가 적법했는지를 판단하는 기능을 공정거래위원회에서 담당한다. 다수의 위원으로 구성된 위원회에서 담당하는 이유는 다음과 같다. 규제를 어긴 당사자는 자신에게 불이익을 결정한 사람들에 대하여 비난할 가능성이 크다. 하지만 결정한 사람들이 여럿이며 누가 주로 해당 결정을 하였는지 알기 어렵다면, 그런 비난으로부터 상대적으로 자유로워지는 것이 사실이다. 위원회는 다양한 배경을 가진 여러 위원들이 다양한 시각에서 사안을 검토하기 때문에 편중된 시각이라는 비판에서 자유로울 수 있다는 장점도 갖고 있다.

이에 반해 진흥기능과 사전규제기능은 독임제 부처에서 담당하는 것이 효율적이고 효과적이다. 진흥과 사전규제가 필요한 분야는 신속한 결정이 필요한 경우가 많기 때문이다. 시간이 많이 지나면 해당 분야의 진흥이나 사전규제는 불필요해질 가능성도 있다. 이미 다른 곳에서 개발되어 정부의 진흥이 필요하지 않을 수도 있기 때문이다. 예를 들어 3차원 모니터 분야를 진흥할지에 대한 결정이 너무 늦다면 이미 소용없을 가능성이 크다.

사전규제의 경우에도 신속한 의사결정이 중요한 경우가 많다. 예를 들어 앞에서 언급한 진입규제의 경우에 진입규제를 적용할 것인지를 결정하는 데 많은 시간을 사용하면, 많은 기업이 시장에 이미 진입하여 진입규제 도입의 실효성이 사라졌을 가능성이 있기 때문이다.

진흥과 규제를 명확히 구분하기는 어려운 것이 사실이다. 정도의 차이라고 볼 수 있기 때문이다. 한 예로, 규제를 완화하는 것은 진흥의 역할을 수행한다. 부동산 시장을 활성화하기 위한 진흥정책은 많은 경우 부동산 규제의 완화정책이었다. 진흥기능을 강화하는 것과 규제를 약화시키는 것이 같은 방향으로 작용한다는 뜻이다. 예를 들어 연구개발을 진흥하기 위해 연구비를 지급하다가 이를 감소시키는 정책과 연구개발비의 사용 규정을 대폭 강화해 연구비를 사용하기 어렵게 만드는 것은 유사한 효과를 나타낸다. 이런 점에서는 규제와 진흥을 서로 다른 기관에서 담당한다면 그 효과가 반감될 수 있다.[51]

한 가지 주목할 사항은 사전규제와 사후규제도 상호 깊은 연관관계를 갖고 있다는 점이다. 사전규제와 사후규제는 개념상으로는 구분이 존재하지만, 현실에서는 그 구분이 매우 모호하다. 위의 사례에서 보듯 인수합병은 계약 이후에 허가된다고 하지만, 인수합병이 무효로 판정된다면 사전에 인수합병을 금지한 것과 같은 결과이므로 사전규제와 유사해진다. 또한, 인수합병이 조건부로 허가된다면 사전규제가 사후규제로 이어지게 된다. 즉, 사전규제의 조건으로 사후규제를 부과하는 것이다. 이런 상황은 사업권 허가의 사례에서 매우 흔하게 볼 수 있다. 결론

---

51. 규제와 진흥을 구분하는 것이 좋다는 논리는 경제학에서 비롯된 것으로 보인다. 특히, 재정정책과 통화정책을 구분해서 통화정책의 경우에는 독립적인 기관에서 담당하는 것이 좋다는 논리에서 비롯된 것으로 짐작된다. 통화정책은 인플레이션을 방어하는 기본적인 역할을 수행하며, 이는 재정정책의 목표와는 구분된다. 이 두 정책을 한 기관에서 담당한다면, 경기부양을 위해서 인플레이션을 발생시키는 부작용이 발생시킬 위험이 있기 때문이다. 경제 전체에 대한 이런 위험을 감소시키기 위해서는 통화정책과 재정정책은 서로 다른 기관에서 담당해야 한다는 것이다. 반면에 규제와 진흥은 어떤 산업에 대한 정책이기 때문에 서로 조정이 되지 않고 적용되면 비효율적인 결과가 나타난다.

적으로 보면, 사전규제와 사후규제는 동전의 앞뒷면과 같아서 상호 깊은 연관성을 갖고 있다.

사전규제 시에는 사후규제에 책임을 미루고, 사후규제는 사전규제가 규정되어 있으므로 사후규제에서 다룰 문제가 아니라는 식으로 서로 책임을 미루는 현상이 나타날 가능성이 현실적으로 존재한다. 또한 책임을 미루지 않더라도 서로 간의 조정이 제대로 이루어지지 않을 가능성도 존재한다. 예를 들어 사전규제에서 정한 규정을 사후규제 담당자가 숙지하지 못하여 실질적인 감시가 이루어지지 못하는 경우다. 반대로 사후규제를 담당하는 부서에서는 현실적으로 감시가 어려운 상황 때문에 사전규제가 어떤 식으로든 바뀌어야 한다고 생각하지만, 부서 간의 조정이 어려워 해당 어려움이 해소되지 못하여 해당 규제가 사문화되는 경우도 발생할 수 있다. 결론적으로 진흥기능과 사전규제 그리고 사후규제는 현실적으로 구분이 어렵고 별도의 정부기관에서 담당할 경우에는 분할손이 발생할 가능성이 존재한다.[52]

4. 결론

지난 20여 년간 우리나라에서 당선된 대통령들은 정권 초기에 대대적으로 정부조직을 개편하였으며, 임기 중에도 새로 구성한 정부조직 간 불협화음이 들리거나 조정의 필요성이 생기면 미세 조정을 가하여 왔다. 이처럼 자주 개편되는 정부조직에 대한 학술적인 연구는 부분적

52. 현실적으로 각 기능의 구분이 명확한 경우에는 정부기관을 분리하는 방안이 가능하지만, 그렇지 못한 경우에는 정부기관을 분리하는 것은 현명하지 못하다고 할 수 있다.

이고 일시적인 경우가 많았다. 정부조직개편이 임박하여 다양한 정부조직개편안이 제시되었지만 주로 자신들의 주장을 강조하는 경우가 많았다. 본 장은 정부조직개편에 대한 이론적 관심을 가진 사람들에게 정부조직개편의 이론과 쟁점들을 소개하려는 목표를 갖고 작성되었으며, 정부조직개편의 입문서로서 그동안 단편적으로 제시되었던 많은 논문들의 내용을 종합하여 소개하였다.

정부조직개편의 중요성으로 설명을 시작하였고, 당사자들과 영향권에 있는 사람들이 누구인지를 설명하였다. 2절에서는 정부의 역할에 대해서 경제학적인 관점에서 설명하였다. 주류 경제학에서 제시하는 정부의 역할을 보면 다음과 같다. 먼저 시장의 역할이 매우 중요하며, 시장이 실패할 때 정부의 역할이 필요할 수 있다고 설명하고 있다.[53] 하지만 시장의 실패 못지않게 정부의 실패도 우려된다. 정부의 개입은 부패나 무능 등의 이유로 실패할 수 있기 때문이다. 하지만 시장실패의 상황에서 정부의 역할이 등장한다는 점에서는 대부분의 주류 경제학자들이 동의한다고 할 수 있다. 이런 상황에서 정부의 역할이 무엇인지는 World Bank의 정부역할 분류체계를 통하여 설명하였다. 즉, 이론적 제약에도 불구하고 전 세계의 여러 나라들이 공통적으로 채택하는 정부의 역할은 그 의미가 있기 때문에 이를 소개하였다. 마지막으로 주류 경제학에서는 벗어나 있지만, 경제학에서 조직 이론으로 제시하는 신제도주의 경제학에 대해서 설명하였다. 해당 경제학은 3절에서 제시된 행정학의 연구 방법과 맥을 같이 하고 있다.

---

53. 주류 경제학적 관점에서 정부의 구조를 어떻게 만들어야 한다는 내용의 연구는 구체적인 수준으로 진행된 것으로 보이지 않는다.

3절에서는 행정학적 관점에서 정부조직개편의 목적이 무엇인지를 검토하였다. 국가적인 차원과 조직개편의 주체인 대통령의 차원에서 살펴본 후, 언제 정부조직개편이 이루어지는지, 그리고 정부조직개편이 이루어지는 조건을 조직개편의 원인으로 제시하였다. 다양한 의견이 존재하는 정부조직개편 방안들 중 어떤 방안을 어떤 과정을 통해서 선택하는지에 대하여 의사결정 과정이라는 이름 하에 행정 절차적 측면에서 살펴보았다. 좋은 정부조직개편을 위해 적용되는 이론들은 무엇이 있는지도 검토하였다. 다양한 연구들에서 제시된 대비되는 논리에 대해서도 소개하였다. 위원회 조직과 독임제 부처는 서로 대비되면서 정부조직개편 시 선택해야 하는 정부조직의 형태다. 이에 대한 검토와 함께, 정부의 진흥기능과 규제기능에 대한 논의를 통해 각 형태가 적합한 기능들을 그 이유와 함께 설명하였다.

[참고문헌]

강주홍 (2014), 「ODA추진체계 형성과정에 관한 신제도주의적 분석」, 연세대학교 행정학과 박사학위 논문.

김근세 · 최도림 (1996), 「우리나라 정부조직의 신설, 폐지, 승계」, 『한국행정학보』, 30(3) : 35-51.

김동욱 (2012), 『정부기능과 조직』, 법문사.

김상택 (2010), 『쉽게 배우는 경제학 플러스』, 민음인.

김상택 · 김해람 · 임연규 (2012), 「국가 ICT 거버넌스 개편방안」, 『정보와 사회』.

김영수 · 장용석 (2002), 「제도화된 조직구조의 합리성에 대한 신화와 비판: 정부조직의 구조적 분화와 그 경제적 효과에 관한 비교연구, 1951～1990」, 『한국사회학』, 36(6) : 27-55.

맥밀란 존 (2007), 『시장의 탄생』, 민음사.

민진 (2006), 「정부 조직의 조직변동 연구: 한국의 중앙행정기관을 중심으로」, 『한국사회와 행정연구』, 17(2) : 1-23.

박영원 (2013), 「정부조직법 개편과정」, 『의정연구』, 19(2) : 273-282.

박천오 (2011), 「한국 정부조직개편에 대한 비판적 고찰」, 『한국조직학회보』 8(1) : 1-30.

염재호 (2009), 「한일 행정개혁의 비교연구: 정부조직개편의 제도론적 접근」, 『정부학연구』 15(2).

오석홍 (2008), 「우리나라 행정개혁의 진로」, 『행정개혁실천론』, 법문사.

윤주철 · 양지숙 · 전영한 (2011), 「조직개편, 기관특성, 그리고 정치적 환경: 한국 중앙행정조직의 생존기간에 관한 실증분석」, 『한국행정학보』 45(2).

조석준 (2007), 「차기정부와 조직개편」, 행정학회 2007 동계학술대회 발표논문.

조성한 (2008), 「정부조직구조의 영향요인」, 『한국조직학회보』 4(2).

하연섭 (2006), 「신제도주의의 이론적 진화와 정책연구」, 『행정논총』 44(2).

하태수 (2009), 「이명박 정권 출범 시기의 정부조직법 개정에 대한 분석: 수정된 행위자 중심 제도주의 시각에서」, 『한국공공관리학보』 33-69.

허신열 (2013), "정부 조직개편 진통 예고", 내일신문(2013. 1. 21).

황윤원 외 (2003), 『정부개혁론』, 서울 : 박영사.

Adam, Christian, Michael W. Bauer, Christoph Knill, and Philipp Studinger (2007), "The Termination of Public Organizations : Theoretical Perspectives to Revitalize a Promising Research Area," *Public Organization Review*, 7 : 221-236.

Alchian, Armen A. & Harold Demsetz (1972), "Production, Information Costs, and Economic Organization," *American Economic Review*, 62.

Arthur, W. Brian (1994), *Increasing Returns and Path Dependence in the Economy*, Ann Arbor : University of Michigan Press.

Askim, Jostein, Tom Christensen, Anne Lise Fimreite, and Per Laegried (2010), "How to assess administrative reform? Investigating the adoption and preliminary impacts of the Norwegian welfare administration reform," *Public Administration*, 88(1) : 232-246.

Boin, Arjen, Sanneke Kuipers, and Marco Steenbergen (2010), "The Life and Death of Public Organizations : A Question of Institutional Design?," *Governance : An International Journal of Policy, Administration, and Institutions*, 23(3) : 385-410.

Campbell, John L. (2001), 'Institutional Analysis and the Role of Ideas in Political Economy," in John L. Campbell & Ove K. Pedersen(Eds.), *The Rise of Neoliberalism and Institutional Analysis*, Princeton : Princeton University Press.

Coase, Ronald H. (1937), "The Nature of the Firm," *Economica*, 4.

________________(1984), "The Institutional Economics," *Journal of Institutional and Theoretical Economics*, 140.

Conant, James K. (1986), "Reorganization and the Bottom Line," *Public Administration Review*, 46(1) : 48-56.

David, Paul A. (1985), "Clio and the Economics of QWERTY," *American Economic Review*, 75(2).

Davis, Lance E. & Douglass C. North (1971), *Institutional Change and American Economic Growth*, New york : Cambridge university press.

Demsetz, Harold (1967), "Toward a Theory of Property Rights," *American Economic Review*, 57.

DiMaggio, Paul J. and Walter W. Powell (1983), "The Iron Cage Revisited : Institutional Isomorphism and Collective Rationality in Organizational Fields," *American Sociological Review*, 48(2) : 147-160.

Downs, Anthony (1967), *Inside Bureaucracy*, Boston : Little Brown.

Fesler, James W. and Donald F. Kettl (1991), *The Politics of the Administrative Process*, Chatham, New Jersey : Chatham House Publishers, Inc.

Garnett, James L. and Charles H. Levine (1980), "State Executive Branch Reorganization : Patterns and Perspectives," *Administration & Society*, 12(3) : 227-276.

Grafton, Carl (1975), "The Creation of Federal Agencies," *Administration & Society*, 7(3) : 328-365.

____________(1979), "The Reorganization of Federal Agencies," *Administration & Society*, 10(4) : 437-464.

Grief, Avner (1998), "Self-Enforcing Political systems and Economic Growth : Late Medieval Genoa," in Robert H. Bates, et al.(Eds.), *Analytic Narratives*, Princeton : Princeton University Press.

____________(2005), "Commitment, Coercion, and Markets : The Nature and Dynamics of Institutions Supporting Exchange," in C. Menard & M. Shirley (Eds.), *Handbook of New Institutional Economics*, Netherlands : Springer.

____________(2006), *Institutions and the Path to the Modern Economy : Lessons from Medieval Trade*, New York : Cambridge University Press.

Hodgson, Geoffrey M. (1998), "The Approach of institutional Economics," *Journal of Economic Literature*, 36.

Krasner, Stephen (1984), "Approach to the state : Alternative Conceptions and Historical Dynamics," *Comparative Politics*, 16.

____________(1988), "Sovereignty : An Institutional Perspective," *Comparative Political Studies*, 21(1).

Lewis, David E. (2002), "The Politics of Agency Termination : Confronting the Myth of Agency Immortality," *The Journal of*

Politics, 64(1) : 89-107.

_______________(2003), *Presidents and the Politics of Agency Design : Political Insulation in the United States Government Bureaucracy*, 1946-1997. Stanford, Calif. : Stanford University Press.

Mahoney, James (2000), "Path Dependence in Historical Sociology," *Theory and Society*, 29.

Mansfield, Hanry C. (1969), "Federal Executive Reorganization : Thirty Years of Experience," *Public Administration Review*, 29(4) : 332-345.

March, James G. & Johan P. Olson (1983), "Organizing Political Life : What Administrative Reorganization Tells Us about Government," *American Political Science Review*, 77(2) : 281-296.

Meier, Kenneth J. (1993), *Politics and The Bureaucracy : Policymaking in the Fourth Branch of Government*, Pacific Grove, California : Books/Cole shing Company.

Meyer, John W. and Brian Rowan (1977), "Institutionalized Organizations : Formal Structure as Myth and Ceremony," *The American Journal of Sociology*, 33(2) : 340-363.

Miles, Rufus E. (1977), "Considerations for a President Bent on Organization," *Public Administration Review*, 37(2) : 155-162.

Mosher, Frederick C. (1967), *Governmental Reorganization : Cases and*

Commentary, Indianapolice : Bobbs-Merrill.

North, Douglass C. (2005), *Understanding the Process of Economic Change*, Princeton : Princeton University Press.

Palumbo, Dennis and Steven Maynard-Moody (1991), *Contemporary Public Administration*, New York : Longman.

Peters, B. Guy (1995), *The Politics of Bureaucracy*, N.Y : Longman

Riccucci, Norma A. and Frank J. Thompson (2008), "The New Public Management, Homeland Security, and the Politics of Civil Service Reform," *Public Administration Review*, 68(5) : 877-890.

Robinson, Scott E. (2004), "The President as Reformer : When Do Presidents Initiate Administrative Reform through Legislation?," *Presidential Studies Quarterly*, 34(4) : 793-803.

Salamon, Lester M. (1981), *The Question of Goals*, in Peter Szanton(Ed.), *Federal Reorganization : What Have We Learned?* 58-84. Chatham, New Jersey : Chatham House Publishers, Inc.

Schick, Allen (1981), *The Coordination Option*, in Peter Szanton(Ed.), *Federal Reorganization : What Have We Learned?* : 85-113. Chatham, New Jersey : Chatham House Publishers, Inc.

Simon, Herbert A. (1946), "The Proverbs of Administration," *Public administration Review*, 6(1).

Streek, Wolfgang and Katheleen Thelen (2005), "Introduction :

Institutional Change in Advanced political Economies," in Wolfgang Streek & Katheleen Thelen(Eds.), *Beyond Continuity: Institutional change in Advanced Political Economies*, New York : Oxford University Press.

Szanton, Peter (1981a), "So You Want to Reorganize the Government," in Szanton, Peter(Ed.), *Federal Reorganization : What Have We Learned?* : 1-21. Chatham, New Jersey : Chatham House Publishers, Inc.

______________(1981b), "What Are We Talking About, and Why?" in Szanton, Peter(Ed.), *Federal Reorganization : What Have We Learned?* : 25-32. Chatham, New Jersey : Chatham House Publishers, Inc.

Thomas, Craug W. (1993), "Reorganizing Public Organization : Alternatives, objectives, and the Evidence," *Journal of Public Administration Research and Theory*, 3(4) : 457-486.

Vogelsang-Coombs, Vera and Marvin Cummins (1999), "Reorganization and Reforms : Promises, Promises," in Richard C. Kearney & Evan M. Berman(Eds.), *Public Sector Performance : Management, Motivation and Measurement* : 148-162. Boulder, Colorado : Westview Press.

찾아보기

강형철

고려대학교 신문방송학과 졸업 및 동 석사, 영국 뉴캐슬어펀타인대학교 정치학 박사, 한국방송학회 29대 학회장, 청소년보호위원회 위원, 방송통신위원회 편성평가위원회 위원, YTN 및 연합뉴스 기자, (현) 숙명여자대학교 미디어학부 교수.

〈주요 저서〉『공영방송론』,『공영방송 재창조』

권남훈

서울대학교 경제학 학사, 미국 Stanford 대학교 경제학 석사 · 박사, 정보통신정책연구원 연구위원, 한국산업조직학회 사무국장 · 이사, 정보통신정책학회 총무이사, 정보통신정책연구 편집위원장, 공정거래위원회 경쟁정책 자문위원 (현) 건국대학교 경제학과 교수.

권영선

연세대학교 행정학과 졸업, 서울대학교 행정대학원 행정학 석사, 미국 시라큐스대학교 경제학 박사, 국가정보화전략위원회 IT서비스 분과위원장, 정보통신정책학회 · 한국미디어경영학회 · 한국정보사회학회 이사, 경제기획원과 재정경제부 근무, (현) KAIST 기술경영학과 교수, KAIST 기술경영학과 학과장 · 기술경영전문대학원 원장, KAIST 부설 주파수와 미래연구소 소장.

김상택

미국 Rutgers 대학교 경제학과 졸업, 미국 Columbia 대학교 경제학 박사, 정보통신정책학회 12대 학회장, 대통령 방송통신비서관실 자문위원, 방송통신위원회 규제심사위원회 위원, 미래창조과학부 이용약관심의위원장, 정보통신정책연구 편집위원장, 산업조직연구 편집위원장, 사회과학연구논총 편집위원장, (현) 이화여자대학교 경제학과 교수.

〈주요 저서〉『쉽게 배우는 경제학 플러스』

신민수

고려대학교 경제학 학사, 한국과학기술원 공학 석사, 영국 University of Cambridge 경영학 박사, Manchester Metropolitan University, Business School 교수, University of East Anglia, School of Management 교수, 한국미디어경영학회 학회장, 한국정보통신정책학회 이사, 한국 IT서비스학회 부회장, Telecommunication Systems 저널 Associate Editor, (현) 한양대학교 경영대학 교수.

〈주요 저서〉 『경영정보시스템』, 시그마프레스

이경원

서울대학교 경제학 학사, 서울대 경제학과 석사, 미국 University of Wisconsin-Madison 경제학 박사, 정보통신정책연구원(KISDI) 연구의원, 정보통신정책학회 총무이사, (현) 동국대학교 경제학과 교수.

이원우

서울대학교 법학과 졸업, 독일 함부르크 대학교 법학 박사, 정보통신정책학회 13대 학회장, 방송통신위원회 규제심사위원회 위원, 미래창조과학부 통신정책자문위원회 위원, 제6기 정보공개위원회 위원장, 사법연수원 운영위원회 위원, (현) 서울대학교 법과대학 학장 겸 법학전문대학원 원장.

〈주요 저서〉 『경제규제법론』

방송통신 정책과 전략
— 다학문적 접근

초판 1쇄 인쇄 2016년 1월 4일
초판 1쇄 발행 2016년 1월 8일

편저자 김상택
펴낸이 박기남
펴낸곳 **율곡출판사**

08590 서울시 금천구 가산디지털1로 84, 803호
전화 (代) 02) 718-9872
팩스 02) 718-9874
home-page www.yulgokbooks.co.kr
e-mail yulgokbook@naver.com

등록 1989.11.10. 제2014-000031호
ISBN 978-89-97428-78-6 93300

값 25,000원